Bernard Lewis
Der Untergang des Morgenlandes

W0055670

Schriftenreihe   Band 391

Bernard Lewis

Der Untergang des Morgenlandes

Warum die islamische Welt ihre Vormacht verlor

Aus dem Englischen von
Bringfried Schröder und
Marita Kluxen-Schröder

bpb:
Bundeszentrale für politische Bildung

Bonn 2002
Lizenzausgabe für die
Bundeszentrale für politische Bildung

Copyright © 2002 by Bernard Lewis
This translation of »What Went Wrong?«, originally published
in English in 2002 by Oxford University Press, Inc., is published
by arrangement with Oxford University Press, Inc., U.S.A.
Für die deutschsprachige Ausgabe: Copyright © 2002
by Verlagsgruppe Lübbe GmbH & Co. KG, Bergisch Gladbach

Textredaktion: Philipp von Wussow, Düsseldorf
Umschlaggestaltung: Michael Rechl
unter Verwendung von: »Die Belagerung Wiens durch die
Türken 1683«, Gemälde von Franz Geffels, um 1685 (Ausschnitt)

Satz: Dörlemann Satz, Lemförde
Druck und Einband: GGP Media, Pößneck

ISBN 3-89331-470-9

INHALT

Vorbemerkung   7
Was ist schief gelaufen?   9
1   Die Lektionen auf dem Schlachtfeld   30
2   Das Streben nach Wohlstand und Macht   54
3   Soziale und kulturelle Schranken   93
4   Modernisierung und soziale Gleichheit   118
5   Säkularismus und Zivilgesellschaft   138
6   Zeit, Raum und Modernität   169
7   Aspekte des kulturellen Wandels   192
Schluss   218
Nachwort   233

Anmerkungen   234
Zu den Abbildungen   246
Register   247

Als am 11. September 2001 die terroristischen Anschläge auf New York und Washington verübt wurden, war dieses Buch bereits in Produktion. Diese Ereignisse sind also nicht unmittelbarer Gegenstand des Buches. Trotzdem hat es mit diesen Anschlägen zu tun: nicht, indem es untersucht, was passierte und was unmittelbar darauf folgte, sondern indem es sich mit den größeren Zusammenhängen, Ideen und Einstellungen beschäftigt, die diesen Ereignissen vorausgingen und sie bis zu einem gewissen Grad mit verursacht haben.

Bernard Lewis
Princeton, N.J.

Seit langer Zeit stellen sich die Menschen in der islamischen Welt – besonders im Nahen Osten, dem alten Osmanischen Reich – diese Frage: Was ist schief gelaufen?

Die Frage war ausgelöst worden durch das Zusam-
mentreffen mit dem Westen. Inhalt und Ausformulierung
der Frage können sich allerdings erheblich unterscheiden.
Sie richten sich nach Umständen, Ausmaß und Dauer dieses Zusammentreffens und nach den Ereignissen, die zeigten, dass mit der Gesellschaft nicht alles in Ordnung war.
Doch in welcher Form auch immer die Frage gestellt wird
und wie auch immer die Antworten darauf lauten mögen:
Es kann keinen Zweifel geben an der schmerzlichen Be-
troffenheit, an der wachsenden Dringlichkeit und vor allem in letzter Zeit an der aufschäumenden Wut, die sich
sowohl in der Frage als auch in der Antwort ausdrücken.

Es gibt tatsächlich gute Gründe, diese Frage zu stellen
und auch beunruhigt, ja sogar wütend zu sein. Viele Jahrhunderte lang nahm die Welt des Islam mit ihren Errungenschaften eine Spitzenposition ein. In den Augen der
Muslime war der Islam der Inbegriff von Kultur. Jenseits
der Grenzen gab es für sie nur Barbaren und Ungläubige.
Diese Art der Selbst- und Fremdwahrnehmung kennen
wir aus fast jeder anderen Kultur – aus Griechenland,
Rom, Indien, China, und man könnte ohne weiteres noch
Beispiele aus jüngerer Zeit hinzufügen.

In der Zeit zwischen dem Ausgang des Altertums und
der aufkommenden Moderne – das ist jene Periode, die in
der europäischen Geschichte als das Mittelalter bezeich-

net wird – hatte dieser islamische Anspruch durchaus seine Berechtigung. Natürlich war den Muslimen damals klar, dass es auf der Welt noch andere, mehr oder weniger zivilisierte Gesellschaften gab, zum Beispiel China, Indien oder das christliche Europa. Aber China war weit weg und kaum bekannt; Indien befand sich in einem Prozess der Unterwerfung und Islamisierung. Die Christenheit nahm mit Sicherheit eine gewisse Sonderstellung ein, da sie der einzige ernst zu nehmende Rivale des Islam war, wenn es um den Anspruch als Weltglauben und Weltmacht ging. Aber aus der Sicht der Muslime würde dieser Glaube durch die endgültige islamische Offenbarung verdrängt und die Macht der Christenheit nach und nach durch die göttlich geführte Macht des Islam besiegt.

Für die meisten Muslime des Mittelalters wurde die Christenheit vor allem durch das Byzantinische Reich repräsentiert. Das aber wurde mit der Zeit immer schwächer, bis es mit der Eroberung von Konstantinopel durch die Türken im Jahre 1453 völlig unterging. Die weiter entfernten Länder Europas betrachtete man ähnlich wie die abgelegeneren Länder in Afrika – dort lebten nur Barbaren und Ungläubige, von denen man nichts lernen konnte, und außer Sklaven und Rohstoffen ließ sich kaum etwas importieren. Sowohl die nördlichen als auch die südlichen Barbaren konnten nach Meinung der Muslime nur hoffen, eines Tages in das Reich der Kalifen aufgenommen zu werden, um auf diese Weise in den Genuss von Religion und Kultur zu kommen.

In den ersten tausend Jahren nach der Entstehung des Islam schien das auch gar nicht so unwahrscheinlich, und die Muslime versuchten immer wieder, dieses Ziel zu erreichen. Im 7. Jahrhundert rückten islamische Armeen von Arabien aus nach Syrien, Palästina, Ägypten und Nordafrika vor und eroberten diese bis dahin christlichen Gebiete. Tatsächlich waren die meisten der neuen Muslime westlich des Irans und Arabiens konvertierte Christen. Im 8. Jahrhundert eroberten arabische Muslime, zu denen sich jetzt auch konvertierte Berber gesellt hatten, von ihren Stützpunkten in Nordafrika aus Spanien und Portugal und drangen in Frankreich ein. Im 9. Jahrhundert nahmen sie Sizilien und Teile des italienischen Festlands in Besitz. Im Jahre 846 drangen arabische Schiffe von Sizilien aus zum Tiber vor und besetzten Ostia und Rom. Daraufhin versuchten die Christen zum ersten Mal, einen wirkungsvollen Gegenangriff zu organisieren. Die Feldzüge zur Rückeroberung des Heiligen Landes, die so genannten Kreuzzüge, endeten allerdings mit der Niederlage und Vertreibung der christlichen Armeen.

In Europa waren sie dagegen erfolgreicher. Gegen Ende des 11. Jahrhunderts hatte man die Muslime wieder aus Sizilien vertrieben, und 1492, ungefähr acht Jahrhunderte nach ihrer Landung, endete der lange Kampf um die Rückeroberung mit einem Sieg der Christen, denen jetzt der Weg nach Afrika und Asien offen stand. In der Zwischenzeit gab es jedoch noch weitere muslimische Bedrohungen des christlichen Europas. Im Osten eroberten die Tataren von der Goldenen Horde zwischen 1237 und 1240 Russland, und 1552 konvertierten der Khan von der Goldenen Horde und sein Volk zum Islam. Russland und auch ein großer Teil Osteuropas standen jetzt unter muslimischer Herrschaft. Erst Ende des 15. Jahrhunderts konnten die Russen sich vom »Joch der Tataren« befreien. In der Zwischenzeit hatte eine dritte Welle muslimischer Angriffe eingesetzt. Die osmanischen Türken bezwangen Anatolien, nahmen die alte christliche Metropole Konstantinopel in Besitz, eroberten und kolonisierten den Balkan und bedrohten das Zentrum Europas, als sie zweimal bis Wien gelangten.

1 Der Bosporus mit den Burgen von Europa und Asien

Auf dem Höhepunkt der islamischen Macht gab es nur eine Kultur, die im Hinblick auf das Niveau und die Vielzahl der Errungenschaften vergleichbar war, und das war natürlich China. Aber diese chinesische Kultur beschränkte sich im Wesentlichen auf eine Region, nämlich auf Ostasien, und auf eine einzige ethnische Volksgruppe. Sie wurde zwar bis zu einem gewissen Grad exportiert, aber nur in benachbarte Länder und verwandte Völker. Der Islam schuf dagegen eine weltweite Kultur, die aus vielen Völkern und Rassen bestand und die international, ja, man könnte sogar sagen, interkontinental war.

Jahrhundertelang schienen die Weltsicht und das Selbstbild der Muslime durchaus begründet. Der Islam verfügte über die größte Militärmacht weltweit – seine Armeen fielen gleichzeitig in Europa, Afrika, Indien und China ein. Er war die bedeutendste Wirtschaftsmacht der Welt und unterhielt ausgedehnte Handelsbeziehungen und Verbindungen zu Asien, Europa und Afrika. Aus Afrika führte man Sklaven und Gold ein, aus Europa Sklaven und Wolle. Darüber hinaus tauschte man mit den zivilisierten Ländern Asiens eine Vielzahl von Lebensmitteln, Rohstoffen und Gebrauchsgütern aus. Der Islam hatte im Hinblick auf die Künste und Wissenschaften das höchste kulturelle Niveau in der Geschichte der Menschheit erreicht. Man hatte das Wissen und die Fertigkeiten des antiken Nahen Ostens, Griechenlands und Persiens[1] übernommen und außerdem wesentliche Innovationen von außen eingeführt, so zum Beispiel aus China die Herstellung und Verwendung von Papier und aus Indien das Dezimalsystem. Es dürfte schwer fallen, sich die moderne Literatur oder Wissenschaft ohne diese beiden Errungenschaften vorzustellen. Die indischen Zahlen wurden im Nahen Osten in das überlieferte mathematische System integriert. Von dort aus gelangten sie dann in den Westen, wo sie auch heute noch »arabische Zahlen« genannt werden – nicht um diejenigen zu ehren, die sie erfunden haben, sondern die, die sie nach Europa brachten. Zu diesem Erbe steuerten Wissenschaftler und Gelehrte der islamischen Welt eigene Beobachtungen, Experimente und Ideen bei. In den meisten Künsten und Wissenschaften ging das mittelalterliche Europa bei den Muslimen in die Lehre und war in gewisser Weise abhängig von der islamischen Welt: Man berief sich sogar auf die arabischen Versionen ansonsten unbekannter griechischer Werke.

Und dann veränderte sich plötzlich die Situation. Noch vor der Renaissance machten die Europäer bedeutende kulturelle Fortschritte. Mit dem Beginn des Studiums antiker Originalschriften machten sie eine geradezu sprunghafte Entwicklung durch. Sie ließen das islamische Erbe – die Wissenschaften, die Technologie und schließlich auch die Kultur – weit hinter sich.

Es dauerte lange, bis dieser Prozess den Muslimen bewusst wurde. Die Zeit der großen Übersetzungen, die ihnen und anderen arabischen Lesern Jahrhunderte zuvor zahlreiche griechische, persische und syrische Werke nahe gebracht hatten, war zu Ende gegangen. Andererseits blieb ihnen die neue wissenschaftliche Literatur aus Europa fast völlig unbekannt. Bis Ende des 18. Jahrhunderts war erst ein einziges medizinisches Fachbuch in eine Sprache des Nahen Ostens übersetzt worden – eine Abhandlung über die Syphilis, die Sultan Mehmed IV. 1655 in türkischer Sprache vorgelegt wurde.[2] Sowohl die Auswahl des Buches als auch das Datum sind interessant. Die Krankheit, die angeblich aus Amerika kam, hatte über Europa auch den Weg in die islamische Welt gefunden. Noch heute wird sie in den arabischen, persischen und türkischen Sprachen »fränkische Krankheit« genannt. Es schien daher durchaus angemessen zu sein, ein fränkisches Mittel gegen eine fränkische Krankheit zu finden. Abgesehen davon gingen sowohl die Renaissance als auch die Reformation und die technologische Revolution praktisch unbemerkt an den islamischen Ländern vorbei. Dort tendierte man immer noch dazu, die Bewohner der Länder jenseits der westlichen Grenzen als völlig ungebildete Barbaren zu betrachten, die sogar den kultivierteren Ungläubigen in Ostasien unterlegen waren. Die besaßen zumindest nützliche Fertigkeiten und Apparate, die man übernehmen konnte; die Europäer hatten weder das eine noch das andere. Lange Zeit war das tatsächlich so gewesen, jetzt aber war diese Ansicht überholt, und das barg große Gefahren in sich.

In der Regel spielen sich die Lektionen der Geschichte für alle sichtbar auf dem Schlachtfeld ab. Es kann jedoch eine Zeit lang dauern, bis sie dann auch wirklich verstanden und umgesetzt werden. Für die Christen waren die endgültige Niederlage der Mauren in Spanien im Jahre 1492 und die Befreiung Russlands von der Herrschaft der islamisierten Tataren verständlicherweise entscheidende Siege. Ähnlich wie die Spanier und Portugiesen verfolgten auch die Russen ihre ehemaligen Unterdrücker bis in deren Heimat, allerdings mit bedeutend größerem und nachhaltigerem Erfolg. Nach der Eroberung von Astrachan im Jahre 1554 gelangten die Russen bis ans Kaspische Meer. Im folgenden Jahrhundert erreichten sie dann die nördliche Küste des Schwarzen Meers. Damit begann der lange Prozess der Eroberung und Kolonisierung islamischer Gebiete, die nach und nach dem russischen Herrschaftsbereich einverleibt wurden.

Im Kernland des Islam nahm man das, was sich an den fernen Grenzen der Zivilisation ereignet hatte, nicht sonderlich ernst. Für die Muslime stand damals, im 13. Jahrhundert, die schimpfliche Vertreibung der Kreuzritter aus der Levante im Vordergrund. Die Einnahme Konstantinopels im Jahre 1453 und der triumphale Vormarsch der türkischen Streitkräfte auf dem Balkan, der sie schließlich bis vor die Kaiserstadt Wien führte, taten ein Übriges. Das Ganze vermittelte ihnen den Eindruck eines unaufhaltsamen Vormarsches des Islam und einer Niederlage der Christenheit.

Der osmanische Sultan musste sich, ähnlich wie sein Gegenspieler, der Kaiser des Heiligen Römischen Reichs, mit politischen Rivalen und Sektierern in seinem eigenen religiösen Umfeld herumschlagen. Aber er hatte bei diesen Auseinandersetzungen mehr Erfolg. Zu Beginn des 16. Jahrhunderts hatten die Osmanen zwei islamische Nachbarstaaten. Der ältere von beiden war das Mameluken-Sultanat von Ägypten mit der Hauptstadt Kairo (Misr el-Kahira). Es herrschte über ganz Syrien und Palästina, vor allem aber über die heiligen Stätten des Islam im westlichen Arabien. Der andere Nachbar war Persien, das durch eine neue Dynastie vereinigt worden war und mit einer neuen religiösen Militanz zusammengehalten wurde. Gründer dieser Dynastie war Schah Ismāʻīl Safavī (Regierungszeit 1501–1524), ein türkisch sprechender Schiite aus Aserbaidschan. Zum ersten Mal seit der arabischen Eroberung im 7. Jahrhundert brachte er alle Regionen des Irans unter eine zentrale Herrschaft. Er war eher ein Religionsführer als ein militärischer oder politischer Herrscher. Er machte den Schiismus zur offiziellen Staatsreligion, wodurch er das islamische Reich des Irans scharf von den sunnitischen Nachbarn zu beiden Seiten absetzte – im Osten von Zentralasien und Indien, im Westen vom Osmanischen Reich.

Eine Zeit lang stellten er und seine Nachfolger, die Schahs der Safawiden–Dynastie, den Anspruch der osmanischen Sultane auf politische Vorherrschaft und religiöse Führerschaft infrage. Der osmanische Sultan Selim I., der den Beinamen »der Strenge« trug und von 1512 bis 1520 regierte, unternahm Feldzüge gegen beide Nachbarn. Er errang einen wichtigen, aber unvollständigen Sieg gegen den Schah und einen endgültigen Sieg über den mameluckischen Sultan von Ägypten. Ägypten und seine Vasallen wurden daraufhin dem Osmanischen Reich einverleibt. Persien blieb im Wesentlichen isoliert, ein rivalisierender und feindlicher Staat. Busbecq, der kaiserliche Gesandte in Istanbul, ging sogar so weit, zu sagen, dass nur die Bedrohung durch Persien Europa vor einer direkten Eroberung durch die Türken gerettet habe:

»Die türkische Seite verfügt über die Ressourcen eines mächtigen Imperiums und über eine ungeahnte Stärke. Die Türken sind gewöhnt zu siegen, können Strapazen ertragen, sind geeint, diszipliniert, genügsam und stets wachsam. Auf unserer Seite gibt es dagegen nur die Armut der Massen, privaten Luxus Einzelner, wenig Kraft, kaum Mut, keine Ausdauer und schlechte Ausbildung. Die Soldaten widersetzen sich den Befehlen, die Offiziere sind habgierig, Disziplin wird verachtet, Zügellosigkeit, Leichtsinn, Trunkenheit und Ausschweifungen sind an der Tagesordnung. Aber das Schlimmste ist, dass der Feind siegesgewiss ist, während wir selbst uns an Niederlagen gewöhnt haben. Kann man unter diesen Voraussetzungen noch Zweifel haben, wie das Ergebnis aussehen wird? Nur Persien stellt sich zu unseren Gunsten dazwischen, denn wenn der Feind angreifen sollte, darf er nicht die Bedrohung in seinem Rücken aus den Augen verlieren. Aber Persien kann unser Schicksal nur hinauszögern, es kann uns nicht retten. Sobald die Türken sich mit Persien geeinigt haben, werden sie uns an die Kehle gehen, und dabei wird sie der ganze Osten unterstützen. Ich wage gar nicht, daran zu denken, wie wenig wir darauf vorbereitet sind.«[3]

In jüngster Zeit haben westliche Beobachter in ähnlicher Weise von der Sowjetunion und China gesprochen, und auch sie haben sich getäuscht.

Busbecqs Ängste waren, wie sich herausstellen sollte, unbegründet. Osmanen und Perser bekämpften sich bis ins 19. Jahrhundert, also bis zu einer Zeit, in der sie für niemanden mehr, außer für ihre eigenen Bürger, eine Bedrohung darstellten. Damals wurde gelegentlich der Gedanke einer Allianz zwischen der Christenheit und Persien erörtert, der jedoch nicht weiter verfolgt wurde. Im Jahre 1523 schickte Schah Ismā'īl, der immer noch unter seiner Niederlage litt, Kaiser Karl V. einen Brief, in dem er sein Erstaunen darüber ausdrückte, dass die europäischen Mächte sich gegenseitig bekämpften, statt gemeinsam gegen die Osmanen vorzugehen. Sein Appell stieß jedoch auf taube Ohren, und der Kaiser beantwortete diesen Brief erst im Jahre 1529, als Schah Ismā'īl bereits fünf Jahre tot war.

2 Ein europäischer Besucher. Wandmalerei im Gartenpalast
Tschehel–Sutun, dem Palast der vierzig Säulen, in Isfahan (Esfahan).
Der Palast stammt aus dem ausgehenden 16. Jahrhundert und
wurde 1706 wiedererrichtet.

Zunächst war Persien gelähmt, und unter Selims Nachfolger Süleiman I., dem Prächtigen (Regierungszeit 1520 bis
1566), leiteten die Osmanen eine neue Phase der Expansion in Europa ein. Bei der großen Schlacht von Mohács in

Ungarn im August 1526 errangen die Türken einen entscheidenden Sieg, der zur ersten Belagerung Wiens im Jahre 1529 führte. Der Umstand, dass es den Türken diesmal nicht gelungen war, Wien zu erobern, wurde von beiden Seiten nur als Aufschub, nicht als Niederlage betrachtet. Damit begann ein langer Kampf um die Vorherrschaft in Europa.

Hier und da gelang es den Christen, ein paar Erfolge zu erringen, darunter 1571 den bemerkenswerten Sieg bei der Seeschlacht von Lepanto (griech. Naupaktos) im Golf von Patras in Griechenland. In Europa wurde das als großer Triumph gefeiert. Die gesamte Christenheit jubelte den Siegern zu, und König James VI. von Schottland, später James I. von England, schrieb zur Feier des Tages sogar ein langes, ekstatisches Gedicht.[4] In den türkischen Archiven liegt der Bericht, den Kapudan Pascha, der Oberbefehlshaber der Flotte, über die Schlacht von Lepanto verfasst hat. Er besteht nur aus zwei Sätzen: »Die Flotte des von Gott gelenkten Imperiums traf auf die Flotte der armseligen Ungläubigen, und die Gunst Allahs neigte sich der anderen Seite zu.«[5] Für einen militärischen Bericht mangelte es in diesem Fall zwar an Einzelheiten, aber nicht an Offenheit. In der osmanischen Geschichte ist diese Schlacht nur unter der Bezeichnung *Sıngın* bekannt, was im Türkischen so viel wie »Schlappe« oder »vernichtende Niederlage« heißt.

Was für eine Bedeutung hat Lepanto? Die Antwort lautet: keine besonders große. Wenn wir die umfassendere Frage nach der Seemacht stellen, ganz zu schweigen von der gesamten militärischen Stärke in dieser Region, dann stellte Lepanto für die Osmanen nur einen unbedeutenden Rückschritt dar, der schnell wieder wettgemacht werden konnte. Die damalige Situation wird sehr gut durch ein Gespräch veranschaulicht, das uns von einem osmanischen Chronisten überliefert wurde. Er berichtet, dass Sultan Selim II. den Großwesir Sokollu Mehmed Pascha nach den Kosten für den Wiederaufbau der bei Lepanto zerstörten Flotte gefragt hat. Der Wesir antwortete: »Macht und Reichtum unseres Imperiums sind so groß, dass wir die gesamte Flotte mit silbernen Ankern, einer Takelage aus Seide und Segeln aus Satin ausrüsten könnten, wenn wir es wollten.«[6] Das war offensichtlich eine poetische Übertreibung, aber trotzdem eine ziemlich objektive Beurteilung der wirklichen Bedeutung von Lepanto – eine wichtige Angelegenheit für den Westen, für den Osten nur eine Lappalie. Die große Bedrohung blieb also bestehen. Auch im 17. Jahrhundert regierten in Budapest und Belgrad immer noch türkische Paschas, und Berber-Korsaren aus Nordafrika überfielen die Küsten von England und Irland, 1627 sogar Island. Ihre menschliche Beute verkauften sie dann auf den Sklavenmärkten von Algier.

Ende des 16. und Anfang des 17. Jahrhunderts wurde Persien noch einmal zu einem wichtigen Faktor in diesem Kampf. Schah ʿAbbās I., genannt der Große, war in vieler Hinsicht der erfolgreichste Herrscher dieses Hauses. Als er 1598 nach einem Sieg über die Usbeken Zentralasiens in seine Hauptstadt zurückkehrte, nahm eine Gruppe von Europäern, die von zwei Brüdern geführt wurde, Kontakt zu ihm auf. Es waren Sir Anthony und Sir Robert Sherley aus England. Vermutlich auf ihre Anregung hin schickte er Freundschaftsbriefe an den Papst, den Kaiser des Heiligen Römischen Reichs und verschiedene europäische Monarchen und Herrscher, darunter auch an die Königin von England und den Dogen von Venedig. Aber diese Schreiben hatten kaum eine Bedeutung. Wichtiger war die Umorganisation und Aufrüstung seiner Streitkräfte, die er mithilfe der Gebrüder Sherley und anderer Europäer durchführte. Zwischen 1602 und 1612 und dann noch einmal zwischen 1616 und 1627 lag Persien mit der Türkei im Krieg, und die Perser konnten eine Reihe von Siegen erringen. Da die Türken durch diese Auseinandersetzungen im Osten abgelenkt waren, mussten sie 1606 Frieden mit Österreich schließen.

Das Abkommen von Zsitvatorok, das im gleichen Jahr unterzeichnet wurde, ist aus verschiedenen Gründen bemerkenswert. Alle vorhergehenden Abkommen waren von den Türken in ihrer Hauptstadt Istanbul diktiert worden. Dieses wurde dagegen auf neutralem Boden auf einer Donau–Insel geschlossen. Noch wichtiger ist womöglich die damit verbundene Anerkennung des Kaisers als »Padischah«. Bis zu diesem Zeitpunkt war es eine gängige Praxis der Osmanen gewesen, europäische Regenten entweder mit untergeordneten Titeln zu belegen, so zum Beispiel *Bei*. Noch häufiger verwendeten sie eine Anrede, die sie für einen europäischen Titel hielten. So wurde zum Beispiel ein osmanischer Brief an Königin Elisabeth an die »Königin *(kiraliçe)* des Vilayet von England« adressiert, während der Kaiser als »König *(kiral)* von Wien« angesprochen wurde.[7] *Kiral* und *Kiraliçe* waren natürlich europäische Titel und nicht türkischen Ursprungs. Sie wurden von den Osmanen auf ähnliche Weise benutzt, wie die Engländer ihre eigenen Titel für Prinzen in Indien verwendeten. Der Titel »Padischah«, den auch die osmanischen Sultane selbst innehatten, stellte also eine formale Anerkennung der Gleichheit dar.[8]

Auch wenn die Muslime den ungläubigen Westen verachteten, wussten sie doch nur zu gut seine Fertigkeiten bei der Bewaffnung und Kriegsführung zu schätzen. Die anfänglichen Erfolge der Kreuzritter in der Levante hatten die muslimischen Kriegsministerien davon überzeugt, dass die westlichen Waffen zumindest in mancher

Hinsicht ihren eigenen überlegen waren, und sie reagierten schnell auf diese Erkenntnis. Man beschäftigte westliche Kriegsgefangene beim Festungsbau, westliche Söldner und Abenteurer wurden eingestellt, und der Handel mit Waffen und anderen Materialien nahm im Laufe der Jahrhunderte immer mehr zu. Selbst als die Türken des Osmanischen Reichs schon nach Südosteuropa vorrückten, konnten sie noch die dringend benötigten Ausrüstungsgegenstände für ihre Flotte und die Armee von christlich–europäischen Lieferanten kaufen und europäische Experten in ihren Dienst stellen. Es gelang ihnen sogar noch in dieser Situation, finanzielle Mittel von europäischen Banken zu bekommen. Das, was wir heute »konstruktives Engagement« nennen, hat also schon eine lange Tradition.

All das hatte jedoch wenig oder gar keinen Einfluss auf die Einstellungen und Sichtweisen der Muslime, solange ihre Armeen im Kernland von Sieg zu Sieg eilten. Die Sultane kauften Kriegsmaterial und militärische Kenntnisse gegen Bargeld und betrachteten das als eine rein geschäftliche Transaktion. Vor allem die Türken übernahmen solche europäischen Erfindungen wie Handfeuerwaffen und Artilleriegeschütze und setzten sie mit großem Erfolg ein. Das bedeutete aber keineswegs, dass sie ihre Meinung über die ungläubigen Barbaren geändert hätten, denen sie diese Waffen verdankten.

Es wurden jedoch auch andere Stimmen laut. Schon im 16. Jahrhundert bemerkte ein pensionierter osmanischer Großwesir, dass die muslimischen Streitkräfte zwar auf dem Land überlegen seien, die Ungläubigen jedoch zur See immer stärker würden. »Wir müssen sie besiegen.«[9] Seine Botschaft fand jedoch kaum Gehör. Im frühen 17. Jahrhundert stellte ein anderer osmanischer Regierungsbeamter beunruhigt fest, dass die Zahl der portugiesischen, niederländischen und englischen Handels-schiffe in asiatischen Gewässern zugenommen hatte, und warnte vor den damit verbundenen Gefahren.[10]

Diese Bedrohung war durchaus real und nahm ständig zu. Als der portugiesische Seefahrer Vasco da Gama Ende des 15. Jahrhunderts um Afrika herum in den Indischen Ozean gesegelt war, hatte er einen neuen Seeweg zwischen Europa und Asien entdeckt, was für den Nahen und Mittleren Osten sowohl kommerziell als später auch strategisch weit reichende Folgen haben sollte. Schon 1502 hatte die Republik Venedig, der größte Nutznießer des östlichen Gewürzhandels, einen Abgesandten nach Kairo geschickt, um den Sultan von Ägypten vor den Gefahren zu warnen, die dieser neue Seeweg für den Handel zwischen ihren Ländern darstellte. Zuerst schenkte der Sultan dieser Botschaft wenig Beachtung, aber der plötzliche Einbruch seiner Zolleinnahmen lenkte seine Aufmerksamkeit dann doch auf dieses neue Problem. Ägyptische See-Expeditionen gegen die Portugiesen in östlichen Gewässern blieben jedoch erfolglos, was zweifellos mit zur Niederlage des ägyptischen Sultanats 1516–1517 beigetragen hat. Und das wiederum hatte schließlich zur Folge, dass Ägypten seine gesamten Herrschaftsgebiete an das Osmanische Reich verlor.

Nun übernahmen die Osmanen diese Aufgabe, doch sie waren nicht wesentlich erfolgreicher. Ihre Versuche, die Portugiesen am Horn von Afrika und im Roten Meer zu stellen, waren bestenfalls ergebnislos. Dass die Osmanen an dieser Entwicklung kaum interessiert waren, lässt sich am besten an folgendem Ereignis veranschaulichen. Im Jahre 1563 schickte der muslimische Herrscher von Aceh einen Abgesandten nach Istanbul und bat um Hilfe gegen die Portugiesen. Um seinem Hilferuf den nötigen Nachdruck zu verleihen, fügte er hinzu, dass sich mehrere nichtmuslimische Herrscher in der Region bereit erklärt hätten, zum Islam überzutreten, wenn die Osmanen ihnen zu Hilfe kämen. Die waren aber damals gerade mit wichtigeren Dingen beschäftigt – so mit der Belagerung von Malta und von Szigetvár (heute: Sziget) in Ungarn. Außerdem war gerade Sultan Süleiman II. gestorben. Erst mit einer Verspätung von zwei Jahren stellten sie eine Flotte von 19 Galeeren und einigen Transportschiffen für Waffen und Versorgungsgüter zusammen, um den Belagerten von Aceh zu Hilfe zu kommen.

Die meisten Schiffe kamen jedoch nie dort an. Der größte Teil dieser Expedition wurde umgeleitet, weil er für andere wichtigere Aufgaben benötigt wurde: Man musste dringend die osmanische Autorität im Jemen wiederherstellen, sodass letzten Endes nur zwei Schiffe, die mit Kanonengießern, Kanonieren und Technikern sowie ein paar Kanonen und anderem Kriegsgerät beladen waren, in Aceh eintrafen. Dort wurden sie in den Dienst des örtlichen Herrschers gestellt und bei den vergeblichen Versuchen, die Portugiesen zu vertreiben, eingesetzt. Die Episode erregte damals offenbar kaum Aufsehen und ist uns nur aus türkischen Archiven überliefert.[11] Ob es Absicht war oder Nachlässigkeit, ist nicht geklärt, doch die Osmanen können von Glück sagen, dass sie sich in den orientalischen Gewässern nicht mit der Seemacht der Portugiesen angelegt haben. Die osmanische Flotte mit ihren mittelmeertauglichen Galeeren hätte gegen die bedeutend größeren, besser bewaffneten und leichter zu manövrierenden portugiesischen Handelsschiffe und Galeonen, die für den Atlantik gebaut waren, kaum eine Chance gehabt.

Die Auswirkungen, die der neue Wasserweg zwischen Europa und Asien auf den Transithandel des Nahen Ostens hatte, waren nicht so groß, wie man eine Zeit lang befürchtet hatte. Im gesamten 16. Jahrhundert blühte der Transithandel des Nahen Ostens mit Gewürzen und anderen Gütern zwischen Süd- und Südostasien auf der einen und dem südlichen Europa auf der anderen Seite. Im 17. Jahrhundert entstand jedoch eine neue und – für den Nahen Osten – bedeutend gefährlichere Situation. Inzwischen waren die Portugiesen, Niederländer und andere Europäer nicht mehr einfach nur als Kaufleute in Asien. Sie gründeten dort Niederlassungen, aus denen nach einer gewissen Zeit Kolonien entstanden. Indem sich ihr Machtbereich von der See auf die Seehäfen, ja sogar bis ins Innere der Länder ausdehnte, wurde der Nahe Osten ausmanövriert. Denn die neuen europäischen Imperien in Asien hatten jetzt die Abfahrts- und Ankunftspunkte des Ost–West–Handels unter Kontrolle.

Diese Gefahr bezog sich nicht nur auf die westeuropäische Expansion in Südasien. Es gab außerdem eine russische Expansion in den Norden Asiens, was die muslimischen Herrscher erneut dazu veranlasste, das Osmanische Reich, die damals größte islamische Macht, um Hilfe zu bitten. Daraufhin planten die Osmanen im Jahre 1568, einen Kanal durch den Isthmus von Sues zu graben, der das Mittelmeer mit dem Roten Meer verbinden sollte. Im folgenden Jahr stellten sie zuerst einmal eine Verbindung zwischen dem Don und der Wolga her. Das Projekt sollte offensichtlich ihre Seehoheit über das Mittelmeer hinaus erweitern, und zwar auf der einen Seite zum Roten Meer und zum Indischen Ozean, auf der anderen zum Schwarzen und zum Kaspischen Meer hin. Doch anscheinend wurden beide Projekte von den Osmanen als relativ nebensächlich betrachtet und wieder aufgegeben, als sie sich als problematisch erwiesen. Ende des 16. Jahrhunderts zogen sich die Osmanen von der aktiven Teilnahme an beiden Fronten zurück – gegen die Russen in Nord- und

Zentralasien und gegen die Westeuropäer in Süd- und Südostasien. Sie konzentrierten stattdessen alle ihre Kräfte auf den Kampf in Europa, das sie – nicht ohne Grund – als wichtigsten Kriegsschauplatz im Kampf zwischen dem Islam und der Christenheit betrachteten. Beide Glaubenslehren rivalisierten miteinander um Erleuchtung – und Beherrschung – der Welt.

Die Siege, die der Westen auf den Schlachtfeldern und auf hoher See errang, wurden von zwar weniger spektakulären, jedoch bedeutend umfassenderen und letzten Endes gefährlicheren Erfolgen auf den Märkten begleitet. Die Entdeckung und Ausbeutung der Neuen Welt bescherte dem christlichen Europa zum ersten Mal reiche Gold- und Silbervorräte. Das fruchtbare Land dieser Kolonien versetzte sie außerdem in die Lage, neue Dinge anzubauen, darunter bislang aus dem Nahen Osten importierte Waren wie Kaffee und Zucker, die man jetzt sogar an die ehemaligen Lieferanten exportieren konnte. Die zunehmende Präsenz der Europäer in Süd- und Südostasien beschleunigte diesen Prozess, und alteingesessene Handwerke standen plötzlich vor einer doppelten Herausforderung: Sie sahen sich mit billigen Arbeitskräften aus Asien konfrontiert und mussten sich mit der europäischen Handelskunst auseinander setzen. Die westlichen Handelskontore, die von ihren geschäftsorientierten Regierungen unterstützt wurden, stellten einen neuen Machtfaktor im Nahen Osten dar. Auch in diesem Fall gab es hier und da besorgte Stimmen, die jedoch kaum Gehör fanden.

Dabei verschärften diese Entwicklungen und die damit verbundenen Veränderungen in den inneren und äußeren Beziehungen die alten Probleme. Und sie schufen zusätzlich neue – währungs- und finanzpolitische, bald auch wirtschaftliche, gesellschaftliche und kulturelle –, die mit der Zeit immer größer und immer komplexer wurden.[12]

Das militärische Gleichgewicht blieb im 17. Jahrhundert lange Zeit unverändert. Fast bis zur Mitte des Jahrhunderts war Europa in den Dreißigjährigen Krieg verwickelt gewesen und hatte immer noch mit den Folgen zu kämpfen. Zur gleichen Zeit mussten sich die Osmanen mit Problemen im eigenen Land und an ihrer östlichen Grenze auseinander setzen. 1645 begann ein Krieg mit der Republik Venedig, in dem die Türken zunächst wenig Erfolg hatten. Im Jahre 1656 konnten die Venezianer, die einige Jahre lang die Meerengen blockiert hatten, mit ihrer Flotte sogar in die Dardanellen eindringen und einen Seesieg erringen.

Im gleichen Jahr wurde Mehmed Köprülü, ein albanischer Pascha, zum Großwesir ernannt. Während seiner Regierungszeit (1656–1661) und der seines Sohnes und Nachfolgers Ahmed Köprülü (1661–1678) machte der osmanische Staat eine bemerkenswerte Veränderung durch. Die geschickten, energischen und skrupellosen Herrscher organisierten die Streitkräfte von Grund auf neu, stabilisierten die Finanzen und nahmen die Auseinandersetzungen mit dem christlichen Europa wieder auf. Besonders aktiv war man dabei in Polen und in der Ukraine. Und hier gerieten die Osmanen zum ersten Mal mit Russland in Konflikt. Nach dem Abkommen von Radzin von 1681 verzichteten die Türken auf ihre Ansprüche in der Ukraine und erklärten sich bereit, den Kosaken Handelsrechte auf dem Schwarzen Meer einzuräumen. Diese einschneidende Veränderung kennzeichnet das Auftauchen eines neuen und gefährlicheren Feindes und gleichzeitig auch den Beginn eines langen, harten und erbitterten Kampfes.

In der Zwischenzeit war ein neuer Großwesir ernannt worden. Kara Mustafa Pascha, ein Schwager von Mehmed Köprülü, betrachtete es als seine Pflicht, den Ruhm der

Köprülü-Dynastie wiederherzustellen. Im Jahre 1682 begann er einen neuen Krieg gegen Österreich, der seinen Höhepunkt in der zweiten Belagerung Wiens vom 17. Juli bis zum 12. September 1683 fand. Der zweite erfolglose Versuch, diese Stadt einzunehmen, wird am anschaulichsten von dem osmanischen Chronisten Sılıhdar beschrieben: »Es war eine katastrophale Niederlage, so groß wie nie zuvor seit der Entstehung des osmanischen Staates.«[13] Man muss die Offenheit bewundern, mit der die Osmanen sich mit unangenehmen Realitäten auseinander setzten.

Der Niederlage vor Wien folgte eine Reihe von weiteren Misserfolgen. Mit dem Verlust von Buda fanden anderthalb Jahrhunderte osmanischer Herrschaft in Ungarn ihr Ende. An dieses Ereignis erinnert ein türkisches Klagelied aus jener Zeit.

»Sie waschen sich nicht mehr in jenen Brunnen
Und in den Moscheen wird nicht mehr gebetet
Die einst reichen Plätze sind jetzt verlassen
Der Österreicher hat uns unser schönes Buda
genommen.«[14]

Der Rückzug von Wien eröffnete neue Möglichkeiten. Im März 1684 bildeten Österreich, Venedig, Polen, die Toskana und Malta mit dem Segen des Papstes eine Heilige Liga im Kampf gegen das Osmanische Reich. Auch Russland trat den katholischen Mächten in diesem Unternehmen bei. Unter Zar Peter, bekannt als der Große, zog man gegen die Osmanen in den Krieg und errang bedeutende Siege. Am 6. August 1696 nahm Peter der Große Asow ein – die erste russische Festung an der Küste des Schwarzen Meeres.

Inzwischen waren die Türken bereit, Friedensverhandlungen zu führen. Der Friedensprozess begann mit Geheimverhandlungen zwischen dem Kanzler Österreichs und dem neu ernannten osmanischen Großwesir, der – interessanterweise – von seinem obersten Dragoman, Alexander Mavrokordatos, einem Griechen aus Istanbul, begleitet wurde. Im Oktober 1698 trafen sich die Diplomaten in Karlowitz in der Wojwodina. Das Gebiet war erst vor kurzer Zeit von den Österreichern erobert worden, nachdem es vorher unter türkischer Herrschaft gestanden hatte. Am 26. Januar 1699 wurde dann mithilfe britischer und niederländischer Vermittlung ein Friedensvertrag zwischen dem Osmanischen Reich und der Heiligen Liga in Karlowitz unterzeichnet. Etwas später wurde die Abtretung von Asow an die Russen in einem separaten Vertrag besiegelt.

Die Osmanen hatten erhebliche Gebietsverluste hinnehmen müssen. Und sie waren darüber hinaus gezwungen, sich von überholten Vorstellungen und Methoden des Umgangs mit dem Rest der Welt zu verabschieden. Zudem mussten sie eine neue Weise der Diplomatie, Verhandlung und Vermittlung erlernen. Der Krieg war nicht total verloren worden, und der Vertrag bedeutete keine absolute Unterwerfung für sie. So hatten sie sich Anfang des 18. Jahrhunderts sogar wieder ein wenig davon erholt. Aber das militärische Ergebnis war letzten Endes eindeutig – die katastrophale Niederlage vor Wien, die schrecklichen Verluste an Menschen und Material und natürlich die Gebietsverluste. Die Lektion war deutlich, und die Türken begaben sich an die Arbeit, sie zu lernen und umzusetzen.

DIE LEKTIONEN AUF DEM SCHLACHTFELD

Der Vertrag von Karlowitz hat in der Geschichte des Osmanischen Reiches und in einem weiteren Sinne sogar in der Geschichte der islamischen Welt eine besondere Bedeutung, denn er war der erste Friedensvertrag, den das besiegte Osmanische Reich mit siegreichen christlichen Gegnern schließen musste.

In globaler Hinsicht war das nichts völlig Neues. Der Verlust Spaniens und Portugals, der Aufstieg Russlands und die zunehmende Präsenz der Europäer in Süd- und Südostasien, all das waren Rückschläge, die der Islam durch die Christenheit erlitten hatte. Aber damals war kaum ein Beobachter, ob Muslim oder Christ, in der Lage, das Geschehen aus einer globalen Perspektive heraus zu betrachten. Für die Muslime im Kernland des Nahen Ostens hatten diese Ereignisse nur eine periphere Bedeutung, schienen sie doch kaum geeignet, das Gleichgewicht der Kräfte zwischen der islamischen und der christlichen Welt entscheidend zu verändern, das sich in dem langen Kampf seit dem Entstehen des Islam im 7. Jahrhundert und dem Überfall der muslimischen Armeen auf die damals noch christlichen Länder Syrien, Palästina, Ägypten, auf Nordafrika und zeitweise auch Südeuropa herausgebildet hatte. Die Kreuzritter hatten den triumphalen Vormarsch des Islam nur vorübergehend aufhalten können, waren dann aber gestoppt, besiegt und vertrieben worden. Die Muslime waren weiter vorgerückt, hatten Byzanz ausgelöscht und damit den Weg nach Europa frei gemacht. Das Reich von Konstantinopel war bereits gefallen, und das Heilige Römische Reich war als Nächstes an der Reihe. Das Bewusstsein, das die Osmanen und allgemein die Muslime von der Welt hatten, in der sie lebten, spiegelt sich wider in der reichlich vorhandenen historischen Literatur jener Zeit und, noch detaillierter, in den Millionen von Dokumenten, die in den osmanischen Archiven erhalten sind. Sie illustrieren die Funktionsweisen des osmanischen Staates mit all seinen vielfältigen Aktivitäten Jahr für Jahr, ja beinahe Tag für Tag. Hin und wieder findet man Hinweise auf den Verlust Spaniens, aber das erscheint als relativ kleines Problem – weit weg, also nicht bedrohlich. Es gibt ein paar Bemerkungen über die Ankunft muslimischer und jüdischer Flüchtlinge, die aus Spanien in osmanische Länder geflohen waren, aber das war auch schon alles.

Der Friedensvertrag von Karlowitz erteilte den Muslimen zwei wichtige Lektionen. Die erste war militärischer Art, die Niederlage durch eine überlegene Streitmacht. Die zweite war komplexer und betraf die Kunst der Diplomatie, die man im Laufe der Verhandlungen erst noch erlernen musste. In den ersten Jahrhunderten seit der Entstehung des Osmanischen Reichs war ein Vertrag eine einfache Angelegenheit gewesen. Die osmanische Regierung diktierte die Bedingungen, und der besiegte Feind akzeptierte sie. Nach der ersten Belagerung von Wien gab es eine Zeit lang so etwas wie Verhandlungen und als erstaunliche Neuheit sogar Zugeständnisse an den Kaiser, dem man den gleichen Status wie dem Sultan zuerkannt hatte. Letzten Endes verliefen diese Verhandlungen jedoch ergebnislos. Beim Abschluss des Friedensvertrags von Karlowitz sahen sich die Osmanen zum ersten Mal gezwungen, auf jene seltsame Kunst zurückzugreifen, die wir Diplomatie nennen. Sie versuchten, das Ergebnis ihrer militärischen Niederlage mit politischen Mitteln zu modifizieren oder sogar zu mildern. Für die Vertreter des Osmanischen Reichs war das eine völlig neue Aufgabe. Keiner von ihnen wusste, wie man nach einer Niederlage möglichst gute Bedingungen aushandelt.

Zwei in Istanbul residierende Gesandtschaften konnten ihnen dabei ein wenig helfen: die der Briten und der Niederländer. Zuerst waren die Osmanen nicht bereit, diese Hilfe zu zuanehmen, weil sie das als eine christliche Einmischung betrachteten. Sie lernten jedoch sehr schnell, ein solches Angebot anzuerkennen und davon Gebrauch zu machen. Die westlichen See- und Handelsmächte hatten kein Interesse an einer Konsolidierung und Ausweitung der Macht Österreichs und seines Einflusses in Mittel- und Osteuropa. Ihnen war es im Gegenteil bedeutend lieber, ein zwar geschwächtes, aber zumindest noch existierendes Osmanisches Reich aufrechtzuerhalten, in dem die Geschäftsleute ungehindert ein- und ausgehen konnten. Es gelang den britischen und niederländischen Gesandten, den Osmanen auf diskrete Weise zu helfen und sie zu beraten. So konnten sie sogar an den eigentlichen Friedensverhandlungen teilnehmen.

Aber die westliche Hilfe beschränkte sich nicht nur auf die Diplomatie. Militärische Unterstützung – Waffenlieferungen, ja sogar Kredite für deren Kauf – waren nichts Ungewöhnliches und hatten eine alte Tradition, die sich bis zu den Anfängen des Osmanischen Reichs zu Beginn der Kreuzzüge zurückverfolgen lässt. Neu war, dass die Osmanen jetzt auch europäische Hilfe bei der Ausbildung und Ausrüstung ihrer Streitkräfte in Anspruch nahmen und dass sie Bündnisse mit europäischen Mächten gegen andere europäische Mächte schlossen.

In der ersten Hälfte des 18. Jahrhunderts war die Situation unentschieden, und die Osmanen konnten sogar einige Siege erringen. So besiegten sie in den Jahren 1710 und 1711 die Russen, die nach dem Friedensvertrag am Pruth (1711) die Halbinsel Asow zurückgeben mussten. Ein weiterer Krieg gegen Venedig und anschließend gegen Österreich endete jedoch mit einer Niederlage und zusätzlichen Gebietsverlusten, die im Abkommen von Passarowitz festgelegt wurden.

Aus dieser Zeit besitzen wir ein osmanisches Dokument, das ein Gespräch wiedergibt – oder, genauer gesagt, wiederzugeben behauptet –, das zwischen zwei Offizieren, der eine ein Christ (nicht näher beschrieben), der andere ein osmanischer Muslim, stattgefunden haben soll.[15] Dieses Protokoll diente offensichtlich der Propaganda. Es ist meines Wissens nach das erste islamische Dokument, in dem muslimische und christliche Methoden der Kriegsführung miteinander verglichen werden, wobei die Letzteren besser abschneiden. Bis zu diesem Zeitpunkt hatte es niemand für möglich gehalten, dass jemand den Vorschlag machen könnte, wahre Gläubige sollten sich an den Ungläubigen im Hinblick auf militärische Organisation und Kriegsführung ein Beispiel nehmen. Das Dokument legt besonderes Gewicht auf die Verwendung von Feuerwaffen, also Kanonen und Musketen, und auf die Ausbildung und Umorganisation der Streitkräfte, um die Effizienz auf beiden Gebieten zu verbessern. »Die Überlegenheit der Österreicher ist vor allem auf die Verwendung von Musketen zurückzuführen. Mit dem Schwert können wir dagegen nichts ausrichten.«[16] Das Hauptgewicht dieser Argumentation lag auf der Tatsache, dass es nicht mehr genügte, wie in der Vergangenheit westliche Waffen zu benutzen. Um sie effektiv einsetzen zu können, war es vor allem wichtig, westliche Ausbildungsmethoden, militärische Strukturen und Strategien zu übernehmen.

Das war schon schlimm genug; noch schlimmer war es jedoch, dass die Osmanen – und später die Perser und andere muslimische Armeen – trotz der Übernahme dieser westlichen Methoden nicht die gewünschten Ergebnisse erzielten. Die militärische Konfrontation förderte auf dramatische Weise die Ursachen dieses neuen Ungleichgewichts zu Tage. Das Problem bestand nicht, wie früher behauptet wurde, darin, dass die osmanischen Streitkräfte schlechter geworden wären. Ihre Effektivität war die gleiche geblieben. Es waren vielmehr der Erfindergeist und die Experimentierfreudigkeit der Europäer, die hier, wie auf vielen anderen Gebieten, zu einer Verschiebung des Kräfteverhältnisses zwischen den beiden Seiten geführt hatten.

Der Prozess der Modernisierung selbst in diesem eingeschränkten Sinn ging keinesfalls leicht vonstatten. Er musste sich gegen große Widerstände durchsetzen. Und als dann einer der vielen Kriege zwischen der Türkei und dem Iran 1730 mit einem Sieg der noch weniger modernisierten Perser endete, wurde den Modernisierern in der Türkei nicht gerade der Rücken gestärkt.

Eine Zeit lang lief in Europa alles besser für die Osmanen. Die wachsende Rivalität zwischen ihren beiden Erzfeinden im Norden, also zwischen Österreich und Russland, half ihnen, wieder ein wenig an Boden zurückzugewinnen. Aber dann kam es zu einer neuen Katastrophe. Zwischen 1768 und 1774 fügten ihnen die Russen eine Reihe von Niederlagen zu. Das Ergebnis ist im Abkommen von Küçük Kaynarca [17] aus dem Jahre 1774 festgehalten, das den Russen Seerechte und indirekt ein Interventionsrecht im Osmanischen Reich zubilligte. Wichtiger war allerdings eine Klausel, die sich auf die Krim bezog, die ursprünglich eine osmanische Kolonie gewesen war und von Türkisch sprechenden Muslimen bewohnt wurde. Der Sultan wurde gezwungen, die »Unabhängigkeit« der Khans auf der Krim anzuerkennen. Es wurde bald klar, dass es sich dabei um die Vorbereitung der Annexion der Krim durch Russland handelte, die schließlich 1783 vollzogen wurde.

Das war ein schwerer Schlag. Der Verlust osmanischer Gebiete in Europa hatte sie zwar hart getroffen, war aber zu verschmerzen gewesen. Diese Länder waren erst vor relativ kurzer Zeit erobert worden und vorwiegend von Christen bevölkert gewesen, die von einer Minderheit von osmanischen Soldaten und Verwaltungsbeamten regiert worden waren. Die Krim aber war eine völlig andere Sache. Seit dem Mittelalter war sie ein altes türkisch-islamisches Gebiet gewesen, und mit ihr verlor man einen Teil des Heimatlandes. Das war das erste, aber keinesfalls das letzte Mal, dass man Gebiete und Teile der Bevölkerung an die Christen abtreten musste. Und Russland etablierte sich damit als wichtige Macht am Schwarzen Meer. Dies stellte für die Osmanen und alle islamischen Länder, sowohl in Europa als auch an den Küsten des Kaukasus, eine ernste Bedrohung dar.

Es war offensichtlich, dass man neue Maßnahmen ergreifen musste, um dieser Gefahr zu begegnen. Einige von ihnen verletzten allerdings die Normen des Islam. Nachdem man die Führer der Ulema, die Gelehrten des heiligen Rechts, darum gebeten hatte, stimmten sie zwei grundsätzlichen Änderungen zu. Die erste bestand darin, Ungläubige als Lehrer für islamische Schüler zu akzeptieren. Das war eine Neuerung von bis dahin ungeahnten Ausmaßen. Schließlich hatte sich diese Kultur seit mehr als tausend Jahren daran gewöhnt, die Ungläubigen und Barbaren zu verachten. Was sollten diese Menschen schon Wertvolles beitragen können? Man hatte sie bisher höchstens als Rohmaterial betrachtet, das nach seiner Konvertierung in den Islam eingegliedert werden könnte.

Die zweite Veränderung war, dass man Ungläubige als Verbündete im Krieg gegen andere Ungläubige akzeptierte. Die Osmanen waren bereits daran gewöhnt, an Ort und Stelle rekrutierte christliche Hilfskräfte auf dem Schlachtfeld einzusetzen, und mitunter griff man sogar auf ganze Kontingente von christlichen Mächten zurück, mit denen man einen christlichen Feind gemeinsam hatte. Die Aufzeichnungen der Osmanen beweisen, dass es, abgesehen von den islamischen Soldaten vom Balkan, auch solche gab, die Christen geblieben waren und dennoch zu den Hilfstruppen der osmanischen Streitkräfte zählten.

Man setzte sich sogar mit souveränen christlichen Staaten in Verbindung, die – wie wir heute sagen würden – Bündnispartner wurden, obwohl damals keine der beiden Parteien das Wort in den Mund genommen hätte. So geht es zum Beispiel Ende des 16. Jahrhunderts in der Korrespondenz zwischen dem türkischen Sultan und Königin Elisabeth von England in den meisten Fällen um Handelsbeziehungen. Hin und wieder jedoch taucht in den Briefen auch eine Anspielung auf den gemeinsamen Feind Spanien auf, eine Sorge, die man sowohl in London als auch in Istanbul hegte. Es wäre übertrieben, in diesem Zusammenhang von einem Bündnis zu reden, zumindest war es kein gleichberechtigtes. In den Dokumenten verwendet der Sultan eine Sprache, die darauf hinweist, was er von der Königin erwartet: »... sich loyal und mit unbeirrbarem Schritt auf dem Weg der Lehnspflicht und des Gehorsams ... und Loyalität und Unterwürfigkeit« dem osmanischen Thron gegenüber zu zeigen. Die zeitgenössische Übersetzung ins Italienische, das Türken und Engländern als Kommunikationsmittel diente, spricht in diesem Zusammenhang lediglich von *sincera amicizia* (»aufrichtige Freundschaft«).[18] Diese Art von diplomatischer Falschübersetzung war jahrhundertelang üblich.

Aber die neue Beziehung zwischen dem osmanischen Staat und seinen europäischen Freunden auf der einen, seinen europäischen Feinden auf der anderen Seite war etwas ganz anderes. Inzwischen war es offensichtlich geworden, dass etwas schief lief, und immer mehr Menschen innerhalb der Regierungselite – und auch außerhalb von ihr – wurde das bewusst. Noch schlimmer, man merkte langsam, dass es Europa immer besser ging, sodass man selbst notwendig schwächer wurde und immer stärker gefährdet war.

Wenn in einer Gesellschaft etwas so schief läuft, dass man es nicht mehr verleugnen oder verbergen kann, muss man sich bestimmte Fragen stellen. Eine davon, vor allem im kontinentalen Europa von damals und im Nahen Osten von heute, ist: »Wer hat uns das angetan?« In der Regel sucht man dann außerhalb oder innerhalb des eigenen Landes einen Sündenbock – entweder sind Ausländer an allem schuld oder Minderheiten im eigenen Land. Als die Osmanen mit einer der größten Krisen ihrer Geschichte konfrontiert wurden, stellten sie eine andere Frage: »Was haben wir falsch gemacht?« Die Debatte über diese beiden Fragen wurde in der Türkei unmittelbar nach der Unterzeichnung des Friedensvertrages von Karlowitz eröffnet, und nach Küçük Kaynarca bekam sie eine neue Dringlichkeit. In gewissem Sinne dauert sie bis zum heutigen Tage an.

Diskussionen darüber, was schief läuft, sind nicht neu. Sie haben bei den osmanischen Chronisten, von denen die meisten in der offiziellen Bürokratie arbeiteten, eine lange Tradition. Man diskutierte über die verschiedenen innenpolitischen Probleme des osmanischen Staates und der Gesellschaft, äußerte sich über die möglichen Ursachen und schlug Maßnahmen zu ihrer Abhilfe vor. Einer von ihnen war Lûtfi Pascha, Großwesir unter Süleiman dem Prächtigen, bevor er 1541 aus dem Amt entlassen wurde, der sich in einem kleinen Büchlein über diese

Dinge äußerte.[19] Er diagnostizierte einige akute Schwächen im Aufbau des osmanischen Staates und schlug verschiedene Lösungen vor. Ein anderer war Koçu Bei, ein Verwaltungsbeamter, der vom Balkan stammte. Im Jahre 1630 wies er auf Schwächen im zivilen und militärischen Bereich hin und machte entsprechende Reformvorschläge.[20] Alle diese Aufzeichnungen lassen erkennen, dass man die Abkehr von den guten alten islamischen und osmanischen Sitten für die negative Entwicklung verantwortlich machte. Als wichtigstes Heilmittel wurde eine Rückkehr zu diesen Sitten und Gebräuchen propagiert. Noch heute werden diese Überlegungen von einem Großteil der Menschen im Nahen Osten als richtig empfunden.

Diese Memoranden waren allerdings in einem relativ ruhigen Ton abgefasst und bezogen sich hauptsächlich auf innere Angelegenheiten. Nur hin und wieder findet man einen Hinweis auf äußere Probleme. So wies zum Beispiel Lûtfi Pascha auf die große Bedeutung der Seestreitkräfte hin. Er schreibt, die Osmanen seien zwar überall auf dem Land siegreich, könnten es aber zur See nicht mit den Ungläubigen aufnehmen, und das sei eine gefährliche Situation.[21] Damit hatte er natürlich Recht. Europäische Schiffe, die so gebaut waren, dass sie den Stürmen auf dem Atlantik widerstehen konnten, hatten den Westeuropäern geholfen, lokalen Widerstand zu überwinden und die Seehoheit im Arabischen Meer und im Indischen Ozean zu erringen. Im 18. Jahrhundert buchten sogar muslimische Pilger, die von Indien und Indonesien zu den heiligen Stätten in Arabien fahren wollten, Passagen auf englischen, niederländischen und portugiesischen Schiffen, weil die schneller, billiger und sicherer waren.

3 Die Venezianer bombardieren Tenedos (Bozcaada). Aus einem
türkischen Album des 17. Jahrhunderts, das für einen europäischen
Gesandten angefertigt wurde.

Aber der Aufstieg Europas war für Lûtfi Pascha und die anderen Chronisten nur von untergeordnetem Interesse. Man machte sich vor allem Sorgen um innere Angelegenheiten, insbesondere um die Verwaltung und die Finanzen. Die neuen Memoranden, die nach Karlowitz abgefasst wurden, sind spezifischer, praktischer, dringlicher und beziehen sich in größerem Maße auf militärische Dinge. Außerdem werden zum ersten Mal Vergleiche zwischen dem islamischen Osmanischen Reich und seinen christlichen Feinden angestellt, wobei die Letzteren besser beurteilt werden. Mit anderen Worten lautete die Frage jetzt nicht mehr nur: »Was machen wir falsch?«, sondern auch: »Was machen die anderen richtig?« Und die entscheidende Frage war natürlich: »Wie können wir den Rückstand aufholen und unsere rechtmäßige Vormachtstellung wiedererlangen?«

Ein wichtiger Faktor bei der Entwicklung dieser neuen Sichtweise ist das Reisen. Auch in der Literatur findet das Reisen – das heißt, die Berichte und Empfehlungen von Reisenden zwischen den beiden Welten, Islam und Christenheit – seinen Niederschlag. Es hatte immer schon westliche Reisende im Osten gegeben. Das waren Pilger, die zu den christlichen heiligen Stätten reisten, Händler, die mit Erlaubnis der Sultane vom lukrativen östlichen Handel profitierten, oder Diplomaten, die in den Botschaften und Konsulaten arbeiteten, die die europäischen Länder in den muslimischen Hauptstädten und Provinzstädten eingerichtet hatten. Außerdem gab es Kriegsgefangene, die man an Land oder auf See gemacht hatte. Einige dieser westlichen Besucher traten in die Dienste islamischer Regierungen ein. Aus westlicher Sicht waren sie natürlich Abenteurer und Abtrünnige, für die Muslime dagegen *muhtadi*, also Menschen, die den rechten Weg gefunden hatten und bereit waren, ihm zu folgen.[22]

Im 18. Jahrhundert tauchte dann ein völlig neuer Typ von westlichen Besuchern auf; heute würde man solche Leute »Experten« nennen. Manche kamen einzeln und boten muslimischen Unternehmern ihre Dienste an. Später wurden einige dabei sogar von ihrer Regierung unterstützt. Sie waren Teil eines Programms, das mit der Zeit immer beliebter wurde – ein Arrangement zwischen christlichen und ehemals christlichen Ländern auf der einen Seite und osmanischen oder bestimmten islamischen Staaten auf der anderen Seite. Solche Arrangements gibt es bis zum heutigen Tag. Das brachte die Muslime, zuerst in der Türkei und später auch in anderen Ländern, auf einen schockierenden neuen Gedanken: Sollte man womöglich von den ehemals verachteten Ungläubigen etwas lernen können?

Eine noch viel schlimmere Innovation war das Reisen von Ost nach West. Bis zu dieser Zeit waren nur Gefangene und eine kleine Zahl von besonderen diplomatischen Gesandten in diese Richtung gereist. Für die Muslime gab es in Europa keine heiligen Stätten, zu denen sie hätten pilgern können, so wie die Christen das Heilige Land besuchten. Auch für die Händler war Europa nicht besonders attraktiv, denn es hatte ihnen viele Jahrhunderte lang nur wenig bieten können. Die wertvollste Ware, die von Europa in den Osten gebracht wurde, waren Sklaven, und die wurden in der Regel von muslimischen Plünderern oder europäischen Händlern geliefert.

Den Muslimen war das Reisen vertraut. So war schließlich die Pilgerreise nach Mekka (Al-Makka) eines der fünf Grundgebote ihres Glaubens. Von jedem Muslim wurde verlangt, dass er mindestens einmal im Leben diese Reise machte, ganz gleich, wie lange sie dauerte. Darüber hinaus reisten Muslime auch häufig in die südlichen und östlichen Nachbarländer der islamischen

Welt, um Handel zu treiben oder ihr Wissen zu erweitern. Die Länder und Menschen jenseits der Grenzen im Nordwesten hatten von beidem wenig zu bieten, und außerdem rieten die Gelehrten des heiligen Gesetzes von solchen Reisen entschieden ab. Westliche Gefangene im Osten, die geflohen oder freigekauft worden waren und nach Hause zurückkehren konnten, schrieben zahlreiche Bücher, in denen sie von ihren Abenteuern erzählten. Sie beschrieben die Länder, die sie gesehen hatten, und die Leute, denen sie in dem so geheimnisumwitterten Orient begegnet waren. Gefangene aus dem Nahen Osten, die aus Europa wieder nach Hause zurückgekehrt waren, schwiegen dagegen zum größten Teil, und es bestand auch kein großes Interesse an den paar Berichten, die es von ihnen gibt. Der Okzident blieb mysteriöser als der Orient und weckte keine entsprechende Neugier. Diese unterschiedlichen Sichtweisen kamen besonders in der Einstellung zur Sprache des jeweils anderen zum Ausdruck. An europäischen Universitäten und Institutionen wurde das Studium der orientalischen Sprachen intensiv betrieben, es gab so genannte Orientalisten, so wie es vorher bereits Hellenisten und Latinisten gegeben hat. Bis vor relativ kurzer Zeit gab es jedoch im Orient keine Okzidentalisten.

Die europäischen Mächte hatten seit langer Zeit in den islamischen Ländern und auch anderswo Botschaften und Konsulate unterhalten. Die islamischen Regierungen taten nichts dergleichen. Bei den muslimischen Herrschern war es üblich, einen Abgesandten zu einem fremden Souverän zu schicken, um etwas mitteilen zu lassen, und ihn dann wieder nach Hause zu beordern, wenn er es gesagt hatte. Diese außerordentlich vernünftige und sparsame Praxis wurde jahrhundertelang beibehalten. Bis zum 18. Jahrhundert gab es nur sehr wenige solcher Missionen, und es existieren auch nur wenige Hinweise auf das, was sie überbrachten.

Im 18. Jahrhundert änderte sich die Situation schlagartig. Jetzt wurde eine große Zahl solcher Sondergesandter geschickt, die die Aufgabe hatten, Beobachtungen anzustellen und Erfahrungen zu sammeln. Sie sollten über alles berichten, was dem islamischen Staat nützen könnte, um mit seinen Problemen und seinen Widersachern fertig zu werden.

Einige der osmanischen Botschafter fassten Berichte ab, die damals zweifellos beträchtliche Auswirkungen hatten.[25] Darunter waren zum Beispiel Mehmet Efendi, der 1721 nach Paris ging; Resmi Efendi, der 1757 in Wien und 1773 in Berlin war; Vasif Efendi, von 1787 bis 1789 in Madrid; und Azmi Efendi, der sich von 1790 bis 1792 in Berlin aufhielt. Er schrieb ein interessantes Memorandum darüber, wie ein ordentlicher Staat regiert und verwaltet werden sollte. Aber in vieler Hinsicht war Ebu Bekir Ratib Efendi[24], der von 1791 bis 1792 in Wien war, der bedeutendste Botschafter. Er lieferte eine detaillierte Beschreibung des zivilen und militärischen Regierungssystems in Österreich und gab spezifische Empfehlungen ab, welche Praktiken er für nachahmenswert hielt.

Die Mission des Ratib Efendi unterschied sich sowohl quantitativ als auch qualitativ von denen seiner Vorgänger. Als er nach Wien ging, wurde er von über hundert Militärs und zivilen Beamten begleitet. Er blieb dort 153 Tage, und sein Bericht wuchs auf 245 Manuskriptseiten an, zehnmal mehr als die Berichte seiner Vorgänger. In diesem Bericht werden selbst die kleinsten Details vor allem militärischer, aber auch vieler ziviler Angelegenheiten beschrieben. Ratib Efendi machte sich auch die Mühe, sich in sprachlicher Hinsicht der dringend benötigten Hilfe zu versichern. In seinem Bericht erwähnt er zwei

Männer, die ihm besonders geholfen hatten. Bei dem einen handelte es sich um den Sohn »des jüdischen Finanziers Camondo«, einer aus der kleinen Gruppe der Sephardim–Juden, die in Österreich lebten. Der andere war der berühmte Mouradgea d'Ohsson, ein osmanischer Armenier, der der schwedischen Gesandtschaft in Istanbul lange Zeit als Übersetzer gedient hatte. In seinem Ruhestand war er nach Paris gegangen, kehrte aber wegen der Revolution nach Wien zurück. Die beiden lieferten jedoch nicht nur einfache Übersetzungen. In seinem Bericht schreibt Ratib Efendi, dass Mouradgea d'Ohsson ihn oft besucht und lange Gespräche mit ihm geführt habe, und er bemerkt, dass das Engagement des Armeniers für den osmanischen Staat mindestens so groß sei wie sein eigenes.

Der Rückgriff auf Wien war weniger überraschend, als es zuerst erscheinen mag. Die Ereignisse in Frankreich brachten große Veränderungen mit sich. Fast drei Jahrhunderte lang hatten die osmanischen Sultane in den Habsburgern ihren Erzfeind gesehen und sich von Frankreich und in geringerem Maße von England Hilfe erhofft. Die Revolution in Frankreich schuf jedoch eine völlig neue Situation. Der neue Sultan Selim III. (Regierungszeit 1789 bis 1807) war absolut dagegen, die Verbindung zu Frankreich zu lösen, aber die Ereignisse in Paris zwangen ihn, andere Möglichkeiten ins Auge zu fassen – und sei es selbst die Einbeziehung des Erzfeindes.

Abgesehen von den Berichten der Botschafter gab es auch militärische Memoranden. Einer der ältesten Belege schildert das oben bereits erwähnte fiktive Gespräch zwischen einem osmanischen und einem christlichen Offizier. Sie stellen in dieser Unterhaltung einen Vergleich zwischen ihren beiden Armeen an, wobei die osmanische sehr schlecht abschneidet. Damit wollte man die osmanische Regierung auf drastische Veränderungen vorbereiten. Das allein war schon schlimm genug. Aber dass diese Veränderungen darin bestehen sollten, westliche Praktiken zu übernehmen, war noch viel schlimmer. Bei diesem Prozess spielten westliche Experten die entscheidende Rolle. Einige machten mit den Osmanen gemeinsame Sache und gingen sogar so weit, zum Islam zu konvertieren und in osmanische Dienste zu treten. Einer von ihnen, der französische Adlige Claude Alexandre, Comte de Bonneval, kam etwa 1729 dorthin, organisierte die Artillerie neu und gründete 1734 eine »mathematische Schule« für das Militär. Er trat zum Islam über – angeblich, um der Auslieferung nach Frankreich zu entgehen, weil dort verschiedene Klagen gegen ihn anhängig waren – und starb im Jahre 1747. Er ging in die türkische Geschichte als »Bombardier Ahmed« (Humbaracı Ahmed) ein.

Ein weiterer berühmter Konvertit, ein ungarischer Seminarist, vermutlich Unitarier, trägt in den türkischen Geschichtsbüchern den Namen Ibrahim Müteferrika, sein alter Name ist nicht überliefert. Müteferrika ist ein Titel, der auf die Mitgliedschaft in einer Art Elitekorps hinweist, das dem Sultan direkt unterstand. Er ist vermutlich Ende des 17. Jahrhunderts dorthin gekommen und 1745 gestorben. Seine herausragende Leistung war die Einrichtung einer türkischen Druckerpresse im Jahre 1729.[25] Unter den Büchern, die er gedruckt hat, befand sich eine kurze, von ihm selbst verfasste Abhandlung, in der er erklärt, warum die Waffen der Christen beim Kampf gegen die Osmanen in Europa so viel effizienter gewesen waren. Darüber hinaus drängt er auf Reformen in der osmanischen Verwaltung und beim Militär, die sich an den Europäern orientieren sollten.[26]

Abgesehen von jenen Leuten, die zum Islam übertraten, gab es eine Anzahl von Flüchtlingen, die nützliche

Fertigkeiten aus Europa mitbrachten. Dazu zählten Christen, deren Glaube in ihren Ursprungsländern als häretisch oder schismatisch angesehen wurde, und natürlich Juden. Ende des 15. und besonders im 16. Jahrhundert spielten die jüdischen Flüchtlinge aus Europa eine Zeit lang eine zwar nur kleine, aber nicht unwichtige Rolle in der osmanischen Gesellschaft. Sie brachten wirtschaftliche, technische und medizinische Fertigkeiten mit und dienten mitunter auch in diplomatischen Missionen. Als jedoch die jüdische Einwanderungswelle aus Europa verebbte, fand auch diese Entwicklung praktisch ein Ende. Denn die am Ort geborenen Nachfahren der eingewanderten Juden besaßen diese Vorteile nicht mehr, sodass sie eine entsprechend geringere Bedeutung hatten.

Eine wichtigere Rolle spielten dagegen die Griechen. In den ersten Jahren der osmanischen Herrschaft über das ehemalige Land der Byzantiner hatten die orthodoxen Griechen mit Verbitterung auf die Behandlung durch den katholischen Westen reagiert, und es gibt ein berühmtes Zitat des Patriarchen von Konstantinopel: »Lieber den Turban der Türken als die Tiara des Papstes.« Aber diese Einstellung sollte sich bald ändern. Vom Ende des 17. Jahrhunderts an war es üblich, dass wohlhabende griechische Familien, die unter türkischer Herrschaft lebten, ihre Söhne zur Ausbildung nach Europa – in der Regel nach Italien – schickten. Sie studierten dort vorzugsweise Medizin, spielten aber bald auch eine einflussreiche Rolle als Übersetzer im Dienst der osmanischen Regierung.

Das Amt des Dolmetschers spielte für die Regierung natürlich eine wichtige Rolle bei den Verhandlungen mit Europa. Früher hatten es größtenteils Renegaten und Abenteurer aus den Ländern inne, die an das Osmanische Reich angrenzten: Deutsche, Ungarn, Italiener und andere. Später hatten die im Osmanischen Reich lebenden

Griechen das Monopol, die das Amt und den Titel des »Großen Dragomans« bekamen. Alexander Mavrokordatos spielte bei den Friedensverhandlungen von Karlowitz die Rolle eines solchen Dragomans – ein typisches Beispiel und beileibe keine Ausnahme. Wenn die Osmanen einen Gesandten ins Ausland schickten, wurde er in den meisten Fällen von einem griechischen Dragoman begleitet.

Ende des 18. Jahrhunderts war der osmanische Staat auf dem Gebiet der militärischen Reformen nicht mehr von Renegaten und Abenteurern abhängig, sondern konnte direkt bei europäischen Ländern die Hilfe solcher Experten anfordern. Einer der Ersten und Bedeutendsten war Baron de Tott, ein Offizier ungarischen Ursprungs, der in französischen Diensten stand. Er verbrachte in den siebziger Jahren des 18. Jahrhunderts eine gewisse Zeit in der Türkei, gründete dort eine neue Mathematikschule und trug wesentlich zur Ausbildung der osmanischen Streitkräfte in den neuen Techniken des Ingenieurwesens und der Artillerie bei.[27] Nach seiner Pensionierung im Jahre 1755 wurde er auf seiner Stelle als Chefausbilder durch einen britischen Offizier ersetzt, der später zum Islam konvertierte und danach den Namen Ingiliz Mustafa annahm.

Der vorherrschende europäische Einfluss hatte seinen Ursprung weiterhin in Frankreich, und die meisten Ausbilder waren entweder Franzosen oder unterrichteten in französischer Sprache. Dementsprechend war der Unterricht in dieser Sprache für alle Studenten der Militär- oder Marineakademien obligatorisch. Im Jahre 1789 – für Frankreich ein bedeutsames Jahr – wurde Selim III. Sultan des Osmanischen Reiches. Er war schon seit langem an Reformen interessiert und hatte bereits als designierter Thronfolger mit Ludwig XVI. von Frankreich korrespon-

4 Die Kuleli–Militärakademie

diert. Nach seiner Thronbesteigung brachte er sofort ein umfangreiches Reformprogramm zum Wiederaufbau der Verwaltung und des Militärs auf den Weg. Dazu wandte er sich zuerst – ungeachtet der Ereignisse in Frankreich – an Paris, und das Komitee für öffentliche Sicherheit und später auch das Direktorium sicherten ihre Hilfe zu. Die französisch–osmanische Zusammenarbeit wurde durch den Krieg von 1798 bis 1802 kurz unterbrochen, später jedoch wieder aufgenommen, um dann, als Napoleon mit dem russischen Zaren auf Kosten der Türken Frieden schloss, erneut unterbrochen zu werden.

Die Revolutionskriege und die napoleonischen Kriege, an denen ganz Europa beteiligt war, hatten sich durch die Auseinandersetzungen zwischen den europäischen Kolonialmächten bis nach Afrika und vor allem nach Asien ausgedehnt.

Die relative Schwäche der größeren islamischen Mächte hatte sich in gewisser Weise bereits bei der ersten europäischen Expansion in Asien gezeigt, als selbst kleine Länder wie Portugal und die Niederlande die Hoheit über die See und die Küsten erringen konnten. Die Ohnmacht der islamischen Welt angesichts der Bedrohung aus Europa wurde 1798 in dramatischer Weise offenkundig, als ein französisches Expeditionskorps unter einem jungen General namens Napoleon Bonaparte Ägypten angriff, besetzte und die Regierungsgewalt übernahm. Die Lektion war hart und eindeutig: Selbst eine kleine europäische Streitmacht war in der Lage, eines der Kernländer des islamischen Imperiums ungestraft zu besetzen.

Die zweite Lektion folgte ein paar Jahre später, als die Franzosen gezwungen wurden, wieder abzuziehen – aber nicht von den Ägyptern oder ihren türkischen Beschützern, sondern von einer Schwadron der Royal Navy unter dem Kommando eines jungen Admirals namens Horatio Nelson. Auch diese Lektion war unmissverständlich: Nicht nur konnte eine europäische Macht einfach kommen und tun, was sie wollte; es war auch nur eine andere europäische Macht in der Lage, sie wieder zu vertreiben.

Im Jahre 1807 wiederholte sich die gleiche Botschaft mit neuem Nachdruck, diesmal näher an der Heimat. Zwischen 1806 und 1812 führten die Türken einen großen Krieg gegen Russland. Zu Anfang war Großbritannien Verbündeter der Russen im Kampf gegen Napoleon, dann kämpfte sich ein britisches Geschwader unter dem Kommando von Admiral Duckworth durch die Dardanellen und bedrohte Istanbul. Diesmal lief das Ganze umgekehrt. Während der Sultan den Admiral in unendlichen Verhandlungen hinhielt, verstärkten seine Leute unter der Leitung des französischen Gesandten Sébastiani die Festungsanlagen der Stadt so effektiv, dass der britische Admiral mit seinen Truppen schließlich wieder abziehen musste.

Doch im Juli desselben Jahres einigte sich Napoleon

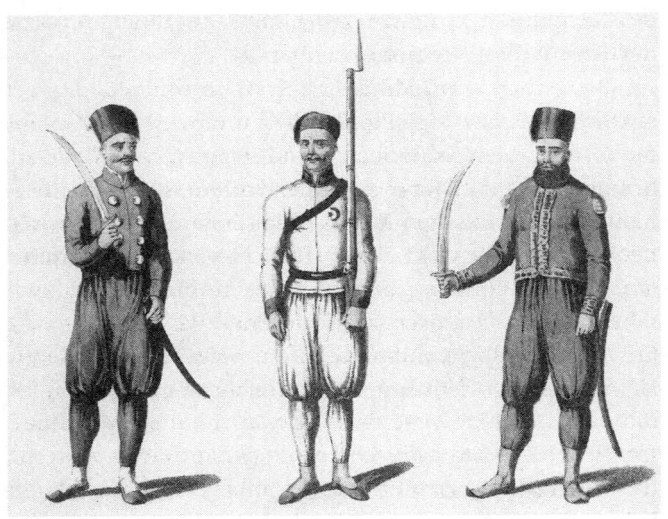

5 Uniformen der neuen Truppen im westlichen Stil (1828)

mit dem Zaren in Tilsit, um den Rücken für den Krieg gegen England frei zu haben. Er war jetzt bereit, die Türkei
auf dem Altar seiner neuen Politik zu opfern. Der Plan der
beiden Herrscher für die Teilung der europäischen Türkei sah vor, dass die östlichen Balkanprovinzen an Russland und die westlichen an Frankreich fallen sollten. Bestimmte Teile von Bosnien und Serbien sollten dazu
benutzt werden, Österreich friedlich zu stimmen. Bei dem
darauf folgenden Feldzug überquerten die Russen die Donau, und im Vertrag von Bukarest aus dem Jahre 1812
annektierten sie Bessarabien, das heutige Moldawien. Außerdem machten sie umfangreiche Rechte in den Donau-
fürstentümern geltend. So musste die Türkei auf sehr
schmerzliche Weise das große Spiel lernen, in dem sie es
mit der Zeit zu einer gewissen Geschicklichkeit brachte –
genug jedenfalls, um den endgültigen Zusammenbruch

des Osmanischen Reichs zwar nicht aufzuhalten, aber doch zumindest hinauszuschieben.

Inzwischen war jedoch eine Kraft entstanden, die wesentlich dazu beitragen sollte, diesen Prozess des Zusammenbruchs zu beschleunigen und letztlich zum Ende zu bringen – der Aufstand der unterworfenen Völker innerhalb des Osmanischen Reichs. Zum Erstaunen westlicher Beobachter hatte es in dieser Hinsicht viele Jahrhunderte lang keine Probleme gegeben. Die Konfrontation zwischen dem osmanischen Islam und der europäischen Christenheit ist oft mit dem Kalten Krieg in der zweiten Hälfte des 20. Jahrhunderts verglichen worden. Es gibt hier tatsächlich gewisse Parallelen, aber auch bedeutende Unterschiede. Einer der bemerkenswertesten Aspekte ist die Flüchtlingsbewegung. Im 20. Jahrhundert liefen die Flüchtlingsströme hauptsächlich von Ost nach West, im 15., 16. und sogar noch im 17. Jahrhundert dagegen vor allem von West nach Ost. Die Osmanen räumten diesen zugewanderten Untertanen zwar keine gleichen Rechte ein – ein bedeutungsloser Anachronismus in jener Region und zu jener Zeit. Sie gewährleisteten ihnen jedoch ein gewisses Maß an Toleranz, das im christlichen Europa ohne Beispiel oder Parallele war. Jede religiöse Gemeinde – der osmanische Begriff dafür ist *millet* – konnte frei ihre Religion ausüben. Noch bemerkenswerter ist, dass sie eigene Gemeindeorganisationen besaßen, sich den eigenen religiösen Führern gegenüber verantworten mussten, ihre Ausbildung und ihr gesellschaftliches Leben selbst gestalten konnten und auch ihren eigenen Gesetzen unterworfen waren, soweit diese nicht im Widerspruch zu den elementaren Gesetzen des Reiches standen. Zwar ruhte die letzte Gewalt – politisch und militärisch – in muslimischen Händen, aber Nichtmuslime kontrollierten einen großen Teil der Wirtschaft und spielten sogar in der politischen Entwicklung eine nicht unwichtige Rolle.

Die Französische Revolution, das Auftreten französischer Truppen und – was noch gefährlicher war – französischer Ideen lösten im östlichen Mittelmeerraum einen radikalen Wandel aus. Im Februar 1804 kam es zu einem ersten landesweiten Aufstand der Serben gegen die Osmanen, die darauf teilweise mit Anpassung, teilweise mit Unterdrückung reagierten. Ein zweiter Aufstand im Jahre 1815 war erfolgreicher und sicherte den Serben die Anerkennung als autonomes Fürstentum unter osmanischer Oberhoheit zu. Der Aufstand der Griechen löste ein paar Jahre später eine umfassende europäische Unterstützung aus, was zur Gründung eines unabhängigen griechischen Königreichs führte. Im Laufe des 19. und frühen 20. Jahrhunderts befreiten sich die christlichen Völker auf dem Balkan Schritt für Schritt von der osmanischen Herrschaft.

Der Iran, weit entfernt von den Schlachtfeldern Europas, hatte in dieser Phase weder die Gelegenheit noch die Möglichkeit, die europäischen Mächte gegeneinander auszuspielen. Ihm erging es noch schlechter. Auch hier handelten Briten, Franzosen und Russen mehr oder weniger nach Belieben, wobei die Russen den Löwenanteil bekamen. Nach dem Vertrag von Gulistan aus dem Jahre 1813 musste der Iran Derbent, Baku, Schirwan, Scheki (Še-ki/Şäki), Karabach (Arzach) und die angrenzenden Gebiete an Russland abtreten, und alle Ansprüche auf Georgien, Dagestan und Mingrelien wurden aufgegeben. Im Jahre 1825 flammten die Feindseligkeiten zwischen Russland und der Türkei wieder auf und wurden 1828 durch den Vertrag von Turkmantschaj beendet, in dem der Iran den Rest von Armenien an die Russen abtreten musste. Der russische Angriff auf den Islam war also in vollem Gange, und zwar auf Kosten der Türkei, des Irans und der

Staaten Zentralasiens. Und er ist auch heute noch nicht zu Ende.

Diese Kriege ließen die Schwäche der islamischen Staaten gegenüber den europäischen Mächten offen zu Tage treten. Militärische Lösungen hatten sich als wirkungslos erwiesen. Die Suche nach anderen Ursachen und anderen Lösungen nahm ihren Anfang.

2

DAS STREBEN NACH WOHLSTAND UND MACHT

Bis zum Ende des 18. Jahrhunderts hatten Türken, Iraner und andere Völker im Nahen Osten kaum Gelegenheit, den Westen direkt zu beobachten. Diese Situation war nicht im Entferntesten mit den Möglichkeiten zu vergleichen, die den Menschen im Westen zur Verfügung standen – und das selbst zu einer Zeit, als der Westen dem Osten noch in allen materiellen und kulturellen Belangen unterlegen war. Kontakte gab es im Wesentlichen nur in drei Bereichen: in der Diplomatie, im Handel und auf dem Schlachtfeld. Während die europäischen Mächte im Osten jedoch schon relativ früh Büros, dann Konsulate und schließlich Botschaften eingerichtet hatten, folgte der Osten diesem Beispiel nicht. Man schickte nur bei besonderen Gelegenheiten einen Gesandten, der sich dann nur für kurze Zeit in Europa aufhielt.

Ein ähnliches Missverhältnis lässt sich auf dem Gebiet des Handels feststellen. Westliche Kaufleute unternahmen weite Reisen und konnten sich in den islamischen Ländern im Großen und Ganzen frei bewegen. Händler aus dem Nahen Osten mieden dagegen normalerweise den Westen. Die Muslime hatten eine große Abneigung dagegen, in nichtislamische Länder zu reisen, und sie wurden dort auch nicht gern gesehen. Als zum Beispiel der Vorschlag gemacht wurde, in Venedig eine Herberge und ein Lagerhaus speziell für türkische Kaufleute einzurichten, entstand unter den Räten des venezianischen Staates eine hitzige Debatte. Man stritt darüber, ob man es den Türken erlauben sollte, ein solches Zentrum zu bauen.[28] Die Bedeutung des Handels zwischen der Türkei und Venedig lag auf der Hand, und venezianische Kaufleute hatten sich in Istanbul und in anderen türkischen Städten fest etabliert. Trotzdem wurde der Vorschlag nur gegen großen Widerstand angenommen. Die Gegner dieses Projekts erklärten unter anderem, dass dies schlimmer sei, als Juden und Protestanten zuzulassen, denn im Gegensatz zu den Juden hätten die Türken eine Armee und eine Kriegsflotte und wären daher bedeutend gefährlicher. Hin und wieder kam es sogar vor, dass ein türkischer Gesandter, der zu einem europäischen Herrscher geschickt worden war, nicht nur in dessen Land eine heftige Diskussion auslöste, sondern auch in all den Ländern, durch die ihn seine Reise führte. Man debattierte darüber, ob man einen solchen Gesandten überhaupt herein- oder durchlassen sollte. Das war damals eine problematische und keineswegs selbstverständliche Angelegenheit.

Auf muslimischer Seite gab es eine ebensolche Abneigung, nach Europa zu gehen. Die Juristen diskutierten mit einiger Ausführlichkeit, ob es für einen Muslim geboten sei, in einem nichtislamischen Land zu leben. Sie machten sich Gedanken über den Fall des Nichtmuslims in seinem eigenen Land – oder, wie sie es ausdrückten, den Ungläubigen im Land der Ungläubigen –, der Erleuchtung findet und zum wahren Glauben übertritt. Darf er bleiben, wo er ist, oder nicht? Die allgemeine Auffassung der klassischen Rechtsgelehrten besagt Nein. Für einen Muslim ist es unmöglich, in einem Land der Ungläubigen ein gutes muslimisches Leben zu führen. Er muss seine Heimat verlassen und in ein islamisches Land gehen. Ein noch schwierigerer Fall entstand durch die Rückeroberung Spaniens. Wenn ein islamisches Land durch die Christen erobert wird, dürfen die dort lebenden Muslime dann unter christlicher Herrschaft bleiben? Auch hier sagten die meisten Juristen Nein, sie dürfen nicht. Der Marokkaner al–Wansharīsī[29] stellte im Zusammenhang mit der Situation in Spanien eine, wie sich herausstellte, rein hypothetische Frage: Falls die christliche Regierung so tolerant sein sollte, den Muslimen ihre Religionsausübung zu gestatten, dürften sie dann bleiben? Seine Antwort lautete, in einem solchen Fall sei es für sie noch wichtiger, dass sie das Land verlassen, weil in einem toleranten Land die Gefahr, vom Glauben abzufallen, besonders groß sei.

Die Einstellung der Muslime unterschied sich von der Haltung anderer östlicher Kulturen, die unter den Auswirkungen der Expansion des Westens zu leiden hatten. Für Hindus, Buddhisten, Konfuzianer und andere waren Christentum und Christenheit etwas Neues, Unbekanntes. Die Menschen, die von dort kamen, und die Dinge, die sie mitbrachten, konnten deshalb von ihnen relativ vorurteilsfrei bewertet werden. Den Muslimen dagegen war das Christentum und alles, was damit zusammenhing, vertraut – und wurde als minderwertig betrachtet. Christentum und Judentum waren in ihren Augen Vorläufer des Islam, deren heilige Schriften zwar auf authentischen Offenbarungen basierten, jedoch unvollständig und von ihren unwürdigen Verwaltern verfälscht waren, sodass sie durch die endgültige und vollkommene Offenbarung des Islam ersetzt werden mussten. Die wahren Anteile des Christentums waren vom Islam übernommen worden. Alles, was nicht übernommen wurde, war falsch.

Auf christlicher Seite gab es ähnliche Unterschiede in der Einstellung gegenüber den drei großen asiatischen Kulturen. Die Gründe dafür liegen auf der Hand. Weder Inder noch Chinesen beherrschten das Heilige Land der Christen. Sie hatten auch nicht Spanien erobert, Konstantinopel besetzt oder Wien belagert. Weder Hindus noch Buddhisten und schon gar nicht Konfuzianer hatten jemals die christliche Bibel als verfälscht oder überholt bezeichnet und eine neuere, bessere Version von Gottes Wort als Ersatz angeboten. Diese besonderen Schwierigkeiten kennzeichnen ausschließlich die lange Auseinandersetzung zwischen dem Islam und dem Christentum; bei der Begegnung dieser beiden Kulturen mit den weit entfernten asiatischen Kulturen bestanden derartige Probleme nicht.

Muslime hatten im Allgemeinen kaum das Bedürfnis, ins christliche Europa zu reisen, und hinzu kam, dass die Gelehrten des heiligen Rechts solche Reisen in der Regel untersagten. Nur bei besonderen Anlässen gestatteten sie einen zeitlich begrenzten Aufenthalt. Der übliche Grund – später die Ausrede – war das Freikaufen von Gefangenen. Einige, aber nicht alle juristischen Autoritäten erlaubten solche Reisen in die Länder der Ungläubigen auch, um in Notzeiten die Versorgung sicherzustellen.

Selbst von den wenigen Diplomaten oder Kaufleuten aus dem Nahen Osten, die in den Westen gereist waren, gehörte ein wesentlicher Teil einer religiösen Minderheit an, war also nichtmuslimisch. Mitunter handelte es sich um Juden, häufiger jedoch um nichtkatholische Christen, Griechen oder Armenier, die aus osmanischer Sicht relativ vertrauenswürdig waren. Sie standen jedenfalls nicht im Verdacht, mit den katholischen Mächten zu sympathisieren.

Unter diesen Umständen ist es nicht verwunderlich, dass man kaum eine Ahnung von westlichen Sprachen hatte. Nur Italienisch war in den östlichen Mittelmeerländern einigermaßen verbreitet und diente als Kommunikationsmittel zwischen Ost und West. Aber auch hier waren meist orientalische Christen oder Juden und nur selten, wenn überhaupt, Muslime beteiligt. Ärzte, die einer Minderheit angehörten und im Westen ausgebildet worden waren, spielten in der Medizin eine immer größere Rolle. Arabische, persische und türkische wissenschaftliche Abhandlungen aus dieser Zeit beweisen, dass ein begrenztes Wissen in westlicher Medizin und westlicher Geografie durchaus vorhanden war – schließlich war beides aus praktischen Gründen notwendig –, während über Geschichte und Kultur des Westens nichts bekannt war.

Die Entdeckung der Neuen Welt veranschaulicht diese beiden Punkte. Eine türkische Version der Landkarte des Columbus (inzwischen verloren gegangen) aus dem Jahre 1513 wurde im Topkapı-Palast in Istanbul aufbewahrt. Sie blieb unbeachtet, bis sie 1929 von einem deutschen Gelehrten entdeckt wurde.[30] Ende des 16. Jahrhunderts wurde ein türkisches Buch über die Neue Welt geschrieben, das offensichtlich auf mündlich überlieferten Informationen aus europäischen Quellen basiert. Es beschreibt Flora, Fauna und Einwohner der Neuen Welt und drückt darüber hinaus natürlich die Hoffnung aus, dass dieses gelobte Land so bald wie möglich vom Licht des Islam erleuchtet und dem Reich des Sultans hinzugefügt wird. Auch dieses Buch blieb unbekannt, bis es 1729 in Istanbul gedruckt wurde.[31]

Ein unwillkommener Import aus der Neuen Welt war die Syphilis, die bereits im medizinischen Lehrbuch eines persischen Autors, der etwa 1510 gestorben ist, erwähnt wird.[32] Diese Krankheit, die er »fränkische Pocken« nannte, kam seiner Auffassung zufolge aus Europa, daher auch der Name. Sie hatte Aserbaidschan bereits Ende des 15. Jahrhunderts erreicht. Der vorherrschenden Meinung zufolge war das medizinische Wissen in den Tagen von Avicenna (Ibn Sina) auf seinem Höhepunkt angelangt, sodass im Grunde keine Veränderung oder Erweiterung vonnöten war. Für einige wäre Veränderung oder Erweiterung in der

Tat eine Gotteslästerung gewesen. Aber die Syphilis war etwas Neues und kam aus Europa. Deshalb war es annehmbar, dass man europäische Schriften über Diagnose und Behandlung dieser Krankheit übersetzte, und so wurde eine Sammlung solcher Übersetzungen angefertigt und dem Sultan präsentiert. Seltsamerweise handelte es sich hierbei nur um Übersetzungen europäischer Schriften aus dem 16. Jahrhundert, obwohl die Sammlung erst 1655 vorgelegt wurde.[33] Wissen war etwas, das erworben, gespeichert und wenn nötig gekauft wurde. Man kam nicht auf den Gedanken, es weiterzuentwickeln.

Praktische Dinge, zum Beispiel Kanonen, Musketen, Teleskope und Brillen, wurden von den Menschen im Nahen Osten dagegen bereitwillig übernommen. Dafür gibt es genügend historische Belege. Nach islamischem Recht hatte man wenig Verfügungsgewalt über das Eigentum, wenn es um die Erben ging. Das Eigentum musste nach bestimmten Regeln verteilt werden, die im klassischen Osmanischen Reich strikt eingehalten wurden. Es gab einen Beamten, einen so genannten *Kassam*, dem es oblag, für die richtige Verteilung unter den Erben zu sorgen. Zu diesem Zweck mussten von den Behörden Bestandslisten zusammengestellt und Schätzungen durchgeführt werden. In den zentralen und provinziellen Archiven lagern Hunderttausende von Bestandslisten, in denen die Besitztümer gestorbener Personen aufgeführt sind. Sie erstrecken sich über Hunderte von Jahren – Dokumente von unschätzbarem Wert, denn sie zeigen uns das Ausmaß und die Entwicklung dessen, was wir »Verwestlichung« auf praktischem Gebiet nennen würden: durch Erwerb und Besitz von westlichen Erzeugnissen wie Uhren und Taschenuhren, Handfeuerwaffen, Brillen und Ferngläsern, ja sogar Stühlen. Die Zahlen auf einer Liste aus dem 18. Jahrhundert sind außerordentlich aufschlussreich:

6 Christoph Columbus am Hofe König Ferdinands.
Miniatur aus einem türkischen Manuskript des *Tarih-i Hind-i Garbi*
(Geschichte Westindiens), 1583 bis 1584

»Uhren und Taschenuhren 147
Pistolen und Musketen 76
Textilien 62
Stühle 57
Ferngläser und Fernrohre 39
Glasgegenstände und Bestecke 38
Spiegel 33
Truhen und Kommoden 21
Brillen 12
Betten 5
Bücher und Landkarten 5
Verschiedenes 5
Insgesamt 500«[34]

Der Prozess einer bewussten und geplanten Modernisierung machte zum ersten Mal einen engeren und dauerhaften Kontakt mit Leuten aus dem Westen erforderlich. Immer mehr Menschen aus dem Nahen Osten mussten die bis zu diesem Zeitpunkt verabscheuten europäischen Sprachen lernen und es sogar ertragen, längere Zeit in europäischen Städten zu leben.

Die ersten Besucher waren Diplomaten. Der reformfreudige Sultan Selim III. beschloss im Zuge seines Modernisierungsprogramms, die europäische Praxis der ständigen diplomatischen Vertretungen zu übernehmen. Die erste wurde 1793 in London eröffnet, danach folgten weitere in Wien, Berlin, St. Petersburg und Paris.[35]

Die Probleme und Schwierigkeiten, mit denen diese ersten Diplomaten aus dem Nahen Osten in Europa konfrontiert wurden, waren in vieler Hinsicht das Spiegelbild jener Probleme, mit denen sich ihre europäischen Kollegen im Osten seit langem auseinander zu setzen hatten: Wie versieht man seinen Dienst in einer fremdartigen Gesellschaft, die auf anderen Schriften und anderen Tradi-

7 Mirza Abu'l Hassan Khan, persischer Gesandter in England

tionen gründet und die von anderen Idealen und Zielen geleitet wird. Wie schaffte man es vor allem, eine völlig fremde Sprache zu sprechen, die noch dazu in einer unbekannten Schrift geschrieben war?

Ihre Position war bedeutend schwieriger als die der Europäer, bei denen das Erlernen von Sprachen Tradition hatte – die Sprache der heiligen Schrift, antike Sprachen oder eben einfach Fremdsprachen. Sie waren sogar bereit, exotischere Sprachen zu lernen. Im 16. und 17. Jahrhundert wurden an den größeren europäischen Universitäten Lehrstühle für Arabisch eingerichtet. Später kam das Persische dazu – nicht aber Türkisch. Da es eine moderne Sprache war, wurde es wie Englisch, Französisch oder Deutsch nicht an der Universität gelehrt. Es gab jedoch für Europäer hinreichend Gelegenheiten, diese Sprache außerhalb des akademischen Angebots zu lernen. Es gab auch eine beträchtliche Menge an Literatur in den europäischen Sprachen, die sich mit der Geschichte, Kultur, Religion und gegenwärtigen Lebensbedingungen der islamischen Welt befasste. Dem europäischen Leser stand sogar eine Auswahl klassischer Literatur des Nahen Ostens in Übersetzungen zur Verfügung.[36] Und die europäischen Christen hatten noch einen weiteren Vorteil. Sie fanden Hilfe in den örtlichen Gemeinden ihrer christlichen Landsleute, von denen viele in der Türkei, in Ägypten, Syrien und sogar im Irak oder Iran lebten. Außer in Nordafrika, wo nur der Judaismus überdauerte, während das Christentum ausstarb, konnten diese Gemeinden nicht nur überleben, sie blühten und gediehen sogar. Mit erheblichem Propagandaaufwand gelang es Rom, einen großen Teil der Ostkirchen zur Vereinigung zu überreden, was zur Entstehung von Griechisch, Armenisch und Arabisch sprechenden Gemeinden führte. In Westeuropa hatten Muslime keine vergleichbaren Möglichkeiten, denn dort hatte man die islamischen Gemeinden nach der Reconquista vertrieben, und jeglicher Kontakt und jede Anwerbung waren verboten.

Zuerst fanden die Diplomaten aus dem Nahen Osten die gleichen Lösungen wie ihre westlichen Kollegen. Sie setzten so genannte Dragomane ein, die ursprünglich als

Übersetzer und Dolmetscher arbeiteten, mit der Zeit aber bedeutend wichtigere Funktionen übernahmen. Sie dienten als Vermittler und manchmal sogar als Chefunterhändler bei wichtigen Verhandlungen. Zunächst verließen sich die Türken in Europa in weitaus größerem Maße als die Europäer in der Türkei auf solche Vermittler. Bedeutend schneller als ihre europäischen Kollegen – vermutlich auch, weil sie unter einem stärkeren Druck standen – bemühten sie sich dann aber darum, Fremdsprachen zu lernen und neue Fertigkeiten zu erwerben.

Dies gelang ihnen in erstaunlich kurzer Zeit. Der erste Versuch regelmäßiger diplomatischer Beziehungen, den Selim III. veranlasst hatte, stieß auf Schwierigkeiten und wurde wieder aufgegeben. Doch in den dreißiger Jahren des 19. Jahrhunderts wurde ein neuer Versuch unternommen, und in der Folge erreichten zuerst die Türken, dann die Perser und bald darauf andere Regierungen des Nahen Ostens, die inzwischen entstanden waren, auf dem diplomatischen Parkett ein hohes Niveau an Professionalität und Geschicklichkeit.

Am Anfang gab es nur wenige Diplomaten, und den Regierungen des Nahen Ostens wurde sehr bald klar, dass man Schulung in einer Vielzahl von Gebieten brauchte, noch dringlicher aber Kenntnisse der entsprechenden Fremdsprachen. Die Folge war, dass man junge Leute zum Studium an westliche Universitäten schickte.

Für einen Menschen aus dem Westen ist es schwer zu ermessen, was derart umfangreiche Veränderungen in einer Gesellschaft bedeuteten, die daran gewöhnt war, den ungläubigen Barbaren jenseits der Grenzen ihrer Kultur mit Verachtung zu begegnen. Selbst eine Reise dorthin wurde mit Misstrauen betrachtet. Der Gedanke, bei einem Lehrer zu studieren, der ein Ungläubiger war, war unvorstellbar.

Aber im Zusammenhang mit militärischen Dingen stellte sich diese Frage schon relativ früh. Türkische Chronisten berichten von einem venezianischen Kriegsschiff, das im Sturm gestrandet und von seiner Besatzung verlassen worden war. Osmanische Marineexperten untersuchten den Rumpf und fanden Dinge, von denen sie glaubten, dass es sich lohnen würde, sie zu übernehmen. Aber sofort wurde die religiös-juristische Frage aufgeworfen – ob es zulässig sei, die Ungläubigen zu imitieren. Die Antwort der Kirchenrechtler lautete: Ja, es ist erlaubt, wenn man sie dadurch besser bekämpfen kann. Das gleiche Argument wurde im 18. und Anfang des 19. Jahrhunderts benutzt, als die Ulema wieder einmal konsultiert wurde. Es ging um die Rechtmäßigkeit verschiedener westlich orientierter Reformen der Streitkräfte und vor allem um die Gründung von Schulen mit europäischen – nicht immer konvertierten – Lehrern und europäischen – nicht immer übersetzten – Lehrbüchern. Die Wahrer der Tradition stellten oft die Frage: »Wie kommt es, dass wir früher immer mit den neuen Entwicklungen der Ungläubigen Schritt halten konnten und es jetzt einfach nicht mehr schaffen?« Interessanterweise hat man sich lange Zeit nicht gefragt, warum es immer die Ungläubigen waren, die die neuen Dinge entwickelten. Als man diese Frage dann stellte, ging es nicht mehr nur um Modernisierung, sondern darum, den Anschluss nicht zu verlieren.

Bestimmte Dinge zu übernehmen oder zu kopieren war eine Sache, von ungläubigen Lehrern zu lernen eine andere. Tatsächlich in die Länder der Ungläubigen zu reisen, um dort zu lernen, erforderte eine noch radikalere Umstellung. Trotzdem ließ es sich nicht vermeiden. Als Erster schickte der Pascha von Ägypten ausgewählte Studenten nach London, Paris und anderswo, dann der türkische Sultan und der Schah von Persien. Zu Anfang bestand die Aufgabe dieser Studenten überwiegend im Erlernen militärischer Dinge: Sie sollten hinter die Geheimnisse westlicher Kriegsführung kommen und lernen, sie zu beherrschen. Dazu waren jedoch Kenntnisse der westlichen Sprachen nötig, und die Studenten entdeckten bei ihren Sprachstudien auch anderen, womöglich interessanteren Lesestoff als nur die militärischen Handbücher. Zum ersten Mal wurden junge Muslime aus dem Nahen Osten direkt mit westlichem Gedankengut konfrontiert. In der Vergangenheit war die Barriere zwischen den zwei Kulturen so unüberwindlich gewesen, dass Renaissance, Reformation und die Revolution der Wissenschaften spurlos am islamischen Nahen Osten vorübergegangen waren. Die Französische Revolution dagegen bot neue Ideen und Denkmodelle an.

Ein türkischer Historiker schreibt dazu: »Früher wurde die Flut der Wissenschaften von den Deichen der Literatur und Jurisprudenz gebrochen.«[37] Der enthusiastische und optimistische Liberalismus des 19. Jahrhunderts brach dann diesen Deich, durch den sich zunächst nur ein Rinnsal, dann eine wahre Flut neuer Ideen ergoss und die bislang geschlossene islamische Elite erreichte.

Eine unerwartete Folge des Aufkommens dieser neuen Ideen war das Auftauchen einer dritten Kategorie von Personen, die den Westen besucht hatten: politische Flüchtlinge, die nach ihrer Rückkehr in den Nahen Osten bestimmte Praktiken, die sie im Westen beobachtet hatten, in ihrer Heimat anwenden wollten. Sie stellten sehr bald fest, dass es doch sinnvoller war, wieder nach London oder Paris zurückzugehen. Nach einer gewissen Zeit im Exil kehrten diese Menschen aber oft wieder nach Hause zurück, sei es nach einem Regierungswechsel oder infolge einer veränderten Weltanschauung.

Die neue Einstellung zum Studium der Fremdsprachen führte zu einer umfassenden Veränderung der Kommunikation und wurde zum entscheidenden Faktor in den Beziehungen zwischen den Kulturen. Kontakte mit dem Westen liefen nicht mehr über Ausländer oder Angehörige bestimmter Minderheiten, sondern fanden auf direktem Wege statt. Diese Tendenz verstärkte sich immer mehr, da eine immer größere Zahl von Muslimen daran beteiligt war. Einen Wendepunkt markierte der Beginn der Aufstände in Griechenland im Jahre 1821, aus denen sich schließlich der griechische Unabhängigkeitskrieg entwickelte. Stavraki Aristarchi, der letzte große griechische Dragoman, wurde – wahrscheinlich zu Unrecht – der Komplizenschaft mit den Aufständischen angeklagt und hingerichtet. Osmanische Historiker berichten, dass sich in seinem Büro eine Zeit lang die Korrespondenz anhäufte, weil niemand sie lesen konnte. Dann wurde das Problem gelöst, indem man den Chefausbilder der Marineakademie, einen gewissen Hodscha Ishak Efendi (gestorben 1834), mit dieser Aufgabe betraute. Er war ein zum Islam übergetretener griechischer Jude und ein Pionier auf dem Gebiet der Übersetzung wissenschaftlicher Literatur des Westens ins Türkische – eine Aufgabe, bei der er gezwungen war, ein völlig neues Vokabular zu entwickeln.[38] Nach ihm waren die großen Dragomane und ihre Mitarbeiter Muslime, und das Amt des Übersetzers wurde eine wichtige Leiter zu Einfluss und Macht. Jetzt ging es vor allem darum, mit den Europäern reden und verhandeln zu können und zu wissen, was in Europa vorging. Mitte und Ende des 19. Jahrhunderts stiegen die meisten osmanischen Staatsmänner auf dieser Leiter empor und nicht wie früher auf der Leiter der Armee, der Verwaltung oder der religiösen Einrichtungen.

Die Auswirkungen der Fremdsprachenrevolution beschränkten sich nicht auf Klassenzimmer und Kanzleien. Durch die Übersetzungen wurden westliche Bücher für nahöstliche Leser zugänglich, und eine andere Neuerung, die Druckerpresse, machte sie schließlich für alle verfügbar.

Der Fall der Sprachbarriere ermöglichte eine direkte Beobachtung des Westens, wodurch die Muslime zunehmend den Wohlstand und die Stärke Europas erkennen und sich bewusst machen konnten. Die Frage, die sich ihnen jetzt stellte, war spezifischer – was ist die Quelle dieses Wohlstands und dieser Stärke, der Talisman des westlichen Erfolgs? Traditionsgemäß wären solche Fragen mit Begriffen aus der Religion beantwortet worden. Denn alle Probleme sind letztlich religiöser Natur und können daher nur aus der Religion heraus beantwortet werden. Die traditionellen Autoren haben auf die Frage in ihrer älteren Formulierung stets die gleiche Antwort gegeben: »Wir müssen uns auf unsere Wurzeln besinnen und zu den guten alten Bräuchen, zum wahren Glauben und zum Wort Gottes zurückkehren.« Daraus folgerte natürlich, dass, wenn etwas nicht gut lief, Gott uns bestrafte, weil wir vom rechten Weg abgekommen waren.[39] Dieses Argument verliert allerdings seine Überzeugungskraft, wenn es immer die Ungläubigen sind, die von den Veränderungen profitieren.

Es fiel den Menschen im Nahen Osten schwer, diese Frage im Zusammenhang mit zivilisatorischen oder kulturellen Aspekten zu erörtern. Eine Rückkehr zum wahren, ursprünglichen Islam zu predigen war eine Sache, die Antwort in christlichen Methoden oder Vorstellungen zu suchen eine andere – und zur damaligen Zeit offensichtlich absurd. Muslime waren es gewohnt, das Christentum als eine frühere, verfälschte Version des wahren Glaubens zu betrachten, dessen endgültige Vollkommenheit der Islam darstellte. Man kann nicht vorankommen, wenn man rückwärts geht. Es musste also gewisse Umstände geben, die nichts mit Religion oder mit der Kultur – die Teil der Religion ist – zu tun hatten, um die ansonsten unerklärliche Überlegenheit der westlichen Welt zu begreifen. Damals hätte ein Mensch aus dem Westen – und viele der heutigen Muslime würden das ebenso sehen – auf die Wissenschaft und die ihr zugrunde liegende Philosophie hingewiesen. Ein solcher Gedanke wäre denjenigen, die die Philosophie lediglich als Handlanger der Theologie und die Wissenschaft als eine Ansammlung von Kenntnissen und Apparaten betrachteten, nie gekommen. Die Muslime hatten schließlich ihre eigene Philosophie, in der die Überlieferungen der Alten unter der Ägide des Islam erhalten und vervollkommnet wurden. Sie hatten auch ihre eigene Wissenschaft, die von ihren großen Denkern der Vergangenheit überliefert worden war.

Stattdessen suchten sie das Geheimnis des westlichen Erfolgs in jenen Merkmalen, die am deutlichsten hervortraten und sich von allem, was sich in ihrem Erfahrungsschatz befand, unterschieden – und nicht den Makel des Christentums trugen. Die Französische Revolution, die erste größere Ideenbewegung in Europa, die weder explizit noch implizit christlich war und im Osten sogar als antichristlich erlebt wurde, schien eine Zeit lang eine Möglichkeit darzustellen. Unter dem Empire und der Restauration verlor sie jedoch ihre Attraktivität. Im gesamten 19. und im größten Teil des 20. Jahrhunderts konzentrierte sich die Suche nach dem geheimnisvollen Talisman des Westens auf zwei Aspekte: auf die Wirtschaft und auf die Politik oder, um es anders auszudrücken, auf Wohlstand und Macht.

Die Wirtschaft, besonders die Industrie, wurde als entscheidende Quelle des Wohlstands und damit auch der militärischen Leistungsfähigkeit angesehen. Halet Efendi, von 1803 bis 1806 osmanischer Botschafter in Paris, bemerkt: »Wenn man als Notmaßnahme alle drei oder vier Jahre fünfundzwanzigtausend Beutel Asper [eine Silbermünze] auf die Seite legen würde, um fünf Fabriken für die Herstellung von Schnupftabak, Papier, Kristall, Stoffen und Porzellan sowie eine Schule für Sprachen und Geografie zu bauen, dann wäre in fünf Jahren so gut wie nichts mehr übrig, woran die Europäer sich festhalten könnten, denn diese fünf Dinge sind die Grundlage ihres gegenwärtigen Handels.«[40]

Halets Sicht der Dinge dürfte ein bisschen zu einfach sein. Spätere Herrscher und Minister übernahmen zuerst in Ägypten, dann in der Türkei und anderen Ländern in der Region eine etwas differenziertere Version des im Grunde gleichen Ansatzes. Sie versuchten den Vorsprung der Europäer einzuholen, indem sie Fabriken bauten, in denen vor allem Ausrüstung und Kleidung für die Armee hergestellt wurde. Aber der Versuch schlug fehl, und aus den meisten dieser ersten Fabriken wurden Ruinen.

Spätere Versuche, den Vorsprung der industriellen Revolution aufzuholen, waren kaum erfolgreicher. Im Gegensatz zu den aufsteigenden Mächten Asiens, die zum größten Teil von einer niedrigeren wirtschaftlichen Basis aus gestartet waren, liegt der Nahe Osten im Hinblick auf Investitionen, Schaffung von Arbeitsplätzen und Produktivität, folglich auch beim Export und bei der Höhe der Einkommen immer noch zurück. Nach Einschätzung der Weltbank sind die gesamten Exporte der arabischen Welt – mit Ausnahme der fossilen Brennstoffe – niedriger als die der Finnen, einem Land mit fünf Millionen Einwohnern. Und es fließen auch kaum Kapitalinvestitionen in diese Region. Ganz im Gegenteil, selbst Geschäftsleute aus dem Nahen Osten ziehen es vor, ihr Kapital im Ausland, in den hoch entwickelten Ländern zu investieren.

Ein weiterer auffälliger Unterschied zwischen dem Islam und dem Westen lag in der Politik, vor allem in der Verwaltung. Schon im 18. Jahrhundert beschrieben Botschafter, die in Berlin oder Wien, später auch in Paris und London akkreditiert waren, voller Erstaunen und mitunter auch Bewunderung die gut funktionierende Verwaltung. Sie beschrieben auch, dass Ernennungen und Beförderungen hier eher auf der Grundlage von Verdiensten und Qualifikationen und nicht durch Vetternwirtschaft und Wohlwollen erfolgten, und sie empfahlen, etwas Ähnliches einzuführen.

Die Einwirkung des westlichen Vorbilds und der westlichen Ideen brachte eine Neudefinition der Identität und folglich auch neue Loyalitäten und Bestrebungen mit sich. Vor allem zwei Ideen waren in einer Kultur, in der die Identität grundsätzlich religiös definiert war und die Loyalität normalerweise der Dynastie galt, von großer Bedeutung. Die erste war die des Patriotismus und hatte ihren Ursprung in Westeuropa, insbesondere in England und Frankreich. Sie wurde von der jüngeren osmanischen Elite gefördert, die darin eine Möglichkeit sah, die heterogenen Bevölkerungsteile des Reiches in einer allgemeinen Liebe zum Land zu vereinen, die sich in der Treue gegenüber dem Herrscher ausdrücken sollte. Die zweite Idee, die aus Mittel- und Osteuropa stammte, war der Nationalismus, der den Begriff der Identität eher ethnisch und linguistisch definierte. Sie diente in der osmanischen politischen Gemeinschaft weniger der Einheit, als dass sie sie spaltete und trennte.

Der Einfluss des Nationalismus mittel- und osteuropäischer Prägung war bedeutend größer als der des Patriotismus westeuropäischer Art. Und selbst dort, wo der Patriotismus übernommen wurde, hatte er eher einen nationalen Charakter als eine Bedeutung für das gesamte

Reich. Die europäischen Vorstellungen von Identität und Loyalität waren den Völkern des Nahen Ostens fremd, wenn auch nicht alle in gleichem Maße. In den zerstückelten Ländern Deutschland und Italien und in den Vielvölkerstaaten Österreich und Russland ähnelten die Bedingungen viel eher denen im Nahen Osten, und die Botschaft, die zum Beispiel von ungarischen und polnischen Flüchtlingen ausging, konnte hier bedeutend besser verstanden werden. Nach den Ereignissen von 1848 kam eine Anzahl von ungarischen Flüchtlingen in die Türkei, und viele von ihnen blieben dort, einige lernten Türkisch, einige konvertierten sogar zum Islam. Ihre Rolle bei der Entwicklung dieser neuen Ideen in der Türkei ist beachtlich. Das Gleiche gilt – wenn auch in geringerem Maße – für die polnischen Flüchtlinge.

Die Ideen hatten eine starke und widersprüchliche Wirkung auf die Einstellungen und Erwartungen der osmanischen Bevölkerung, vor allem des nichtmuslimischen Teils. Einerseits schienen der osmanische Patriotismus und die Reformen ihnen rechtliche und bürgerliche Gleichheit gegenüber den bislang dominierenden Muslimen einzuräumen. Gleichzeitig weckte der Nationalismus den Wunsch nach eigener nationaler Souveränität, also nach einer Befreiung vom dem, was sie in zunehmendem Maße als Unterdrückung durch das osmanische Joch empfanden. Beides höhlte den alten Konsens aus, der Menschen vieler verschiedener Glaubensrichtungen und Nationen gestattet hatte, unter der Oberherrschaft des Sultans mehr oder weniger in Harmonie zusammenzuleben.

All das geschah in einer Zeit, in der die Nichtmuslime und vor allem die Christen erhebliche Fortschritte machten. Dafür gab es verschiedene Gründe. Einer war die bessere Bildung. Aus offensichtlichen Gründen gab es mehr Möglichkeiten, Fremdsprachen zu erlernen, zu reisen und eine Ausbildung im Westen zu absolvieren – für die Nichtmuslime mehr als für die Muslime, für die Christen mehr als für die Juden. Ein anderer Grund war die Förderung durch die europäischen Mächte. Denn auch diese zogen Nichtmuslime den Muslimen und Christen den Juden vor und verkehrten damit die traditionelle Situation ins Gegenteil. Und natürlich hatten die osmanischen Christen und Juden, davon ausgehend, den Vorteil, vor allem im Ausland über eigene Netzwerke von Verwandten und Glaubensbrüdern zu verfügen.

Die Muslime wurden dagegen immer noch durch ihre alte Verachtung für die Ungläubigen und besonders für die von ihnen traditionell ausgeübten Berufe behindert. Bestimmte Berufe wurden als typisch für Juden, Griechen oder Armenier betrachtet und waren eines Muslimen oder Türken unwürdig. Diese Auffassung ist uns auch aus anderen Gesellschaften und anderen Zeiten bekannt. Das ist vielleicht auch der Grund, warum die meisten vom Staat geförderten Unternehmen keinen Erfolg hatten, während die Minderheiten und ihre ausländischen Sponsoren in immer stärkerem Maße die Wirtschaft kontrollierten. Ab einem bestimmten Zeitpunkt ist es daher zutreffender, von Ausländern und ihren Minderheiten-Protegés zu sprechen.[41]

Die veränderten Beziehungen lassen sich an einem einfachen Beispiel veranschaulichen, an dem traditionellen Genussmittel der Menschen im Nahen Osten – einer Tasse Kaffee. Ursprünglich kam der Kaffee aus Äthiopien. Er wurde an beiden Küsten des Roten Meeres entlang, durch Arabien und Ägypten, nach Syrien und in die Türkei gebracht und von dort aus nach Europa exportiert. Zucker kam aus Persien und Indien. Lange Zeit importierte man Kaffee und Zucker entweder über den Nahen Osten oder direkt von dort nach Europa. Dann stellten die

8 Cafés in Damaskus (Dimashq) (1836)

Kolonialmächte jedoch fest, dass sie beide Produkte billiger und in größeren Mengen in ihren neuen Kolonien anbauen konnten. Sie taten das so gründlich und so erfolgreich, dass sie schon bald Kaffee und Zucker in die osmanischen Länder exportieren konnten. Wenn sich ein Türke oder Araber Ende des 18. Jahrhunderts eine Tasse süßen Kaffees gönnte, stammte der Kaffee höchstwahrscheinlich aus der niederländischen Kolonie Java oder aus Lateinamerika und der Zucker aus den britischen oder französischen Kolonien in Westindien. Nur das heiße Wasser war noch ihr eigenes. Im 19. und frühen 20. Jahrhundert stimmte dann nicht einmal mehr das: Europäische Großkonzerne hatten die Gas- und Wasserversorgung in den Städten des Nahen Ostens übernommen.

In der Zwischenzeit wurde der Modernisierungsprozess von drei wesentlichen Entwicklungen auf dem Gebiet der Kommunikation verstärkt und beschleunigt:

1. Drucken. Die Einführung und Ausbreitung der Druckerpressen.

2. Übersetzungen. Sie waren zunächst nur begrenzt, dann wurden immer mehr Bücher ins Türkische, Arabische und Persische übersetzt, gedruckt und verkauft. Zu Beginn hatte man solche Bücher übersetzt, die den Herrschern und Funktionären, die die Übersetzungen in Auftrag gaben, nützlich erschienen. Aber nach einer gewissen Zeit wurden auch literarische Werke übersetzt und veröffentlicht.

3. Zeitungen. Die ersten wurden von Ausländern produziert und vertrieben. Die französische Botschaft in Istanbul brachte die Nachricht von der Revolution in der »Gazette Française de Constantinople«. Diese Zeitung war 1795 gegründet worden und wandte sich an die französischsprachige Gemeinde und natürlich an jene, die Französisch gelernt hatten. Bonaparte gründete auch in Ägypten Zeitungen. Dann rückten die Geschäftsinteressen in den Vordergrund, und die erste kommerziell geförderte Zeitung erschien 1824 in Izmir.

Einen bedeutenden Beitrag leisteten die christlichen Missionen. Zwar war die Bekehrung von Muslimen ein Kapitalverbrechen, aber die osmanischen Autoritäten hatten nichts dagegen, wenn westliche Katholiken und Protestanten miteinander konkurrierten, wer die meisten Anhänger der Ostkirche zu seinem Ritus bekehren konnte. Religiöse Propaganda in griechischer oder armenischer Sprache hatte außerhalb dieser Gemeinden nur wenig oder gar keine Wirkung. Die Christen in den Arabisch sprechenden Ländern bedienten sich dagegen der arabischen Sprache, und die Zeitungen und anderen Schriften, die zunächst von den Jesuiten in Beirut und später auch von anderen Gruppierungen für sie herausgegeben wurden, fanden hier eine breite Leserschaft.

Die ersten Zeitungen, die von lokaler Seite gefördert wurden, waren Regierungsblätter – so zum Beispiel die ägyptische »Gazette« und der osmanische »Monitor«. In der ersten Ausgabe des osmanischen »Monitor« vom 14. Mai 1832 wurden in einem Leitartikel Zweck und Funktionen dieser frühen offiziellen Regierungsblätter erläutert. Die Zeitung, heißt es dort, sei die natürliche Weiterentwicklung der alten Tradition der Geschichtsschreibung im Reich und habe auch die gleiche Funktion. Sie solle nämlich »das wahre Wesen der Ereignisse und den wahren Sinn der Handlungen und Anordnungen der Regierung zur Kenntnis bringen, um Missverständnisse zu vermeiden und einer schlecht informierten Kritik vorzubeugen«. Diese Auffassung von der Rolle der Presse ist in der Region bis heute noch nicht ganz verschwunden. »Ein zusätzlicher Zweck«, so der Artikel weiter, »ist es, Wissenswertes über den Handel, die Wissenschaft und die Künste zu veröffentlichen.«[42]

Mit der Zeit entstand dann auch eine nichtoffizielle Presse in den verschiedenen Sprachen des Landes – Türkisch, Persisch und Arabisch. Diese Entwicklung wurde ganz erheblich durch die Einführung einer weiteren westlichen Erfindung, nämlich des Telegrafen, in der Zeit des Krimkriegs (1854–1856) gefördert. Auf eine traurige Weise typisch ist, dass die erste telegrafische Nachricht, die der Welt aus dem Nahen Osten mitgeteilt wurde, ein militärisches Kommuniqué war: »Sewastopol ist gefallen.« Ebenso typisch ist auch, dass sie ungenau war; die Stadt war noch nicht gefallen. Das passierte erst ein wenig später.

Der Telegraf brachte erhebliche Veränderungen mit sich. Er ermöglichte die Übermittlung von Nachrichten und Geheimbotschaften – sowohl über öffentliche als auch über private Kanäle – in einer für diese Region beispiellosen Weise. Das war ein ungeheurer Vorteil für die offizielle und private Berichterstattung.

Und der Krimkrieg brachte noch eine weitere Neuerung – den Kriegsberichterstatter. Zum ersten Mal kamen westeuropäische Journalisten in osmanische Länder, um den gierigen Lesern der Tageszeitungen in London, Paris oder anderswo regelmäßig Berichte zu liefern. Einige von ihnen trafen auch Arrangements über die Lieferung von Berichten an lokale Blätter, von denen manche dann zum ersten Mal täglich erschienen. Das war eine Neuerung von entscheidender Bedeutung, denn sie veränderte bei den Menschen im Nahen Osten die Wahrnehmung ihrer selbst und der Welt, in der sie lebten.

Ein Beispiel soll genügen, um das Ausmaß der Veränderungen zu veranschaulichen. Naima (1655–1716), einer der berühmtesten Geschichtsschreiber des Osmanischen Reichs, war für die Periode von 1590 bis 1660 zuständig gewesen. Sein Bericht über diese siebzig Jahre füllt nicht weniger als sechs Bände, und er schildert äußerst detailliert Ereignisse in Mitteleuropa und die verschiedenen Aspekte des Kampfes zwischen den österreichischen und den osmanischen Truppen. Der Dreißigjährige Krieg – von dem man meinen möchte, dass er die Türken interessiert haben könnte – wird lediglich auf ein paar Seiten erwähnt, wobei das meiste aus Abschriften eines älteren Berichts besteht. Der Geschichtsschreiber des Reiches erachtete es nicht einmal für nötig, ihn zu redigieren – so bezeichnet er zum Beispiel Philipp IV. von Spanien als »den derzeitigen König von Spanien«.[43] Philipp starb 1665, als Naima gerade einmal zehn Jahre alt war. Der Gegensatz zwischen dieser traditionellen Geringschätzung des Auslands und den türkischen Zeitungen in den sechziger Jahren des 19. Jahrhunderts, die über Themen wie den amerikanischen Bürgerkrieg und den Polenaufstand von

1863 bis 1864 berichten, ist erstaunlich. Letzten Endes beschleunigte dann die Einführung von Dampfschiffen und Eisenbahnen und der Bau eines Straßennetzes die Kommunikation sowohl mit der Außenwelt als auch innerhalb der Region.

Die Gründung von Zeitungen und Magazinen in arabischer, persischer und türkischer Sprache brachte mehrere wichtige Veränderungen mit sich: Zum ersten Mal bot sich die Gelegenheit, Ereignisse innerhalb und außerhalb der islamischen Welt zu verfolgen. Außerdem tauchte eine neue, flexiblere Sprache auf, mit deren begrifflichen und lexikalischen Möglichkeiten man die Veränderungen erörtern konnte. Das Bedeutsamste war jedoch das Auftauchen eines neuen Typus – des Journalisten.

Und mit dem Journalisten erschien noch eine neue Spezies, die ähnlich ominös war – der Anwalt. In einem islamischen Staat gibt es im Grunde nur ein Gesetz: die Scharia, das heilige Gesetz des Islam. Die Reformen des 19. Jahrhunderts und die Notwendigkeit von Handelsbeziehungen und anderen Kontakten mit Europa führten zur Verabschiedung neuer Gesetze nach europäischem Vorbild: Handelsrecht, bürgerliches Recht, Strafrecht und letzten Endes Verfassungsrecht. In der alten Ordnung waren die einzigen Anwälte die Ulema – die Gelehrten des heiligen Rechts, die zugleich Juristen und Theologen waren. Weltliche Anwälte, die an Gerichten verhandelten, an denen weltliches Recht gesprochen wurde, stellten ein neues und einflussreiches Element der Gesellschaft dar.

In der alten Ordnung war auch die Ausbildung zum größten Teil den Männern der Religion überlassen worden. Auch dieses Recht wurde ihnen genommen, als die reformerischen Kräfte und die Herrscher des Reiches es gleichermaßen für notwendig erachteten, Schulen und später Akademien und Universitäten zu gründen, um dort moderne Fertigkeiten zu lehren und modernes Wissen zu vermitteln. Diese neue Art von Lehrer, manchmal Schulmeister, manchmal Professor, bildete gemeinsam mit dem Journalisten und dem Anwalt die intellektuellen Säulen der neuen Ordnung.

All die Reformen und Modernisierungen führten paradoxerweise nicht zu größerer Freiheit, sondern zu einer Stärkung der Autokratie. Dies geschah auf zwei Wegen:

1. Indem man mit dem neuen Kommunikations- und Machtapparat, den man durch die moderne Technik zur Verfügung hatte, die Zentralherrschaft stärkte.

2. Indem man die traditionellen Zwischeninstanzen schwächte oder gänzlich abschaffte, also zum Beispiel den Provinzadel und die Provinzverwaltungen, die städtische Aristokratie, die Ulema und die alteingesessenen militärischen Gruppierungen wie das Korps der Janitscharen. Sie hatten sich der Zentralregierung gegenüber eine unabhängige Haltung leisten können, denn ihre Autorität beruhte auf Tradition und Anerkennung. Im 17. und 18. Jahrhundert hatte ihre Macht in den Provinzen und sogar in der Hauptstadt auf Kosten der immer schwächer werdenden Zentralregierung ständig zugenommen. Im Laufe des 19. Jahrhunderts wurden diese Zwischeninstanzen dann entweder ganz abgeschafft, so etwa das Korps der Janitscharen, oder unter Kontrolle gebracht.

Man sollte jedoch auch erwähnen, dass sich die jüngsten Folgen der Modernisierung, vor allem die der Kommunikation, in die entgegengesetzte Richtung entwickelt haben. Fernsehen und Satelliten, Fax und Internet haben eine neue Offenheit gebracht und begonnen, das Konzept einer geschlossenen Gesellschaft und die Engstirnigkeit, die diese Autokratie stützt, nach und nach auszuhöhlen. Ähnlich wirkt sich auch die Verbesserung des Bildungssystems oder zumindest die Alphabetisierung weiter Bevölkerungsschichten aus. Beides schränkt die Macht der Herrschenden und – wenn ich so sagen darf – der Lehrer weiter ein.

Aber das kam erst bedeutend später, in der heutigen Zeit auf. Zur Zeit der Reformen des 19. Jahrhunderts gewann die Modernisierungsbewegung an Kraft und stärkte damit die Autokratie, die dadurch zugleich effektiver und transparenter wurde. Die Aufmerksamkeit der Menschen im Nahen Osten wurde damit auf eine ausgesprochen europäische Praxis gelenkt, die der konstitutionellen und parlamentarischen Demokratie, die gelegentlich Freiheit genannt wird.

Diese neue Sichtweise führte zu einigen Veränderungen im traditionellen politischen Wertesystem. Die Muslime haben immer besonderen Wert auf ein Konzept gelegt, das man im Westen sowohl politische Wissenschaft als auch Verfassungsrecht nennen würde. Für sie war dies der Teil des von Gott gegebenen heiligen Gesetzes, der die Rolle des Herrschers und die Beziehung zwischen ihm und dem Körper der Gläubigen, die seine Untertanen waren, regelte. Die Menschen im Westen haben sich mit der Zeit daran gewöhnt, über eine gute oder schlechte Regierung in den Kategorien Tyrannei oder Freiheit zu denken. Im Nahen Osten war Freiheit dagegen ein juristischer und kein politischer Begriff. Er bedeutete, dass man kein Sklave war, und im Gegensatz zum Westen benutzten die Muslime Sklaverei und Freiheit nicht als politische Metaphern. Für die traditionellen Muslime war das Gegenteil von Tyrannei nicht Freiheit, sondern Gerechtigkeit. Gerechtigkeit bedeutete in diesem Zusammenhang im Wesentlichen zweierlei: erstens, dass der Herrscher rechtmäßig auf den Thron gekommen war und nicht durch Usurpation, und zweitens, dass er in Übereinstimmung mit dem göttlichen Gesetz oder zumindest mit erkennbaren moralischen und rechtlichen Prinzipien handelte. Der erste Punkt gab Anlass zu wichtigen Fragen in Bezug auf die Thronfolge, die vor allem nach der Abschaffung der meisten Monarchien in der Region immer drängender wurden. Die zweite Frage wurde gelegentlich unter dem Aspekt des Gegensatzes zwischen willkürlicher und konsultativer Regierung diskutiert. Beide Punkte sind bis zum heutigen Tag strittige Fragen geblieben.

Außer dem grundsätzlichen Unterschied zwischen Tyrannei und Gerechtigkeit gab es jenen Gegensatz, der oft, aber nicht immer angeführt wurde: den zwischen willkürlicher und konsultativer Regierung. Ersteres kennzeichnete den launischen Regenten, der auf eigene Faust entschied und handelte. Konsultativ bezeichnete einen weisen und gerechten Herrscher, der sich von anderen beraten ließ. Während im Koran weiter von einer »Konsultation« die Rede ist, wurde nie eine formelle Prozedur theoretisch festgelegt, geschweige denn in der Praxis angewendet.

Wörter, die »frei« und »Freiheit« im politischen Sinn bedeuten, finden sich im 18. Jahrhundert gelegentlich in nahöstlichen Schriften, und zwar stets im Zusammenhang mit Europa. In einer türkischen Abhandlung aus dem frühen 18. Jahrhundert über die Staaten und Regierungen Europas zum Beispiel wird Danzig als freie Stadt bezeichnet. Ein türkischer Gesandter, der 1720 nach Frankreich gegangen war, besichtigte die »freien Städte« Toulouse und Bordeaux und erklärt in seinem Bericht, was das bedeutet. Jede Stadt, sagt er, ist der Sitz eines *Parlaments* und eines *Präsidenten*. Beide Wörter stehen in französischer Sprache, werden in die türkisch–arabische Schrift transkribiert und interpretiert. Der osmanische Gesandte Azmi Efendi, der 1790 auf seinem Weg nach Berlin durch Ungarn fuhr, bemerkte, dass der ehemalige Kaiser Joseph den Ungarn ihre »alten Freiheiten« genommen habe, sein Nachfolger, Kaiser Leopold, sie ihnen aber wieder zurückgegeben habe.[44] In Botschaftsberichten aus dem revolutionären Paris findet sich gelegentlich das Wort Freiheit – in der Regel in negativer Bedeutung –, und der Chefsekretär Atif Efendi benutzt das Wort in einem Memorandum aus dem Jahre 1798[45], das den kaiserlichen Rat in Istanbul über die politische Situation nach der Französischen Revolution und über die Propaganda der Revolutionsregierung informieren sollte, mehrere Male. Im gleichen Jahr erklärte General Bonaparte, der das französische Expeditionskorps in Ägypten befehligte, den Ägyptern bei seiner Ankunft, dass er im Namen der Französischen Republik gekommen sei, die »auf der Grundlage von Freiheit und Gleichheit gegründet« worden sei. Die Brüderlichkeit schien ihm auf der Überfahrt abhanden gekommen zu sein.

Aber die neuen Ideen von Freiheit und Mitbestimmung, die durch die englische Praxis und die französische Theorie inspiriert worden waren, fanden mit der Zeit auch den Weg in den Nahen Osten – zuerst zu den christlichen Untertanen und Minderheiten, die offener für Einflüsse waren, die von der christlichen Welt ausgingen, und schließlich auch zur muslimischen Mehrheit. Schon 1807 und 1808 machten osmanische Bürger zwei beispiellose Versuche, die Autorität des Sultans und prominenter Persönlichkeiten zu definieren und vertraglich festzulegen. Der osmanische Historiker Şanizade, der 1826 gestorben ist, macht einige sehr bedeutsame Beobachtungen in seinem Bericht über die Ereignisse des Jahres 1236/1820–21. In diesem Abschnitt erwähnt er so genannte »beratende Versammlungen«, die er recht positiv beurteilt. Er führt sie natürlich auf islamische und osmanische Präzedenzfälle zurück, stellt aber zugleich fest, dass solche Konsultationen in »bestimmten gut organisierten Staaten« üblich seien, was ganz offensichtlich eine euphemistische Umschreibung für die Staaten Europas ist. Besonders bemerkenswert ist, dass er den Personen, die an solchen Versammlungen teilnehmen, eine Rolle zuschreibt, die im islamischen politischen Denken und in der Praxis völlig neu ist. Die Mitglieder eines solchen Konzils, schreibt er, seien »Staatsdiener« und »Vertreter der Untertanen« *(vükela-i-raiyyet)*. Sie diskutierten und argumentierten ohne Einschränkungen *(ber vech-i serbestiyet)*, bevor sie eine Entscheidung träfen. Mit dieser Untertreibung führt er auf eine fast unauffällige Weise solch neue und seltsame Begriffe wie Volksvertretung, freie Rede und gemeinsame Entscheidung ein.[46]

Im Laufe des 19. Jahrhunderts wurde der Begriff der politischen Freiheit auf verschiedenen Wegen eingeführt – durch Übersetzungen europäischer Bücher, durch Berichte und Diskussionen über europäische Staatsangelegenheiten und, nach einer gewissen Zeit, durch den Einfluss der Diplomaten, Studenten und später auch Flüchtlinge, die aus Europa zurückgekommen waren.

Es dauerte nicht lange, bis die Muslime im Nahen Osten über die mögliche Bedeutung dieser Ideen für ihre eigene Situation diskutierten. Zuerst gingen sie dabei sehr vorsichtig und konservativ vor. Ihr Freiheitsbegriff stützte sich sehr stark auf die deutsche Vorstellung vom *Rechtsstaat* und konnte der Bevölkerung leicht als eine Entwicklung des klassischen islamischen Gerechtigkeitsbegriffs verkauft werden. Ähnliche Gedanken finden sich bei mehreren Autoren dieser Zeit und sind auch die Grundlage des großen osmanischen Reformedikts von 1839 und seiner Nachfolger. Sie inspirierten auch den Reformminister Mustafa Reşid Pascha, der 1834 auf dem Weg nach Paris, wohin er als Botschafter berufen worden war, in Wien Halt machte. Dort soll er ein Gespräch mit Fürst Metternich geführt haben.

Eine wichtige Gestalt bei der Einführung und Verbreitung dieser Ideen war Sadık Rıfat Pascha (1807–1856). Während er als osmanischer Gesandter in Wien lebte und in engem Kontakt mit Fürst Metternich stand, entwarf er 1837 ein Memorandum über Reformen. Wie die meisten Besucher aus dem Nahen Osten war auch Sadık Rıfat Pascha sehr vom europäischen Fortschritt und Wohlstand beeindruckt. Er sah in der Übernahme europäischer Methoden die beste Möglichkeit, sein eigenes Land zu erneuern. Der europäische Wohlstand, die Industrie und die Wissenschaft, so erklärte er, sind das Ergebnis bestimmter politischer Verhältnisse, die Stabilität und Ruhe garantieren. Und das wiederum hängt davon ab, »eine umfassende Sicherheit des Lebens, des Eigentums, der Ehre und der Reputation einer jeden Nation und eines jeden Volkes zu erreichen, das heißt, von der richtigen Anwendung der notwendigen Freiheitsrechte«[47].

Aber es gab auch radikalere Interpretationen des Freiheitsbegriffs, vor allem in Paris und London. Als der Druck der neuen Autokratie wieder verstärkt wurde, gewannen diese Versionen bei den jungen, gebildeten Muslimen an Attraktivität. Und die Ausbreitung der britischen und französischen Herrschaft in wesentlichen Teilen der islamischen Welt hat diese Anziehungskraft noch weiter verstärkt. Das war ein zusätzliches Anzeichen für die Macht, die die Demokratie ihnen verliehen hatte. Außerdem waren diese neuen Herren bereit, ihre Untertanen zumindest am Gedanken der Freiheit teilhaben zu lassen. Einige von ihnen, darunter so profilierte Persönlichkeiten wie Edmund Burke und Lord Macaulay, gingen in ihren Forderungen sogar noch bedeutend weiter. Sie traten dafür ein, die englische Auffassung von der Freiheit auch auf die Untertanen in den Kolonien auszuweiten.

Von einigen autokratischen Herrschern im Nahen

Osten kamen unverbindliche Gesten – aber kaum mehr als das – in Richtung einer verfassungsmäßigen Regierung. Im Jahre 1861 proklamierte der Bei von Tunis, damals eine osmanische Kolonie, eine Verfassung mit einem großen Rat von 60 Mitgliedern, von denen einige ernannt, andere zugewählt wurden. Als das Land 1864 französisches Protektorat wurde, löste man diesen Rat wieder auf. Der Khedive von Ägypten, einer weiteren osmanischen Kolonie, berief im Jahre 1866 eine »beratende Delegiertenversammlung« ein, bestehend aus 75 Delegierten, die durch indirekte Wahlen für eine Periode von drei Jahren gewählt wurden. Das Ganze galt kaum den eigenen Untertanen und diente im Übrigen weniger der Nachahmung, sondern der Besänftigung der europäischen Mächte, deren politischen Druck man fürchtete und deren finanzielle Unterstützung man wollte. Es ist daher auch keine Überraschung, dass diese Maßnahmen den Wunsch nach größerer Freiheit und Mitbestimmung nicht erfüllt, sondern eher noch verstärkt haben.

Mitte der sechziger Jahre des 19. Jahrhunderts entstand eine neue Bewegung – die Jungosmanen. Schon der Gebrauch des Wortes »jung« ist interessant. Wir haben uns in der heutigen westlichen Welt daran gewöhnt, das Wort »jung« als positiven politischen Terminus zu benutzen. Im Nahen Osten des 19. Jahrhunderts war das dagegen etwas Neues und Sonderbares. »Jung« stand für mangelnde Erfahrung und Unreife, und keiner Gruppierung wäre es eingefallen, sich damit um irgendein Amt zu bewerben. Ganz im Gegenteil: Alle Termini für Respekt leiten sich vom Alter her. Die ursprüngliche Bedeutung des arabischen *shaykh* und des persischen *pir* ist »alt«, beide haben jedoch auch die Konnotation politischer oder religiöser Autorität. Im Türkischen heißt *aga* ursprünglich »älterer Bruder«. In einigen türkischen Sprachen bedeutet es »Vater«, »Onkel« oder sogar »ältere Schwester«. Im osmanischen Sprachgebrauch war es mit Kommandogewalt oder Autorität konnotiert, sei es im militärischen Bereich oder anderswo. Bei den Janitscharen war der Aga der Kommandeur eines Korps. Der Aga der Mädchen (*Kızlar agası*) war der schwarze Obereunuch eines kaiserlichen Harems, der dort für Ordnung zu sorgen hatte. Einen ähnlichen Respekt vor dem Alter gibt es auch in den westlichen Sprachen, so zum Beispiel in Wörtern wie »Senat«, »Senator« »Senior« oder »Alderman«. Interessant ist, dass sowohl die Jungosmanen als auch ihre Nachfolger, die Jungtürken, es vermieden, das normale Wort für »jung« in ihrer Nomenklatur zu verwenden. Die Jungosmanen nannten sich *Yeni*, was wörtlich »neu« bedeutet. Die Jungtürken nannten sich *Jöntürk*, was eine einfache Transkription aus dem Französischen (jeunes turques) darstellt.

Die Jungosmanen hatten sich offenbar am Jungen Italien und Jungen Europa des liberalen italienischen Patrioten Giuseppe Mazzini orientiert. Sie kämpften für eine Verfassung und ein Parlament, was unweigerlich zur Folge hatte, dass ihre Führer 1867 ins Exil gehen mussten, die meisten von ihnen nach London oder Paris. Im Jahre 1870 kehrten sie zurück und konnten 1876 mithilfe einiger europäischer Mächte den Sultan überreden, eine völlig neue Verfassung auszurufen, in der ein Parlament vorgesehen war, dessen Senat ernannt und dessen Kammer öffentlich gewählt wurde.

Diese Verfassung, die sich stark an der belgischen Verfassung und noch mehr am preußischen Verfassungsakt von 1850 orientierte, war von Liberalität weit entfernt. Aber selbst das war zu viel. Man hielt zwei Wahlen ab, die erste im März 1877, die zweite nach einer zwangsweisen Auflösung des Parlaments im Dezember desselben Jahres. Das erste osmanische Parlament hielt zwei Sitzungsperi

9 Eröffnungsrede im osmanischen Parlament im
Dolmabahçe–Palast

oden von insgesamt etwa fünf Monaten Dauer ab. Trotzdem bewiesen die gewählten Mitglieder ein beträcht-
liches Stehvermögen. Das war sicher auch der Grund,
warum der Sultan am 14. Februar 1878 von seinem herr-
schaftlichen Recht Gebrauch machte und das Parlament
kurzerhand auflöste. Es sollte erst dreißig Jahre später
wieder zusammenkommen.

In Ägypten trat die Versammlung zum ersten Mal 1866
zusammen. Die Mitglieder trafen sich die drei vor-
geschriebenen Sitzungsperioden lang, dann wurden sie
von einer entsprechenden neuen Versammlung abgelöst.
Nach der Besetzung durch die Briten im Jahre 1882 unternahm man weitere Schritte, um eine verfassungsmäßige,
parlamentarische Regierung zu bilden, deren Macht natürlich eng begrenzt war. Aber das war schon bedeutend
mehr als alles andere, was im Nahen Osten existierte.
Diese imperialistisch kontrollierte Enklave wurde zum
Zufluchtsort zahlreicher politischer Flüchtlinge aus den
unabhängigen Ländern. Dort fanden sie eine Rede- und

Diskussionsfreiheit, die es sonst nirgendwo in der Region gab. Lange Zeit wurden die Worte »Freiheit« und »Unabhängigkeit« praktisch synonym verwendet. Erfahrungen aus jüngerer Zeit haben uns gezeigt, dass sie sich sehr voneinander unterscheiden und sich in bestimmten Situationen sogar gegenseitig ausschließen können.

Eine neue Phase begann mit dem Ausbruch des Russisch–Japanischen Krieges im Jahre 1904/05 und dem Sieg der Japaner, der in ganz Asien und Afrika begeistert begrüßt wurde. Zumindest ein östliches Land hatte es geschafft, eine europäische Großmacht herauszufordern und sogar zu besiegen. Einige zogen aus diesem Sieg noch weiter gehende Schlüsse. Japan war die einzige Macht im Osten, die über eine konstitutionelle und parlamentarische Regierungsform verfügte. Russland war die einzige europäische Macht, die so etwas abgelehnt hatte. Der Sieg der Japaner schien der endgültige Beweis dafür zu sein, dass eine demokratische Verfassung eine Nation gesund, wohlhabend und stark macht.

Selbst unter den besiegten Russen gab es Bestrebungen in Richtung einer Verfassung. Im Nahen Osten folgten zwei Revolutionen, zuerst in Persien (1906) und dann in der Türkei (1908). Beide begannen mit großer Hoffnung und Begeisterung, und beide endeten nach kurzen Zwischenspielen damit, dass noch despotischere Herrscher die inzwischen noch ärmeren und stärker geschwächten Länder regierten.

Im Jahre 1920 sah es so aus, als hätte Europa den Islam endgültig besiegt. Nur in Afghanistan, im Inneren Arabiens und an ein paar anderen schwer erreichbaren und wenig attraktiven Orten regierten noch unabhängige muslimische Herrscher in der alten Art und Weise. Ansonsten orientierten sich die neuen Herrscher überall an den europäischen Methoden, die sie imitierten oder übernahmen. Selbst im ehemaligen russischen Reich, das von Revolution und Bürgerkrieg erschüttert wurde, sicherte sich Moskau die Kontrolle über die ehemals islamischen Herrschaftsgebiete der Zaren, die nur kurze Zeit frei gewesen waren.

Das einst große Osmanische Reich war besiegt und besetzt, seine islamischen Provinzen wurden unter den Siegern aufgeteilt. Persien, das sich formal neutral verhalten hatte, war von britischen und russischen Truppen überrannt worden, die einmal als Alliierte, dann wieder als Rivalen, mitunter als beides gekommen waren. Der Rest der islamischen Welt ging in diesem oder jenen europäischen Reich auf. Es sah ganz so aus, als wäre der lange Kampf zwischen dem Islam und der Christenheit, zwischen den islamischen Reichen und Europa mit einem endgültigen Sieg des Westens beendet worden.

Aber dieser Sieg war eine Illusion, die nicht lange aufrechterhalten werden konnte. Die westeuropäischen Mächte bewiesen schon mit der Kultur, den Institutionen, ja sogar mit den Sprachen, die sie ihren Untertanen in den Kolonien aufzwangen, wie unverträglich Demokratie und Herrschaft sind. Sie besiegelten damit den Untergang ihrer eigenen Kolonialherrschaft. Sie brachten ihren Untertanen Englisch, Französisch und Niederländisch bei, weil sie Schreiber für ihre Büros und Buchhaltungen brauchten. Doch als diese Leute erst einmal eine westeuropäische Sprache beherrschten, was bei einer immer größer werdenden Zahl der westlich dominierten Muslime in Asien und Afrika der Fall war, stellten sie fest, dass ihnen die Welt offen stand. Diese Welt war voller neuer und brisanter Ideen wie zum Beispiel politische Freiheit, nationale Souveränität und eine verantwortungsbewusste, vom Volk gewählte Regierung.

Diese Ideen hatten sowohl auf die Untertanen als auch

auf die Herrschenden einen starken Einfluss. Die einen waren nicht mehr bereit, eine autokratische Regierung im alten Stil hinzunehmen, die anderen wollten sie ihnen nicht mehr auferlegen. Im 19. Jahrhundert hatten diese Ideen die christlichen Völker, die Teil des Osmanischen Reichs gewesen waren, ermutigt, zu rebellieren und ihre Unabhängigkeit zu fordern. Im 20. Jahrhundert hatten dieselben Ideen dieselbe Wirkung auf die muslimischen Völker innerhalb der europäischen Mächte, und jetzt mussten es die europäischen Herren hinnehmen, dass ihre eigenen Prinzipien und Ideale gegen sie verwandt wurden.

Einige der Widerstandsbewegungen gegen die westliche Herrschaft waren religiös motiviert und wurden im Namen des Islam ausgetragen. Aber die erfolgreichsten – die, die tatsächlich politische Unabhängigkeit erreichten – wurden damals von westlich geprägten Intellektuellen angeführt, die den Westen mit seinen eigenen intellektuellen Waffen schlugen. Manchmal kämpften sie gegen den Westen mit westlicher Hilfe und Ermutigung. Westliche Sympathisanten spielten bei der Entwicklung etwa des türkischen, arabischen und indischen Nationalismus eine bedeutende Rolle, die mitunter in Vergessenheit geraten ist.

Briten und Franzosen schufen in den von ihnen beherrschten Gebieten verfassungsmäßige und parlamentarische Regierungen nach ihrem eigenen Vorbild – konstitutionelle Monarchien im britischen Stil und Republiken im französischen Stil. Keine von ihnen funktionierte gut, und mit ihrer Unabhängigkeit wurden die meisten von ihnen wieder diskreditiert und gestürzt. Im russischen Reich kam es infolge der Revolution und des Bürgerkriegs zu einer zeitweiligen Lockerung der Kontrolle der Zentralregierung über die beherrschten Gebiete. Aber es gelang den Sowjets, sie wiederherzustellen und mehr Autorität denn je zu erlangen, und sie waren damit bedeutend erfolgreicher als die Briten oder Franzosen. Sie gründeten in islamischen Ländern, die unter ihrer Herrschaft standen, Sowjetrepubliken nach ihrem Ebenbild. Selbst nach dem Zusammenbruch der Sowjetunion fiel es diesen ehemaligen Sowjetrepubliken schwerer, sich aus der Umklammerung ihrer früheren Herren zu lösen, als es bei den kolonialen Untertanen der Briten und Franzosen der Fall war.

In den dreißiger Jahren des 20. Jahrhunderts boten Italien und danach in noch stärkerem Maße Deutschland neue ideologische und politische Modelle an, die als zusätzliche Attraktion die Opposition gegen die Westmächte beinhalteten. Sie fanden eine große Anhängerschaft, und selbst nach der militärischen Niederlage im Zweiten Weltkrieg dienten sie als heimliche Modelle im Hinblick auf Ideologie und Staatskunst.

Doch das galt nicht für die Wirtschaft. Der Sieg der Sowjetunion im Jahre 1945 legte eine andere Lösung nahe – eine Rückkehr zur ökonomischen Erklärung des westlichen Erfolgs, aber diesmal mit sozialistischer Abkürzung. In mehreren Ländern wurde die staatliche Kontrolle über die Wirtschaft eingeführt. Verschiedene Arten des Sozialismus wurden etabliert, manchmal arabischer Sozialismus, mitunter auch wissenschaftlicher Sozialismus genannt. Sie endeten in einem katastrophalen Misserfolg, weil sie von tyrannischen Herrschern zugrunde gerichtet wurden. Die meisten Menschen in der Region haben inzwischen beschlossen, dass Sozialismus – zumindest der, den sie erleben mussten – weder arabisch noch wissenschaftlich ist.

Der eigentliche Sozialismus wurde im Allgemeinen abgeschafft. Aber das hohe Maß an staatlicher Beteiligung an der Wirtschaft, das schon lange vor der Einführung des

Sozialismus existiert hatte, hat dessen Ende lange überlebt und behindert bis heute das Wirtschaftswachstum. Der Unterschied zwischen den ökonomischen Ansätzen im Nahen Osten und im Westen lässt sich sogar an den unterschiedlichen Formen der Korruption erkennen – von der sich keine der beiden Gesellschaften freisprechen kann. Im Westen verdient man Geld auf dem Markt und setzt es ein, um Macht zu kaufen oder Einfluss auszuüben. Im Osten ergreift man die Macht und missbraucht sie dann, um Geld zu verdienen. Moralisch besteht zwischen beidem kein Unterschied, aber die Auswirkungen auf Wirtschaft und Politik sind durchaus verschieden.

Das Rätsel des westlichen Erfolgs war immer noch nicht gelöst. Könnte es noch etwas anderes geben als die Modernisierung der Armee, des Staates, der sie befehligt, und der Wirtschaft, die sie ernährt? Mit anderen Worten: Gibt es noch etwas anderes als Modernität?

3

SOZIALE UND KULTURELLE SCHRANKEN

Als den Menschen im Nahen Osten das Ungleichgewicht zwischen der eigenen und der westlichen militärischen Macht immer mehr bewusst wurde – im 18. und 19. und in einem guten Teil des 20. Jahrhunderts –, richtete man das Hauptaugenmerk zunächst auf die Waffenarsenale und die Kriegsführung, dann auch auf die wirtschaftliche Produktion und die öffentliche Verwaltung, weil man darin die wichtigsten Faktoren der westlichen Überlegenheit sah. Man versuchte herauszufinden, was der Westen so entscheidend anders machte, und die Quelle der westlichen Überlegenheit auszumachen. Auf der Suche nach dieser mysteriösen Quelle stieß man natürlich zuallererst auf die Dinge, die sich sichtbar und greifbar von den eigenen Handlungsweisen unterschieden. Dann versuchte man, sie zu übernehmen, sich anzueignen oder einfach zu kaufen. Man begann mit den sichtbaren Quellen der Macht und des Wohlstands – mit den militärischen, wirtschaftlichen und politischen Dingen. Ihre Bemühungen konzentrierten sich auf diese drei Gebiete – mit mageren, mitunter sogar negativen Ergebnissen.

Die wesentlicheren und größeren Unterschiede zwischen islamischen und westlichen Gesellschaften wurden aber aus irgendeinem Grund lange Zeit übersehen oder nicht für relevant gehalten. Ich versuche einmal, drei dieser Aspekte anschaulich zu machen, indem ich Aussagen von Besuchern aus dem Nahen Osten zitiere, die im Westen gewesen waren. Alle drei sind Türken, schließlich waren die Türken die ersten und eine Zeit lang auch die einzigen Muslime, die Europa bereisten. Das erste Zitat stammt von Evliya Çelebi, einem zu seiner Zeit berühmten türkischen Schriftsteller, der Wien im Jahre 1665 als Mitglied einer osmanischen diplomatischen Delegation besucht hatte. In einem sehr ausführlichen Bericht über die kaiserliche Hauptstadt und seine Abenteuer dort beschreibt Evliya ein »außergewöhnliches Spektakel«:

»In diesem Land wurde ich Zeuge eines ungewöhnlichen Schauspiels. Jedes Mal wenn der Kaiser über die Straße reitet und einer Frau begegnet, zügelt er sein Pferd und lässt die Frau vorbei. Wenn er zu Fuß ist, bleibt er mit einer höflichen Geste stehen. Die Frau grüßt den Kaiser, und der zieht seinen Hut, um ihr seinen Respekt zu erweisen. Wenn die Frau vorbeigegangen ist, setzt der Kaiser seinen Weg fort. Das ist wahrhaftig ein außergewöhnliches Spektakel. In diesem Land und auch in allen anderen Ländern der Ungläubigen haben die Frauen das Sagen. Sie werden geehrt und respektiert, und zwar aus Liebe zur heiligen Maria.«[48]

Das zweite Beispiel stammt von einem anderen osmanischen Diplomaten in Wien, dem Gesandten Mustafa Hatti Efendi, der in einem Bericht von 1748 einen Besuch des Observatoriums als Gast des Kaisers beschreibt. Er spricht von »den seltsamen Apparaturen und wunderbaren Gegenständen«, die er dort gesehen hat:

»Eine der Vorrichtungen, die man uns gezeigt hat, sah folgendermaßen aus: Es gab dort zwei miteinander verbundene Räume. In einem befand sich ein Rad, und auf diesem Rad waren zwei große, sphärische Kristallkugeln angebracht. Daran wiederum war ein hohler Zylinder, dünner als ein Rohr, befestigt, von dem eine lange Kette in den nächsten Raum führte. Wenn das Rad gedreht wurde, lief ein feuriger Wind die Kette entlang in den anderen Raum, wo er dann vom Boden aufstieg. Wenn ein Mensch diese Kette berührte, traf dieser Wind seinen Finger und rüttelte seinen ganzen Körper durch. Aber noch erstaunlicher ist: Wenn dieser Mensch, der die Kette berührte, einen anderen Menschen bei der Hand fasste und der wieder einen anderen, und wenn sie dann einen Kreis von zwanzig oder dreißig Personen bildeten, spürte jeder von ihnen die gleiche Erschütterung im Finger und im ganzen Körper wie der erste. Wir haben es selbst ausprobiert. Da man uns auf unsere Fragen keine verständliche Antwort gab und da das Ganze nur ein Spielzeug ist, haben wir es nicht für nötig gehalten, weitere Informationen darüber einzuholen.

Eine andere Apparatur ... bestand aus kleinen Glasflaschen, die man gegen Steine oder Holz prallen lassen konnte, ohne dass sie zerbrachen. Dann tat man Bruchstücke von Feuerstein in die Flaschen, worauf diese fingerdicken Flaschen, die dem Aufprall auf Stein widerstanden hatten, einfach zu Staub zerfielen. Als wir fragten, was das bedeutet, erklärte man uns, dass Glas, wenn es direkt aus dem Feuer kommt und in eiskaltem Wasser abgekühlt wird, diese Eigenschaften besäße. Diese absurde Antwort ist vermutlich ihrer fränkischen Hinterlist zuzuschreiben.«[49]

Mein drittes Beispiel stammt von Vasif Efendi, der von 1787 bis 1789 als osmanischer Gesandter in Spanien war. Bei der Beschreibung seiner gesellschaftlichen Verpflichtungen bemerkt er:

»Während der Mahlzeiten ... bewunderten [die Spanier] die Musiker und Sänger, die zu unserer Gesandtschaft gehörten. Auf Befehl des Königs luden uns alle

Granden, einer nach dem anderen, zum Essen ein, und wir mussten ihre langweilige Musik ertragen.«[50]

Die Themen dieser drei Auszüge, Frauen, Wissenschaft und Musik, offenbaren drei Unterschiede in der Einstellung und Wahrnehmung zwischen diesen benachbarten Kulturen. Wir wollen das einmal genauer betrachten.

Die unterschiedliche Stellung der Frauen war tatsächlich einer der stärksten Gegensätze zwischen den Christen und den Muslimen, und er wird von fast allen Reisenden in beiden Richtungen hervorgehoben. Alle Kirchen und Konfessionen des Christentums verbieten Polygamie und Konkubinat. Im Islam ist – ebenso wie in fast allen anderen nichtchristlichen Gemeinschaften – beides erlaubt. Europäer, die islamische Länder besuchten, waren fasziniert von dem, was sie über das System der Harems wussten oder, genauer gesagt, gehört hatten. Einigen von ihnen fällt es schwer, ihren Neid – der im Grunde nur auf mangelnde Information zurückzuführen ist – auf die vermeintlichen Rechte und Privilegien eines muslimischen Ehemanns und Hausherrn zu verbergen. Muslime, die nach Europa kommen, sind dagegen entsetzt über die Unbescheidenheit und Dreistigkeit der westlichen Frauen, über die unglaublichen Freiheiten, die sie genießen, und die absurde Nachsicht, mit der man sie behandelt. Und sie sind erstaunt über den Mangel an Eifersucht bei den europäischen Männern, die mit der Immoralität und Promiskuität ihrer Frauen konfrontiert sind. Wir finden solche Bemerkungen an den unwahrscheinlichsten Stellen. So erwähnt zum Beispiel ein marokkanischer Gesandter, der 1766 in Spanien war, die freie und leichte Art der spanischen Damen. Außerdem vermisst er bei ihren Ehemännern jegliches Ehrgefühl.[51] Wenn er schon am spanischen Hof solche Eindrücke gewonnen hat, was hätte er dann wohl geschrieben, wenn er bei seiner Reise durch

Europa zum Beispiel auch den Hof von Versailles besucht hätte.

Evliya Çelebis Worte über das Verhalten des österreichischen Kaisers einer Dame gegenüber entsprechen der normalen Reaktion eines Menschen aus dem Nahen Osten. Sie zeigen deutlich, dass er diese Geschichte nicht geglaubt hätte, wenn er sie nicht mit eigenen Augen gesehen hätte. Seine Erklärung für die außerordentliche Ehrerbietung, die in der christlichen Welt den Frauen gezollt wird – dass sie »aus Liebe zur Mutter Maria geehrt und respektiert werden« – sollte man nicht als absurd abtun, denn man darf nicht vergessen, dass nach islamischer Tradition die Dreifaltigkeit, deren Anbetung dem Islam zufolge fast an Vielgötterei und Gotteslästerung grenzt, aus Gott, Jesus und Maria besteht.[52]

Einige erzählten sogar noch ungewöhnlichere Geschichten. So beschreibt zum Beispiel Vahid Efendi, der 1806 als osmanischer Gesandter Europa bereiste, ziemlich detailliert seine Reise und die Orte, an denen er Station gemacht hat. »Bei den europäischen Banketten waren viele Frauen zugegen. Sie sitzen am Tisch und essen, während die Männer hinter ihnen sitzen und wie hungrige Tiere zuschauen. Wenn die Frauen Mitleid mit ihnen haben, geben sie ihnen etwas ab, wenn nicht, müssen die Männer hungrig bleiben.«[53] Ich weiß nicht, wo er diese Geschichte gehört hat, aber sie ist auch nicht unwahrscheinlicher als einige Geschichten westlicher Besucher über das, was in muslimischen Harems los war.

Die Stellung der Frauen ist zwar vermutlich der größte spezifische Unterschied zwischen den beiden Kulturen, erregte jedoch bedeutend weniger Aufmerksamkeit als zum Beispiel Kanonen, Fabriken und Parlamente. Der Blick der Menschen im Westen und im Nahen Osten war jedenfalls in gleichem Maße getrübt.

10 Türkische Dame und Sklavin im Harem (Ende des 19. Jahrhunderts)

Ein interessantes Beispiel dafür ist Verdis berühmte Oper
»Aida«. Sie wurde, wie wir wissen, vom Khediven Ismail
von Ägypten in Auftrag gegeben und am Weihnachts-
abend 1871 in Kairo uraufgeführt. Die Handlung spielt im
alten Ägypten, und sowohl der Komponist als auch der
Librettist hatten sich von dem berühmten französischen
Ägyptologen Auguste Mariette, eher bekannt unter seinem ägyptischen Titel Mariette Pascha, beraten lassen.
Eines der zentralen Probleme der Geschichte ist das Di-
lemma des siegreichen ägyptischen Generals Radamès,
der zwischen zwei Frauen hin- und hergerissen ist – Am-
neris, Tochter des Pharao, und Aida, eine äthiopische
Sklavin, Tochter des äthiopischen Königs, gegen den
Ägypten Krieg führte. Zwischen diesen beiden Frauen
wird Radamès zum Verrat getrieben und findet letzten
Endes den Tod. Für einen europäischen Christen des
19. Jahrhunderts war das tatsächlich ein qualvolles Di-
lemma. In Ägypten wäre es bedeutungslos gewesen, und
zwar sowohl zu Zeiten der Pharaonen als auch zu Verdis

Zeit, denn der Held hätte beide Frauen haben können: Die Prinzessin hätte er geheiratet und die Sklavin als Geschenk oder als Konkubine erhalten. Vielleicht wäre sie später seine zweite Frau geworden. Wollten Verdi und sein Librettist ihren ägyptischen Auftraggebern auf diese Weise eine subtile Botschaft zukommen lassen? Oder – was wahrscheinlicher ist – fehlten ihnen einfach die Informationen beziehungsweise hatten sie sich keine Mühe gegeben, die Situation der Frauen in Ägypten zu studieren?

Im islamischen Recht gibt es traditionell drei Arten von Menschen, die nicht vom generellen islamischen Prinzip rechtlicher und religiöser Güte profitieren: Ungläubige, Sklaven und Frauen. Die Frauen waren in einem wichtigen Aspekt offensichtlich am schlechtesten gestellt: Der Sklave konnte von seinem Herren die Freiheit geschenkt bekommen. Der Ungläubige konnte sich jederzeit zum wahren Glauben bekehren lassen, um seine Unwürdigkeit zu beenden. Nur die Frau war dazu verdammt, auf immer und ewig das zu bleiben, was sie war – jedenfalls sah es zur damaligen Zeit so aus.

Der Aufstieg des Westens und die Ausweitung des westlichen Einflusses brachte für alle drei Gruppierungen große Veränderungen mit sich. Die christlichen Mächte kümmerten sich logischerweise um die Stellung der Christen in den islamischen Staaten und nutzten ihren immer stärker werdenden Einfluss, um für sie eine rechtliche Gleichstellung zu erreichen und – in der Praxis, wenn auch nicht formal – wirtschaftliche Privilegien durchzusetzen. Bei diesem Streben nach Emanzipation waren Christen die beabsichtigten, Juden die zufälligen Nutznießer.

Auch die Sklaverei war für die westlichen Mächte ein Thema, vor allem für Großbritannien. Im britischen Empire hatte man zu Beginn des 19. Jahrhunderts die Sklaverei abgeschafft. Seitdem wurde der Sklavenhandel genau wie die Piraterie als internationales Verbrechen angesehen, das man verfolgte und ahndete, wo immer man ihm begegnete – an Land oder auf dem Meer. Ende des 20. Jahrhunderts gab es auch im Nahen Osten, abgesehen von seltenen örtlichen Ausnahmen, keine Leibeigenschaft mehr.

Der Kampf um die Frauenrechte erwies sich als bedeutend schwieriger und ist auch heute noch lange nicht entschieden. Die europäischen Mächte, die ihren Einfluss geltend gemacht und sogar Truppen eingesetzt hatten, um die Sklaverei abzuschaffen und die Emanzipation der Nichtmuslime voranzutreiben, zeigten kein Interesse daran, etwas gegen die Unterwerfung der Frauen zu unternehmen. Es gibt auch kaum Hinweise darauf, dass sich die Reformer des Nahen Ostens oder ihre europäischen Mentoren Gedanken über dieses Problem gemacht hätten. Selbst die Großmächte waren vorsichtig und verfolgten auf diesem und auf anderen Gebieten eine konservative Sozialpolitik. Sie vermieden jegliche Veränderung, weil sie die Muslime nicht gegen sich aufbringen wollten, ohne einen Vorteil davon zu haben. In einigen besonders intensiv kolonisierten Regionen, so etwa im französischen Nordafrika und im sowjetischen Zentralasien, folgte eine kleine Schicht von gebildeten Muslimen, die sich kulturell an ihre Herren angepasst hatte, ihnen auch im Hinblick auf die Behandlung der Frauen. Aber das war in jeder Hinsicht marginal und betraf nur sehr kleine Randgruppen. Im Kernland des Islam waren Fortschritte auf dem Gebiet der Frauenrechte ausschließlich auf die inneren Kräfte und die Bemühungen muslimischer Frauen und Männer zurückzuführen.

Trotzdem machte der Emanzipationsprozess in den gesellschaftlich und wirtschaftlich weiter entwickelten

Gebieten der Region einige Fortschritte. Er ist für die verschiedenen Schulen der Wiedergeburt des militanten Islamismus ein rotes Tuch. Vor allem der Ayatollah Khomeini, der die Missetaten des Schahs und die Verbrechen seines Regimes geißelte, räumte diesem Thema absoluten Vorrang ein. Aus traditioneller Sicht ist die Emanzipation der Frauen – vor allem die Entblößung des Gesichts, der Arme und Beine und das Recht, sich in der Schule oder am Arbeitsplatz unter die Männer zu mischen – eine Anstiftung zu Unmoral und Promiskuität, ein tödlicher Schlag mitten ins Herz der islamischen Gesellschaft, der Familie und Heimat der Muslime. Der Kampf geht weiter.

Das älteste Beispiel eines prinzipiellen Eintretens für die Rechte der Frauen fand ich in einem Artikel des berühmten osmanischen Schriftstellers Namık Kemal, einem der Führer der Jungen Osmanen. Er wurde 1867 in der Zeitung »Tasvir-i Efkâr« veröffentlicht:

»Unsere Frauen werden zurzeit als Wesen betrachtet, deren einziger Lebenszweck und Dienst an der Menschheit darin besteht, Kinder zu bekommen; sie dienen einzig und allein dem Vergnügen, wie ein Musikinstrument oder wie Juwelen. Aber sie machen die Hälfte – wenn nicht noch mehr – unserer Spezies aus. Wenn man sie daran hindert, ihren Beitrag zur Erhaltung oder Verbesserung der Situation anderer zu leisten, verstößt man gegen die Grundregeln öffentlicher Zusammenarbeit. Und das in einem Ausmaß, dass unsere nationale Gemeinschaft davon so betroffen ist wie ein menschlicher Körper, der auf einer Seite gelähmt ist. Frauen sind den Männern weder intellektuell noch körperlich unterlegen. In alten Zeiten haben Frauen alle, sogar die kriegerischen Aktivitäten mit den Männern geteilt. Auf dem Land arbeiten die Frauen auf dem Feld und treiben Handel ... Der Grund, warum die Frauen unter uns so benachteiligt werden, beruht auf der Vorstellung, sie seien völlig ignorant und wüssten nichts von Rechten und Pflichten, Nutzen und Schaden. Diese Stellung der Frauen hat zahlreiche üble Folgen, unter anderem die schlechte Erziehung der Kinder.«[54]

Als Namık Kemal diesen Artikel schrieb, war er ein junger Radikaler. Bald darauf floh er ins Exil nach Paris, wo er mit anderen Gleichgesinnten aufrührerische Oppositionszeitungen veröffentlichte. Im Jahre 1870 kehrte er in die Türkei zurück und machte eine außergewöhnliche Karriere als Schriftsteller und Aktivist. Er griff dieses spezielle Problem jedoch nicht wieder auf, sondern widmete den größten Teil seiner Kraft den verwandten Themen Vaterland und Freiheit – mit anderen Worten, dem Patriotismus und Liberalismus. Namık Kemal und andere nach ihm hatten zwar nicht unbedingt ihre Meinung, sicher aber ihre Prioritäten geändert.

Das traf jedoch nicht auf alle zu. Im Jahre 1899 erschien ein bemerkenswertes Buch in arabischer Sprache mit dem Titel »Die Befreiung der Frau«, geschrieben von Qāsim Amīn, einem jungen ägyptischen Rechtsanwalt, der in Paris studiert hatte. Seine französische Freundin scheint einigen Einfluss auf ihn gehabt zu haben, denn während er dort war, wurde aus ihm ein leidenschaftlicher Verfechter der Rechte der Frauen. Das Thema des Buches ist die Notwendigkeit, die Lebensbedingungen der Frauen zu verbessern, indem man ihnen eine Ausbildung ermöglicht und dadurch einen Zugang zum gesellschaftlichen Leben und zum Berufsleben schafft. Vor allem aber plädiert er für die Abschaffung des Schleiers und für eine neue Interpretation des Koran, der in der Regel so gedeutet worden war, dass er Polygamie und Konkubinat gestattete, ebenso wie die Scheidung durch Verstoßung. Nur wenn man die Frauen befreit, so argumentiert er, kann die islamische Gesellschaft selbst frei sein, denn eine freie Gesellschaft ist eine, in der alle Mitglieder frei sind. Trotz seiner Versuche, diese revolutionären Vorschläge in der Terminologie des Islam zu rechtfertigen, löste sein Buch im traditionalistischen Establishment in Ägypten und anderswo heftige Reaktionen aus. Aber es wurde weiterhin gelesen und sogar vom Arabischen ins Türkische und in andere Sprachen übersetzt. Es hatte vor allem auf die heranwachsende Generation der Frauen, von denen einige lesen gelernt hatten, eine ziemlich große Wirkung.[55]

Die konkreten Veränderungen der Stellung der Frauen waren verschiedenartig und hingen von Umständen ab, die letztlich meist auf das westliche Vorbild zurückzuführen sind. Als Folge der Abschaffung der Leibeigenschaft wurde das Konkubinat gesetzlich verboten, obwohl es in abgelegenen Regionen noch eine Zeit lang praktiziert wurde. Aber es war jetzt kein allgemeiner Brauch mehr und wurde auch nicht mehr geduldet. In wenigen Ländern, etwa in der Türkei, in Tunesien und im Iran unter dem späten Schah, wurde sogar die Polygamie verboten; in vielen anderen islamischen Staaten war sie zwar noch nicht ungesetzlich, wurde aber durch gesetzliche Restriktionen eingeschränkt. Polygamie war fortan in der urbanen Mittel- und Oberschicht verpönt, während sie für die Unterschicht schon aus wirtschaftlichen Gründen nicht sehr praktikabel war. Außerhalb der arabischen Halbinsel, wo die Männer die Mittel und auch die Gelegenheit haben, ist Polygamie inzwischen nur noch sehr selten anzutreffen.

Der früheste und größte Fortschritt für die Frauen bezog sich auf ihre wirtschaftliche Stellung. Selbst unter dem traditionellen System war sie relativ gut, mit Sicherheit besser als die der Frauen in den meisten christlichen

Ländern vor der Übernahme der modernen Gesetzgebung. Muslimische Frauen hatten als Ehefrauen und Töchter sehr klar definierte Eigentumsrechte, die beachtet und vom Gesetz auch umgesetzt wurden.

Bei den jüngsten Veränderungen waren wirtschaftliche Notwendigkeiten ausschlaggebend. Schon Namık Kemal hatte darauf hingewiesen, dass Bauersfrauen seit jeher Teil der arbeitenden Bevölkerung gewesen waren. Dadurch waren sie auch in den Genuss bestimmter Freiheiten gekommen, die ihren Schwestern in den Städten vorenthalten wurden. Als die Wirtschaft modernisiert wurde, brauchte man weibliche Arbeitskräfte. Und diese Nachfrage wurde in den Kriegen, an denen das Osmanische Reich zwischen 1911 und 1922 beteiligt war, noch offensichtlicher, weil damals der größte Teil der männlichen Bevölkerung bei den Streitkräften diente und die Frauen das alltägliche Leben aufrechterhalten mussten. Das hatte auch gewisse Konsequenzen im Hinblick auf die Bildung und führte dazu, dass immer mehr Frauen an Akademien und Universitäten studierten. Bereits gegen Ende der osmanischen Zeit gab es Frauenmagazine, die von Frauen für Frauen geschrieben wurden. Die Frauen arbeiteten zu Anfang in solch »weiblichen Berufen« wie Krankenschwester oder Lehrerin, wie es traditionell in Europa, allmählich aber auch in islamischen Ländern der Fall war; nach und nach drangen sie dann auch in andere Berufe vor.

Aber die Reaktion wurde immer stärker. Schon die Arbeit von Frauen in einem traditionell weiblichen Beruf wie zum Beispiel Lehrerin war einigen militanten Islamisten ein Dorn im Auge. Khomeini sprach in seinen Predigten und Schriften vor und nach der islamischen Revolution von 1979 mit großem Zorn von der Unmoral, die zwangsläufig damit verbunden sei, wenn Frauen heranwachsende Jungen unterrichteten.[56]

Kemal Atatürk, der Gründer der Türkischen Republik, vertrat genau den entgegengesetzten Standpunkt. In einer Reihe von Reden, die er Anfang des 20. Jahrhunderts hielt, setzte er sich mit großer Beredsamkeit für die Gleichberechtigung der Frauen in Staat und Gesellschaft ein. Immer wieder erklärte er, dass es die vordringlichste Aufgabe der Türken sei, den Vorsprung der modernen Welt einzuholen, und dass das schlecht möglich sei, wenn man nur die Hälfte der Bevölkerung modernisierte. Für die frühen zwanziger Jahre war das eine erstaunliche Argumentation, und sie kam aus einer Richtung, aus der man sie nicht erwartet hatte, von einem osmanischen Pascha und General, der aber auch Gründer der modernen Türkei war.

In der Türkischen Republik gehörten Frauenrechte zur offiziellen kemalistischen Ideologie, und die Frauen spielten im öffentlichen Leben eine immer wichtigere Rolle. Aber die Türkei war eine der wenigen Ausnahmen. In einer Region, in der die sehr labilen parlamentarischen Systeme, die noch existierten, autokratischeren Regimes weichen mussten, die entweder von der Armee oder der Partei kontrolliert wurden, war die Frage politischer Rechte relativ unwichtig, ja praktisch bedeutungslos. In der Türkei war das nicht der Fall, und das Ganze ist dort bis zum heutigen Tag ein wichtiges Thema.

Die Menschen aus dem Westen neigen natürlich dazu, die Emanzipation der Frauen im Zusammenhang mit der allgemeinen Liberalisierung zu sehen, und sie meinen, dass es Frauen in einem liberalen Staat besser gehe als in einem autokratischen. Aber diese Annahme ist falsch, oft ist sogar das Gegenteil der Fall. In den arabischen Ländern ist die rechtliche Emanzipation der Frauen im Irak und im ehemaligen Südjemen am weitesten gediehen, und beide werden von notorischen Unterdrückern regiert. In Ägypten hinkt sie noch hinterher, dabei ist dieses Land eines der toleranteren und offeneren unter den arabischen Gesellschaften. In solchen hauptsächlich von Männern geprägten und meist konservativen Gesellschaften hat die öffentliche Meinung den größten Einfluss. Die empfindlichsten Rückschläge erlitten die Rechte der Frauen in solchen Ländern, in denen Fundamentalisten verschiedener Couleur Einfluss haben oder, wie zum Beispiel im Iran und im größten Teil von Afghanistan, an der Macht sind. Wie bereits erwähnt, war die Emanzipation der Frauen eines der größten Ärgernisse der radikalen Fundamentalisten, und die Umkehrung dieses Prozesses steht an oberster Stelle ihrer Agenda.

Die Emanzipation der Frauen ist mehr als jede andere Frage der Prüfstein des Unterschiedes zwischen Modernisierung und Verwestlichung. Selbst die extremsten und antiwestlichsten Fundamentalisten akzeptieren inzwischen die Notwendigkeit der Modernisierung. Sie machen vollen Gebrauch von modernen Technologien, vor allem wenn es um Kriegsführung und Propaganda geht. Das betrachten sie als Modernisierung, und obwohl die Methoden oder sogar die Geräte aus dem Westen kommen, werden sie als notwendig und nützlich erachtet. Die Emanzipation der Frauen ist dagegen gleichbedeutend mit Verwestlichung. Sowohl für die traditionellen Konservativen als auch für die radikalen Fundamentalisten ist sie weder notwendig noch nützlich, sondern schädlich und stellt einen Verrat an den wahren Werten des Islam dar. Es muss verhindert werden, dass sie in den Leib des Islam eindringt, und dort, wo ihr das bereits gelungen ist, muss sie schonungslos ausgemerzt werden.[57]

Der Unterschied zwischen Modernisierung und Verwestlichung, vor allem, aber nicht ausschließlich im Hinblick auf die Beziehung zwischen Männern und Frauen, lässt sich gut an der Kleidungsreform ablesen, die Ende des 18. Jahrhunderts begann und mit gelegentlichen Unterbrechungen seitdem fortgesetzt wird. Der Prozess begann, als der Sultan moderne Regimenter nach westlichem Vorbild zusammenstellte. Sie trugen westliche Waffen und wurden von Offizieren kommandiert, deren Dienstränge sich am Westen orientierten. Selbstverständlich trugen die Soldaten dieser neuen Armee auch westliche Uniformen. Eines der Dokumente, in denen die Dringlichkeit einer Reform dargelegt wird, weist dann auch ausdrücklich auf die Uniformen und ihren militärischen und vor allem disziplinarischen Nutzen hin, denn so könne man Deserteure bedeutend leichter erkennen und verhaften.

Nach dem Militär wurde auch die Bekleidung der Beamten reformiert. Sie mussten von jetzt an Gehröcke und Hosen anstelle ihrer vorherigen, bequemeren Kleidung tragen. Nur die Kopfbedeckung – Fes, Turban, Kefije – symbolisierte den Unterschied zum Westen. Jeder, der einmal einen osmanischen Friedhof besucht hat, wird sich an die Grabsteine erinnern, auf deren Oberseite eine in Stein gemeißelte Darstellung der speziellen Kopfbedeckung des hier Bestatteten zu sehen ist. So lässt sich das Grab eines Janitscharen–Offiziers, eines Kadi oder eines anderen Verstorbenen leicht erkennen. Die Kopfbedeckung hatte auch weiterhin eine sehr große symbolische oder sogar religiöse Bedeutung.

Aber selbst das hat sich inzwischen verändert. Lange Zeit trugen die Soldaten im Nahen Osten europäische Uniformen mit einer muslimischen Kopfbedeckung. Westliche Hüte oder Kappen mit Schirmen und Spitzen hätten sie beim Gebet behindert und wurden deshalb als Symbol für die Ungläubigen betrachtet. In jenen Tagen war der Ausdruck *Şapka giymek* – einen Hut aufsetzen – das

11 Moses warnt Korach (4 Mose 16). Aus einem persischen religiösen Gedicht des 17. Jahrhunderts. Moses, der die göttliche Religion repräsentiert, trägt persische Kleidung. Korach, der arrogante und verdammte Emporkömmling, ist europäisch gekleidet.

türkische Äquivalent für »sein Mäntelchen nach dem Wind hängen« (das heißt, abtrünnig werden). Auch das ist jetzt vorbei. Inzwischen haben die Streitkräfte, die Staatsdiener und ein großer Teil der männlichen Stadtbevölkerung westliche Kleidung übernommen. Sogar die Diplomaten der Islamischen Republik Iran tragen westliche Anzüge – nur ohne Krawatte, um ihre Ablehnung der westlichen Kultur und ihrer Symbole zu demonstrieren. Aus irgendeinem Grund haben sie der Krawatte eine symbolische Bedeutung zugewiesen, vielleicht wegen ihrer Form, die vage an ein Kreuz erinnert.

Während es bei der Männerkleidung manchmal schwer ist, die Grenze zwischen Verwestlichung und Modernisierung genau zu markieren, ist das bei den Frauen bedeutend leichter. Im Gegensatz zu den Soldaten und den Staatsdienern – in der Vergangenheit ausschließlich Männerberufe – waren die Frauen nie gezwungen, westliche Kleidung zu übernehmen oder ihre traditionellen Kleider abzulegen. Wenn das Thema in der Öffentlichkeit überhaupt aufkam, dann in Form eines Verbots, nicht als Forderung. Trotzdem übernahmen einige Frauen zumindest Elemente der westlichen Kleidung. Heutzutage sind bestimmte Kleidungsstücke, vor allem das Kopftuch und der Schleier, wichtige Symbole eines kulturellen Bekenntnisses geworden, die stark emotional befrachtet sind. Das gilt vor allem für die Türkei und den Iran, die beiden Länder, die am deutlichsten die zukünftigen Alternativen formulieren, mit denen der islamische – und nicht nur der islamische – Nahe Osten konfrontiert ist. Wenn Männer westliche Kleidung tragen, handelt es sich offenbar um Modernisierung; bei Frauen ist es dagegen ein Zeichen von Verwestlichung, was entsprechend willkommen geheißen oder bestraft wird.

Die Reaktion des Nahen Ostens auf die westlichen

Wissenschaften zeigt interessante Parallelen zu der Reaktion auf den Feminismus. Aber zwischen beidem bestehen auch deutliche Unterschiede. Zuerst wurde das eine wie das andere negativ, ja sogar mit Verachtung betrachtet, und Hatti Efendis Bemerkungen waren nicht untypisch. Aber die Vorteile einer wissenschaftlichen Ausbildung waren im Gegensatz zur Frauenemanzipation greifbar, sichtbar, lagen sozusagen unmittelbar auf der Hand. Das galt zunächst für militärische Dinge, um die sich die Reformer in erster Linie kümmerten, dann aber auch für andere Lebensbereiche. Wenn man den Leuten die Technik der Artillerie oder der Seefahrt beibringen wollte, mussten sie zuerst etwas über die Wissenschaften lernen, die diesen Techniken zu Grunde liegen. Die moderne militärische und seemännische Ausbildung vermittelte Lehrern und Schülern Sichtweisen und Erkenntnisse, die über einfache Navigationstechniken hinausgingen – mit Folgen, die schwerwiegender und explosiver waren als Artilleriefeuer.

Im gesamten 19. Jahrhundert sprachen immer mehr junge Muslime, meist osmanische Offiziere und Staatsdiener, darüber, wie es Europa, »dem kleinsten aller Kontinente«, gelungen war, durch die Beherrschung der Wissenschaften eine Vormachtstellung in der modernen Welt zu erringen. Einige von ihnen sprachen ganz allgemein von Wissen – in ihrer Sprache bedeutet Wissen auch Wissenschaft. In einem Aufsatz aus dem Jahre 1840 geht Mustafa Sami, ehemaliger Chefsekretär der osmanischen Botschaft in Paris, noch einen Schritt weiter und stellt mit Erstaunen fest: »Jeder Europäer, Mann oder Frau, kann lesen und schreiben. Alle gehen mindestens zehn Jahre in die Schule. Es gibt sogar spezielle Schulen, in denen selbst die Taubstummen lesen und schreiben lernen können. Die Europäer verdanken es ihrer Wissenschaft, dass sie

Seuchen und andere Krankheiten heilen können. Außerdem haben sie zahlreiche mechanische Geräte erfunden, um verschiedene Dinge in Massenproduktion herzustellen.«[58] Sadık Rıfat Pascha, ein anderer Osmane mit Erfahrungen im diplomatischen Dienst, spricht von der großen Bedeutung, die die Europäer der »Astronomie, Musik, Medizin … der internationalen Politik, dem militärischen Wissen, den Pflanzen, Tieren, Mineralien und der Anatomie« beimessen.[59] Er stellte außerdem fest, dass man in Europa kaum einen Menschen trifft, der nicht in der Lage ist, in seiner Muttersprache zu lesen und zu schreiben. Das war wahrscheinlich eine Übertreibung im Europa des 19. Jahrhunderts, aber eine relativ geringe im Vergleich zu dem Unterschied zwischen den Lebensbedingungen, die er beschrieb, und den Lebensbedingungen zu Hause.

In der zweiten Hälfte des 19. Jahrhunderts betonten osmanische Intellektuelle immer mehr die Bedeutung der Wissenschaft. Einige von ihnen gingen sogar noch weiter und sprachen von einem Konflikt zwischen der Wissenschaft und dem, was sie vorsichtig »Fanatismus« nannten, oder sogar ganz offen von einem Konflikt zwischen Wissenschaft und Religion. Immer mehr wissenschaftliche Bücher aus Europa wurden übersetzt, oft mit einem Vorwort, in dem die große Bedeutung der Wissenschaft für den Fortschritt hervorgehoben wurde.

Auch Schriften über den Materialismus und später den Positivismus wurden übersetzt und fanden Anhänger. Ein beliebter Autor war der angloamerikanische Wissenschaftler und Philosoph John William Draper (1811 bis 1882), dessen Geschichte des Konflikts zwischen Religion und Wissenschaft, 1872 in den Vereinigten Staaten veröffentlicht, 1895 in einer türkischen Übersetzung in Istanbul erschien. Ein anderer angesehener europäischer Materialist war Friedrich Karl Christian Ludwig Büchner (1824 bis

12 Damen in Reit- oder
Ausgehkleidung

13 Eine Dame im Hausanzug

1899). Gemeinsam mit Auguste Comte hatte er einen großen Einfluss auf das Denken der Jungtürken und ihrer Nachahmer in anderen islamischen Völkern.

Aber trotz all dieser Bemühungen und trotz der Gründung von Schulen und naturwissenschaftlichen Fakultäten in fast allen neuen Universitäten verlief der Prozess der Einführung moderner Wissenschaften – oder müsste man eher sagen, westlicher Wissenschaften? – kläglich langsam.

Der Widerstand des islamischen Nahen Ostens gegen die europäische Wissenschaft ist umso bemerkenswerter, wenn man bedenkt, wie viel die islamische Kultur des Mittelalters zum Aufstieg der modernen Wissenschaft beigetragen hat. Bei der Entwicklung und Überlieferung verschiedener Wissenschaftszweige haben Männer aus dem Nahen Osten – Christen, Juden und zum größten Teil Muslime – eine entscheidende Rolle gespielt. Sie waren die Erben der alten Weisheit Ägyptens und Babylons. Sie haben vieles von der Weisheit und dem Wissen aus Persien und Griechenland übersetzt und bewahrt, das sonst verloren gegangen wäre. Ihre Kühnheit und Offenheit machte es ihnen möglich, dem Wissen und den Techniken Indiens und Chinas viel Neues hinzuzufügen.

Aber die Rolle der mittelalterlichen islamischen Wissenschaftler beschränkte sich nicht nur auf das Sammeln und Konservieren. Im Nahen Osten des Mittelalters entwickelten Wissenschaftler eine Methode, die in der Antike selten angewandt wurde – das Experiment. Auf diese Weise erzielten sie praktisch in allen Wissenschaften entscheidende Fortschritte.

Vieles davon wurde auch in den mittelalterlichen Westen übermittelt, wo strebsame junge Leute in den islamischen Ausbildungszentren in Spanien und Sizilien studierten. Andere übersetzten wissenschaftliche Texte vom

Arabischen ins Lateinische, entweder Originaltexte oder Adaptionen griechischer Werke. Die moderne Wissenschaft schuldet diesen Überlieferern ungeheuer viel.

Gegen Ende des Mittelalters vollzog sich dann eine dramatische Veränderung. In der Renaissance machte die Wissenschaftsbewegung in Europa enorme Fortschritte. Es war die Zeit der Entdeckungen, der technologischen Revolution und der intellektuellen und materiellen Veränderungen, die ihnen vorausgegangen waren, sie begleiteten und ihnen folgten. In der islamischen Welt kam die unabhängige Forschung praktisch zum Erliegen, und die Wissenschaft wurde weitgehend auf die Verehrung eines Fundus an bewährtem Wissen reduziert. Es gab ein paar praktische Neuerungen – so wurden zum Beispiel in Ägypten Inkubatoren entwickelt und in der Türkei die Pockenschutzimpfung eingeführt. Man betrachtete so etwas jedoch nicht als Wissenschaft; das waren einfach praktische Dinge, die vor allem durch Reisende aus dem Westen bekannt geworden waren.

Wie stark sich die Einstellung gegenüber den Wissenschaften sowohl im Nahen Osten als auch im Westen verändert hatte, wird auf dramatische Weise durch die Entdeckung des Blutkreislaufs anschaulich. In der westlichen Wissenschaftsgeschichte wird diese Leistung gewöhnlich dem englischen Arzt William Harvey zugeschrieben. Sein epochales Werk »Essay on the Motion of the Heart and Blood« (Versuch über die Bewegung des Herzens und des Blutes) wurde 1628 veröffentlicht und hat sowohl die Theorie als auch die Praxis der Medizin revolutioniert. Vorläufer seiner großen Entdeckung war das Werk von Miguel Serveto, einem spanischen Arzt und Theologen, der als Michel Servet (1511–1553) bekannt wurde. Er eroberte sich einen Platz in der Wissenschaftsgeschichte durch die Entdeckung des kleinen Blutkreislaufs, die 1553 veröffentlicht wurde. Diese Entdeckung war mit erstaun-licher Ähnlichkeit in den Einzelheiten von Ibn al-Nafis, einem syrischen Arzt des 13. Jahrhunderts, vorweggenom-men worden. Unter seinen Schriften findet sich eine me-dizinische Abhandlung, in der er, in Abwendung von den verehrten Autoritäten Galen und Avicenna, seine Theorie des Blutkreislaufs weiterentwickelte. Sie ist begrifflich sehr nah an der späteren von Servet, die dann von Har-vey übernommen wurde, ist jedoch im Gegensatz zu die-sen beiden nicht experimentell, sondern argumentativ begründet. Moderne Orientalisten konnten nachweisen, dass Servet die Arbeiten Ibn al-Nafis mit hoher Wahr-scheinlichkeit kannte, vermittelt durch einen Renaissance-Gelehrten namens Andrea Alpago (gestorben etwa 1520), der viele Jahre in Syrien lebte und arabische medizinische Manuskripte sammelte und übersetzte.

Ibn al-Nafis war ein erfolgreicher und wohlhabender Arzt, der im Alter von ungefähr achtzig Jahren starb. Da er Witwer war und keine Kinder hatte, vermachte er all sein Hab und Gut, unter anderem seine umfangreiche Biblio-thek, einem Hospital in Kairo. Sein Buch und seine Theo-rie blieben unbekannt und hatten auf die Praxis der Me-dizin keinen Einfluss. Servet wurde am 14. August 1553 in Genua verhaftet und der Gotteslästerung und Ketzerei angeklagt. Die protestantischen Autoritäten, allen voran Calvin, forderten, dass er seine religiösen Auffassungen widerrufen solle oder die Konsequenzen tragen müsse. Servet weigerte sich, wurde am 26. Oktober 1533 verurteilt und am nächsten Tag als Ketzer verbrannt. Sein medizi-nisches Werk blieb erhalten und stellte die Grundlage für große wissenschaftliche Erkenntnisse in den folgenden Jahren dar.[60]

Ein weiteres Beispiel für die immer tiefer werdende Kluft ist das Schicksal des Observatoriums, das 1577 in Galata in Istanbul gebaut wurde. Initiator für den Bau war Taqī al-Dīn (ca. 1526–1585), eine herausragende Persönlichkeit der muslimischen Geschichte und Autor mehrerer Bücher über Astronomie, Optik und mechanische Uhren. Er war in Syrien oder Ägypten geboren (die Quellen sind sich in diesem Punkt nicht ganz einig), studierte in Kairo und ging nach einer Karriere als Jurist und Theologe nach Istanbul, wo er 1571 zum *munejjim-bashı*, zum Chefastronomen (und Astrologen) am Hofe des Sultans Selim II. ernannt wurde. Ein paar Jahre später überredete er den neuen Sultan Murad III., ihm zu erlauben, ein Observatorium zu bauen. Mit seiner technischen Ausrüstung und seinem spezialisierten Personal brauchte es den Vergleich mit dem Observatorium seines berühmten dänischen Zeitgenossen Tycho Brahe nicht zu scheuen. Aber da endet auch schon der Vergleich. Tycho Brahes Observatorium und die Arbeit, die dort geleistet wurde, machten den Weg frei zu einer beispiellosen Entwicklung der astronomischen Wissenschaft. Taqī al-Dīns Observatorium dagegen wurde auf Befehl des Sultans nach einer Empfehlung des Obermuftis von einer Janitscharen-Schwadron dem Erdboden gleichgemacht.[61] Dieses Observatorium hatte in den Ländern des Islam viele Vorgänger, aber bis zum Zeitalter der Modernisierung nicht einen einzigen Nachfolger.

Auf dem Gebiet der Wissenschaften hatte sich die Beziehung zwischen Christenheit und Islam jetzt umgekehrt. Aus den ehemaligen Schülern waren Lehrer und aus den Lehrmeistern oftmals widerwillige und verärgerte Schüler geworden. Sie waren zwar bereit, die Segnungen der Wissenschaft der Ungläubigen auf dem Gebiet des Militärs und der Medizin in Anspruch zu nehmen, wo sie über Sieg oder Niederlage oder gar über Leben und Tod entschieden. Es fiel ihnen jedoch bedeutend schwerer, die Philosophie und den gesellschaftspolitischen Kontext, die diesen wissenschaftlichen Errungenschaften zu Grunde lagen, zu akzeptieren oder auch nur zu erkennen.

Diese Ablehnung ist einer der auffälligsten Unterschiede zwischen dem Nahen Osten und anderen Teilen der nichtwestlichen Welt, die in der einen oder anderen Weise mit den Auswirkungen der westlichen Kultur in Berührung gekommen waren. In der heutigen Zeit leisten Wissenschaftler in vielen asiatischen Ländern wichtige Beiträge zu einer nicht länger westlichen, sondern weltweiten wissenschaftlichen Bewegung. Abgesehen von einzelnen verwestlichten Enklaven im Nahen Osten und einigen von dort stammenden Wissenschaftlern, die im Westen arbeiten, ist der Beitrag des Nahen Ostens – das zeigt sich zum Beispiel an den international anerkannten Fachzeitschriften, an denen sich der wissenschaftliche Fortschritt ablesen lässt – im Vergleich zu anderen nichtwestlichen Regionen eher mager. Noch dramatischer ist, dass sogar der Vergleich mit ihrer eigenen Vergangenheit nicht gerade zu ihren Gunsten ausfällt.

Die Reaktion auf die Musik des Westens und die umfassendere Frage nach den kulturellen Veränderungen, die dadurch aufgeworfen wird, verdienen eine ausführlichere Behandlung.[62]

4

MODERNISIERUNG UND SOZIALE GLEICHHEIT

Es wird oft behauptet, der Islam sei eine egalitäre Religion. Diese Aussage enthält viel Wahrheit. Wenn wir den Islam zur Zeit seiner Entstehung mit den benachbarten Kulturen vergleichen – mit dem mehrschichtigen Feudalismus des Irans und mit dem Kastensystem Indiens im Osten, mit den privilegierten Aristokratien der Byzantiner und Römer im Westen Europas –, dann vermittelt der Islam den Menschen tatsächlich eine Botschaft der Gleichheit. Systeme der sozialen Differenzierung werden vom Islam entschieden abgelehnt. Die Worte und Taten des Propheten und die großen Beispiele der altehrwürdigen Herrscher des Islam, wie sie von der Tradition bewahrt werden, richten sich in überwältigendem Maße gegen jedes Privileg per Abstammung, Geburt, Stand, Reichtum oder gar Rasse. Rang und Ehre können nur durch Frömmigkeit und Verdienste dem Islam gegenüber erlangt werden.

Durch die Eroberungen und den Aufbau des Reiches entstanden dann allerdings zwangsläufig neue Eliten, und im natürlichen Ablauf der Ereignisse versuchten diese Eliten, ihren Nachfahren das zu erhalten, was sie selbst erreicht hatten. Von frühester Zeit bis zum heutigen Tag gab es in den islamischen Staaten eine Tendenz zur Entstehung neuer Aristokratien. Sie werden verschieden benannt und entstehen aus unterschiedlichen Gründen, zu verschiedenen Zeiten und an verschiedenen Orten. Wichtig ist, dass solche Eliten, Kasten oder Aristokratien trotz und nicht wegen der islamischen Religion auftauchen. Und immer wieder im Laufe der Geschichte des Islam wurde die Entstehung neuer Privilegien sowohl von den streng der Tradition verpflichteten Konservativen als auch von den orthodoxen Radikalen als unislamische oder sogar antiislamische Neuerung betrachtet.

Der Egalitarismus des traditionellen Islams ist jedoch nicht total. Von Anfang an tolerierte man bestimmte soziale Ungleichheiten, die in der Tat von der heiligen Schrift gebilligt und geheiligt werden. Aber sogar bei den drei grundsätzlichen Ungleichheiten zwischen Herr und Sklave, Mann und Frau, Gläubigem und Ungläubigem war die Situation in der klassischen islamischen Kultur in mancher Hinsicht besser als anderswo. Die muslimische Frau hatte Eigentumsrechte, die es im modernen Westen in dieser Form erst seit kurzer Zeit gibt. Das islamische Recht gestand sogar dem Sklaven Menschenrechte zu – der Begriff »Bürgerrechte« hatte zu dieser Zeit und in diesen Ländern ohnehin keine Bedeutung –, die es im klassischen Altertum, im Orient oder in den kolonialen und postkolonialen Gesellschaften des amerikanischen Kontinents nicht gab. Die drei grundsätzlichen Ungleichheiten blieben jedoch erhalten und wurden nicht infrage gestellt. Im Laufe der Jahrhunderte entstanden in der islamischen Welt zahlreiche radikale soziale und religiöse Protestbewegungen, die die Schranken einzureißen versuchten, die von Zeit zu Zeit zwischen höher und niedriger Geborenen, zwischen Armen und Reichen, Arabern und Nichtarabern, Weißen und Schwarzen entstanden waren – all dies lief dem wahren Geist der islamischen Brüderlichkeit zuwider. Doch keine dieser Bewegungen stellte je die drei sakrosankten Unterscheidungen infrage, die den untergeordneten Status des Sklaven, der Frau und des Ungläubigen begründeten.

Seit frühester Zeit hatte der freie männliche Muslim sehr viele Wahlmöglichkeiten. Die Offenbarung des Islams brachte, als sie von den Eroberern zunächst in jene Länder getragen wurde, die in der Antike zu den Imperien des Nahen Ostens gehört hatten, immense und revolutionäre gesellschaftliche Veränderungen mit sich. Die Lehre des Islam lehnte Erbprivilegien jeglicher Art entschieden ab, im Prinzip galt das sogar für die Institution der Monarchie. Und obwohl dieser ursprüngliche Egalitarismus in mannigfacher Weise modifiziert und verwässert worden ist, blieb er stark genug, um das Auftauchen von Brahmanen oder Aristokraten zu verhindern. Er bewahrte die Tradition einer Gesellschaft, in der der Einzelne immer noch hoffen konnte, für seine Verdienste belohnt zu werden. In späteren Zeiten wurde dieser Egalitarismus etwas eingeschränkt. Die Abschaffung des osmanischen *devshirme*, der Einberufung christlicher Jungen zum Dienst bei den Janitscharen, hatte die Tür zugeschlagen für die soziale Beweglichkeit nach oben hin. Auf der anderen Seite hatte die Bildung privilegierter Gruppen – zum Beispiel Gruppen von angesehenen Persönlichkeiten des städtischen und ländlichen Lebens und natürlich auch die Ulema – den Zugang für Neulinge immer mehr eingeschränkt. Trotz allem hatte selbst noch zu Anfang des 19. Jahrhunderts ein armer Mann von niedriger Herkunft in den islamischen Ländern immer noch größere Chancen, zu Reichtum, Macht und Ansehen zu kommen, als in irgendeinem Staat des christlichen Europas – nicht einmal das nachrevolutionäre Frankreich machte da eine Ausnahme.

Für diejenigen, die frei, männlich und muslimisch waren, gab es immer noch viele Möglichkeiten – aber es bestanden erhebliche Einschränkungen für jene Menschen, denen eine dieser drei essenziellen Qualifikationen fehlte. Der Sklave, die Frau und der Ungläubige unterlagen sowohl gesetzlichen als auch sozialen Einschränkungen, die beinahe jeden Aspekt des täglichen Lebens betrafen. Sie wurden als ein integraler Teil des Islam betrachtet, der durch die Offenbarung, die Lehre und die Lebenspraxis des Propheten sowie durch die klassische und schriftlich verbürgte Geschichte der islamischen Gemeinde gestützt wurde.

Alle drei – der Sklave, die Frau und der Ungläubige – wurden als Menschen betrachtet, die notwendige Funktionen ausübten, obwohl man sich beim Dritten nicht immer so sicher war. Zumindest seit dem 19. Jahrhundert betraf die Sklaverei vor allem die Haushalte und nicht die allgemeine Wirtschaft, und sowohl Sklaven als auch Frauen hatten ihren Platz im Haushalt und in der Familie. Die Regeln, nach denen ihr Status bestimmt wurde, waren Teil des Gesetzes über den persönlichen Status, der inneren Zitadelle des heiligen Gesetzes.

Die Stellung der Nichtmuslime war dagegen keine persönliche, sondern eine öffentliche Angelegenheit und wurde anders beurteilt. Sinn der Einschränkung war nicht – wie beim Sklaven oder bei der Frau – die Unversehrtheit des muslimischen Heims zu bewahren, sondern die Autorität des Islam im Gemeinwesen und in der islamischen Gesellschaft aufrechtzuerhalten. Jeder Versuch, die gesetzliche Unterordnung dieser drei Gruppen abzuschaffen oder auch nur zu modifizieren, hätte den freien männlichen Muslim an zwei empfindlichen Stellen getroffen – an seiner persönlichen Autorität zu Hause und an seiner Vorrangstellung im islamischen Staat.

Im Laufe des 19. Jahrhunderts wurden zum ersten Mal in der Geschichte des Islam Stimmen zugunsten dieser drei untergeordneten Gruppen laut. Es wurden Vorschläge gemacht, ihren Status der Unterordnung entweder ganz abzuschaffen oder zumindest ihre Situation zu verbessern. Dieser neue Trend war zum Teil auf den Einfluss und den Druck – was keineswegs identisch ist – von außen zurückzuführen. Aber diese Entwicklung hatte auch etwas mit der veränderten Einstellung der Muslime selbst zu tun und wurde dadurch eigentlich erst ermöglicht.

Das Interesse des Auslands an Reformen unterschied sich in den drei Kategorien erheblich. Die europäischen Mächte forderten einstimmig die Abschaffung der rechtlichen Unterordnung von Christen und nebenbei auch von Juden in den islamischen Staaten. Sie setzten jedes ihnen zur Verfügung stehende Mittel ein, um die islamischen Regierungen dazu zu bewegen, allen Bürgern – gemeint waren natürlich nur die freien männlichen Bürger – Gleichheit ohne Diskriminierung aus religiösen Gründen zuzugestehen. Sogar die russischen Zaren unterstützten diese Forderung, obwohl sie selbst im 19. Jahrhundert für ihre jüdischen Untertanen die Einberufung der männlichen Kinder eingeführt hatten – in Bezug auf die Rekrutierung eine Form des *devshirme*, das die Osmanen bereits im 17. Jahrhundert aufgegeben hatten. Das größte Interesse am Schicksal der Sklaven zeigten im Grunde die Briten, deren Interventionen sich aber hauptsächlich auf schwarze Sklaven aus Afrika bezogen. Es gibt keinen Hinweis darauf, dass irgendeine dieser Mächte ein Interesse daran gehabt haben könnte, den Status der muslimischen Frauen zu verbessern.

Ziel der inneren Reformen und, in einer früheren Phase, der Einmischung des Auslandes war nicht die Abschaffung der Sklaverei, was unrealistisch gewesen wäre, sondern eine Verbesserung der Bedingungen für die Betroffenen. Vor allem ging es um die Einschränkung und letzten Endes Abschaffung des Sklavenhandels. Im Islam genießen die Sklaven – anders als im alten Rom und in den modernen Kolonialsystemen – eine Art Rechtsstatus, wobei auch der Sklavenhalter gewisse Rechte und Pflichten hat. Er muss seinen Sklaven human behandeln und kann andernfalls von einem *qadi* gezwungen werden, ihn zu verkaufen oder sogar freizulassen. Die Freilassung wurde generell zwar als verdienstvoller Akt angesehen und empfohlen, war allerdings nicht zwingend. Die Institution der Sklaverei wurde nicht nur anerkannt, sondern war im islamischen Recht auch ausführlich geregelt. Vielleicht war deshalb auch die Stellung eines Sklaven in der islamischen Gesellschaft vergleichsweise besser als in der Antike oder in Nord- und Südamerika im 19. Jahrhundert. Westliche Beobachter berichteten damals über die relativ milde Art der Sklaverei im Nahen Osten. Einer dieser Berichterstatter war der Schweizer Henri Dunant, Gründer des Roten Kreuzes, der 1860 Nordafrika bereiste.

Aber während das Leben eines Sklaven in der islamischen Gesellschaft nicht schlechter, in mancher Hinsicht sogar besser war als das eines freien Armen, war die Art und Weise, wie die Sklaven gekauft und von einem Ort zum anderen transportiert wurden, oft mit schrecklichen Strapazen verbunden. Das erregte auch die meiste Aufmerksamkeit der europäischen Gegner des Sklavenhandels, und der Abschaffung dieses Verkehrs, besonders in Afrika, galt ihre Hauptanstrengung.

Aus traditioneller muslimischer Sicht wäre die Abschaffung der Sklaverei kaum möglich gewesen. Etwas zu verbieten, was Gott erlaubt hat, wäre ein fast so großes Verbrechen, wie wenn man etwas erlauben würde, was Gott verboten hat. Die Sklaverei war damit autorisiert, und ihre Regelung war Teil der Scharia und, was noch wichtiger war, Teil des inneren Kerns der sozialen Gesetze. Diese blieben auch dann noch unberührt und in Kraft, als andere Teile des heiligen Gesetzes, die weltliche – strafrechtliche oder andere – Aspekte betrafen, stillschweigend oder sogar offen modifiziert und durch moderne Regelungen ersetzt worden waren. Es überrascht daher nicht, dass der stärkste Widerstand gegen die vorgeschlagenen Veränderungen in den konservativen religiösen Vierteln und vor allem in den heiligen Stätten Mekka und Medina seinen Ursprung hatte. Nach Meinung der Konservativen musste eine Institution, die durch die Schrift und das Gesetz geheiligt ist, bestehen bleiben, zumal sie auch für die Erhaltung der traditionellen Struktur des Familienlebens notwendig war.

Die Einschränkung und schließlich Abschaffung des Sklavenhandels im Osmanischen Reich wurde im Laufe des 19. Jahrhunderts vollzogen. Der Prozess der Emanzipation dürfte 1830 begonnen haben. Damals wurde ein *ferman* – ein Erlass – veröffentlicht, der die Freilassung jener Sklaven christlichen Ursprungs anordnete, die ihrer Religion treu geblieben waren. Das war de facto eine Amnestie für griechische und andere christliche Untertanen im Osmanischen Reich, die versklavt worden waren, weil sie an den jüngsten Aufständen teilgenommen hatten. Diejenigen, die zum Islam übergetreten waren, wurden von der Amnestie ausgeschlossen und blieben Eigentum ihrer Besitzer. Wer immer noch Christ war, wurde freigelassen.[63]

In früheren Zeiten wurden weiße Sklaven aus Europa in den Nahen Osten gebracht, die man entweder gekauft oder gefangen genommen hatte. Im 19. Jahrhundert stammte dagegen der größte Teil der weißen Sklaven – Christen und Muslime – nicht aus der Niederwerfung von Rebellionen, sondern war im Kaukasus gekauft worden. Sowohl in Persien als auch in den osmanischen Ländern waren Georgier und Tscherkessen sehr beliebt – die Männer für den Kampf, die Frauen für das Vergnügen. Sie wurden auf dem Landweg oder über die Häfen des Schwarzen Meers in das Osmanische Reich gebracht. Für die westlichen Mächte war weder ihr Transport noch ihr späteres Schicksal von Interesse, das war ausschließlich Sache der Osmanen und Perser. Auch der osmanische Versuch, sich mit dem Problem auseinanderzusetzen, fand ohne Druck von außen statt; entscheidend waren allein die Kräfte im Inneren und der Gang der rechtlichen Entwicklung. Die osmanischen Behörden setzten zuerst eine substanzielle Verbesserung der Lebensbedingungen dieser Sklaven durch, was schließlich zur praktischen, wenn auch immer noch nicht rechtlichen Abschaffung ihres Sklavenstatus führte.[64]

Die Einschränkungen des Handels mit Schwarzen geschah dagegen hauptsächlich auf britischen Druck. Eine Anfrage der Briten aus dem Jahre 1846 an Mohammed, den Schah von Persien, wurde mit der Begründung zurückgewiesen, dass der Islam die Sklaverei erlaube und man sie aus diesem Grund nicht verbieten könne. Nach einer gewissen Zeit schlossen beide Regierungen zwar einen Kompromiss, aber die Versuche der britischen Marine, die Einhaltung des Abkommens im Persischen Golf und im Indischen Ozean zu erzwingen, führten zu anhaltenden Spannungen. Nach mehreren örtlich begrenzten Aktionen gelang es den Briten 1857, einen wichtigen osmanischen *ferman* zu bekommen, der den Handel mit schwarzen Sklaven im gesamten Osmanischen Reich, mit Ausnahme der Hidjas, verbot.[65] Die Umstände, die zu dieser Ausnahme führten, werfen ein Licht auf traditionalistische Einstellungen zur sozialen Gleichheit.

Die Entstehung der Bewegung gegen die Sklaverei in den islamischen Ländern war nur zum Teil auf den Einfluss des Westens zurückzuführen. Der Bei von Tunis war der erste muslimische Herrscher, der die schwarzen Sklaven befreite. Im Januar 1846 erließ er ein Dekret, das besagte, dass jeder schwarze Sklave, der es wünschte, eine Urkunde bekommen könne, die seine Freilassung bestä-

14 Der Aurat–Basar oder –Markt für weibliche Sklaven in Istanbul. Von Thomas Allom, 1838

tigte. Unter anderem begründete er diese Aktion mit der Unsicherheit muslimischer Juristen über die rechtliche Grundlage des »Standes der Sklaverei, in den die schwarzen Rassen gefallen sind«; außerdem musste man diese Sklaven daran hindern, »den Schutz bei ausländischen Autoritäten zu suchen«.[66] Dass das erste dieser beiden Argumente der echten Sorge eines gewissenhaften Muslims entsprungen war, wird in einer eindrucksvollen Passage des marokkanischen Historikers Khālid al–Nāsirī (1834 bis 1897) deutlich, der über die illegale Versklavung muslimischer Schwarzer berichtet. Al–Nāsirīs Schreiben ist zutiefst dem Kontext der traditionellen Gesellschaft verpflichtet, doch er war stark von den neuen Ideen einer Abschaffung der Sklaverei beeindruckt, die damals verbreitet waren. Die Rechtmäßigkeit der Sklaverei als Institution im islamischen Recht erkennt er ausdrücklich an, zeigt sich aber entsetzt von ihrer Anwendung. Er beklagt vor allem die

»manifeste und schockierende Misere, die seit langer Zeit in den Ländern des Maghreb herrscht – die uneingeschränkte Versklavung der Schwarzen, die alljährlich in Scharen ins Land gebracht werden, um dann auf den Märkten der Städte oder Dörfer des Maghreb verkauft zu werden, wo Männer mit ihnen handeln wie mit Vieh.«[67] Al-Nāsirī konzediert, dass Heiden zwar legal versklavt werden dürfen, weist seine Leser aber darauf hin, dass man so etwas mit Muslimen nicht machen dürfe. Und inzwischen, so argumentiert er weiter, ist bereits ein großer Teil oder doch eine umfangreiche Minderheit der Schwarzen zum Islam übergetreten. Da die Freiheit ein natürlicher Zustand des Menschen ist, sollte man im Zweifelsfall zu ihren Gunsten entscheiden. Die Beweise für die Existenz von Sklavenhändlern werden als subjektiv und unzuverlässig abgetan, während die Händler selbst als »Männer ohne Moral, Tugend oder Religion« verdammt werden.

In den Teilen der Region, die unter europäischer Herrschaft standen, wurde die Sklaverei mit der Zeit abgeschafft, und zwar sowohl von Gesetzes wegen als auch in der Praxis. Im Osmanischen Reich und in Persien blieb sie bis zum 20. Jahrhundert legal; im Jemen und in Saudi-Arabien wurde sie erst im Jahre 1962 endgültig abgeschafft. Heute gilt in den meisten anderen Ländern des Nahen Ostens Leibeigenschaft als unmoralisch und gesellschaftlich inakzeptabel. Selbst diejenigen, die eine Rückkehr zum koranischen Recht fordern, scheuen sich, die entsprechenden Vorschriften wieder anzuwenden. Es gibt allerdings einige Orte in der Region, wo die Sklaverei wieder eingeführt wurde, sie sind jedoch von geringer Bedeutung.[68]

Die Bewegung zur Befreiung der Nichtmuslime begann bereits bedeutend früher, fand aber im Gegensatz zur Befreiung der Sklaven anfangs keine Unterstützung in islamischen Kreisen. Der Prozess setzte Ende des 18. Jahrhunderts ein, als sich Bonapartes Expeditionskorps und seine Administration stark auf die Dienste der Kopten und anderer christlicher Gruppierungen stützte, die dort lebten. Für die Franzosen hatte die Modifizierung der Institution der Sklaverei keine große Bedeutung, und viele von ihnen kauften sich sogar Konkubinen für den eigenen Gebrauch, mitunter mit unerfreulichen Folgen.[69] Sie waren allerdings nicht bereit, die weiterhin bestehenden zahlreichen Restriktionen und Behinderungen hinzunehmen, die das islamische Gesetz und die Tradition den Christen auferlegte. Also wurden sie abgeschafft, und wegen ihrer guten Verbindungen zu den Franzosen erreichten die Christen in Ägypten eine Stellung, die bedeutend besser war als Gleichheit.

Vielleicht ist das auch eine Erklärung für die überaus heftige Reaktion der Muslime. Selbst der zeitgenössische ägyptische Historiker al–Jabartī, eigentlich ein vorurteilsfreier Beobachter, der ursprünglich durchaus bereit gewesen war, auch einige positive Aspekte der französischen Herrschaft anzuerkennen, kommentiert die Befreiung und Einstellung der Kopten äußerst negativ. Er sah darin praktisch eine Aufhebung der *dhimma*. Besonders verletzte es ihn, dass diese Leute feine Kleidung und Waffen trugen, dass sie die Geschäfte der Muslime übernahmen und sogar die Muslime selbst kontrollierten. Die Art und Weise, wie sie sich verhielten, stellte in seinen Augen eine Umkehrung der rechten Ordnung dar, wie das Gesetz Gottes sie geschaffen hatte. Obwohl sich al–Jabartīs Begeisterung für eine Wiederkehr der osmanischen Autorität in Grenzen hielt, war er doch besonders froh, dass die *dhimma* wieder eingeführt wurde und seine koptischen Landsleute wieder in die Schranken wies.[70]

Die kurze französische Besetzung Ägyptens und einiger griechischer Inseln sowie die endgültige russische Annexion Transkaukasiens stellte sowohl die Muslime als auch ihre *dhimmī* – die geschützten nichtmuslimischen Bewohner eines islamischen Staates – vor völlig neue Probleme. Das Auftauchen von Armeniern in der russischen Armee, die auf die östliche Grenze der Türkei vorrückte, sowie die Rekrutierung von Christen und gelegentlich auch Juden aus dem Osmanischen Reich durch die Westmächte schuf neue Spannungen und neue Gründe für muslimische Ressentiments. Ein ähnliches, wenn auch kleineres Problem entstand in Persien, wo die nichtmuslimischen Minderheiten aus orthodoxen oder auch katholischen Armeniern, Zoroastriern, Nestorianern und Juden bestanden. Sie bildeten allerdings keine territorial zusammenhängende Bevölkerungsmehrheit und warfen darum nicht jene Frage auf, die für die osmanischen Länder ein großes Problem werden sollte.

Die christlichen Untertanen der Hohen Pforte fühlten sich plötzlich in einen Prozess hineingezogen, dessen Ziele sich letzten Endes gegenseitig ausschlossen, weil sie auf unvereinbaren Philosophien basierten. Der Status der *dhimmī* war unvereinbar damit, den Schutz oder die Unterstützung, mitunter sogar die Staatsbürgerschaft einer fremden Macht anzunehmen. Beides ließ sich nicht mit dem Streben nach Gleichheit vor dem Gesetz, mit dem Status als gleichberechtigte osmanische Bürger vereinbaren. Und das wiederum wurde durch den parallel laufenden Trend zur Abtrennung, Autonomie oder Unabhängigkeit in den meisten christlich dominierten Provinzen des Osmanischen Reiches unterminiert.

Aber trotz aller Schwierigkeiten konnte diese Idee Wurzeln schlagen, und im Lauf des 19. Jahrhunderts setzte sich der Gedanke einer gleichberechtigten Staatsbürgerschaft für osmanische Bewohner unterschiedlicher Religionszugehörigkeit immer mehr durch. Die größte Unterstützung erfuhr der Prozess damals durch den ständig wachsenden Druck der europäischen Mächte, die eine Reform des Osmanischen Reichs befürworteten. Aber auch unter den muslimischen Türken gab es etwa Mitte des Jahrhunderts eine Gruppe von Reformern, die sich von diesen Gedanken angezogen fühlten und versuchten, ihr Land auf die Linie der so genannten modernen Aufklärung zu bringen.[71] In Persien setzte diese »Aufklärung« später und langsamer ein und stieß auch auf erheblichen Widerstand.

Der osmanische so genannte Rosenhauserlass (Gülhane-Erlass) vom 3. November 1839 war der erste kleine offizielle Schritt in diese Richtung. Er behandelte Dinge wie Unversehrtheit des Lebens, Ehre und Eigentum des Untertanen, eine Steuerreform, geregelte und ordentliche Rekrutierung bei der Armee, die Reform des Rechts und anderes. Der Erlass besagt unter anderem, dass »diese Zugeständnisse des Reiches auf alle unsere Bürger ausgedehnt werden, ganz gleich, welcher Religion oder Sekte sie angehören ...«[72]

Der Erlass von 1839 beschäftigte sich hauptsächlich mit der Anwendung der bereits existierenden Gesetze und Rechte, schuf also kaum neue. Der Gedanke der Gleichheit der Menschen aller Religionen vor dem Recht und bei der Anwendung des Rechts stellte jedoch einen radikalen Bruch mit der Vergangenheit dar. Für die Muslime waren diese Einschnitte nicht so leicht zu akzeptieren.

Als im Jahre 1854 eine neue Phase der Reform begann, wurde dieses Problem noch drängender, was zu bedeutsamen Veränderungen beim Status der Sklaven und der Ungläubigen führte. Zur Bestürzung vieler ließ die osmanische Regierung die Absicht erkennen, die beiden wichtigsten Diskriminierungen der Nichtmuslime abzuschaffen – die *jizya* oder Kopfsteuer, die die Regierung bis zu dieser Zeit jedem im Land geduldeten nichtmuslimischen Untertanen auferlegt hatte, und das Verbot, Waffen zu tragen, eine Einschränkung, die überall gleichermaßen in Kraft gewesen war. Diese Reformen waren Teil des Regierungserlasses vom 18. Februar 1856, in dem der Sultan weitaus deutlicher als früher die volle Gleichberechtigung aller Osmanen ohne Ansehen ihrer Religionszugehörigkeit verkündete. Gleichzeitig bestätigte er erneut alle »Privilegien und Sonderrechte, die in früherer Zeit von meinen Vorfahren allen christlichen Gemeinden und anderen nichtislamischen Religionen, die sich in meinem Reich niedergelassen haben, zugestanden worden sind«. Es dauerte eine gewisse Zeit, bis man den Widerspruch zwischen diesen beiden Äußerungen erkannte. Die Auflösung dieses Widerspruchs erfolgte erst nach der Auflösung des Reichs.

Diese beiden großen Reformen, die Gleichstellung der Nichtmuslime und das Verbot des Sklavenhandels, fanden ungefähr zur gleichen Zeit statt. Anfang des Jahres 1855 wirkten sich diese Veränderungen bereits auf die Hidjas aus, wo man sich Sorgen über die Maßnahmen gegen die Sklaverei machte. Die schlechtere Versorgung mit weißen Sklaven aus dem Kaukasus, der von den Russen erobert worden war, hatte bereits Unruhe gestiftet. Sie wurde noch verstärkt durch die Einschränkung des Imports von schwarzen Sklaven aus Afrika. Am 1. April 1855 sandte eine Gruppe von prominenten Händlern aus Dschidda ein Schreiben an die führenden Mitglieder der Ulema und an den Scherifen von Mekka, um ihnen ihre Sorge mitzuteilen.[73] Sie bezogen sich dabei missbilligend auf die Schritte, die bereits unternommen worden waren, und zitierten ein Gerücht, demzufolge die zu erwartenden

Reformen nicht nur ein allgemeines Verbot des Sklavenhandels beinhalten würden, sondern auch weitere negative Veränderungen, die sich die Christen ausgedacht hätten – etwa die Emanzipation der Frauen, die Erlaubnis für Ungläubige, in Arabien zu leben, und die Duldung von Mischehen. Das Verbot wurde zusammen mit dem gesamten Reformprogramm, zu dem es gehörte, von den Urhebern des Briefes als Verstoß gegen das heilige Gesetz verurteilt, umso mehr, als alle schwarzen Sklaven, die aus Afrika importiert würden, der islamischen Religion angehörten.

Der Brief erzeugte einigen Wirbel. Der Scherif konsultierte das Oberhaupt der Ulema von Mekka, Scheich Jamāl. Als ein paar Monate später der Gouverneur der Hidjas dem Distriktgouverneur von Mekka die Order überbringen ließ, den Sklavenhandel einzustellen, erließ Scheich Jamāl ein *fatwā*, in dem das Verbot und einige andere – tatsächlich oder Gerüchten zufolge – geplante Reformen angeprangert wurden:

»Das Verbot von Sklaven läuft der heiligen Scharia zuwider. Das Gleiche gilt für die Abschaffung des edlen Rufs zum Gebet beim Abfeuern einer Schusswaffe, die Erlaubnis für Frauen, unverschleiert zu gehen, das Recht auf Scheidung in den Händen der Frauen und Ähnliches mehr. All das widerspricht dem reinen heiligen Gesetz ... Durch solche Vorschläge werden die Türken zu Ungläubigen. Ihr Blut ist verwirkt, und es ist rechtens, aus ihren Kindern Sklaven zu machen.«[74]

Das *fatwā* hatte den erwünschten Erfolg. Gegen die Osmanen wurde der heilige Krieg erklärt, und eine Revolte begann. Ihr war jedoch kein Erfolg beschieden, und im Juni des folgenden Jahres wurde sie vollständig niedergeworfen. Die Regierung des Sultans war allerdings gewarnt und unternahm Schritte, um einer Abtrennung des osmanischen Südens, der noch Sklaven besaß, zuvorzukommen.

In einem Brief an »den Kadi, den Mufti, die Ulema, Scherifen, Imame und Prediger von Mekka« nimmt der oberste Mufti von Istanbul, 'Ārif Efendi, Stellung zu den »verleumderischen Gerüchten«:

»Es ist uns zu Ohren gekommen und bestätigt worden, dass bestimmte unverschämte Personen, die es nach den Gütern dieser Welt gelüstet, seltsame Lügen in die Welt gesetzt und sich widerwärtige Nichtigkeiten ausgedacht haben, dahingehend, dass der erhabene osmanische Staat – möge der Allmächtige uns bewahren – vorhabe, den Verkauf von männlichen und weiblichen Sklaven, den Ruf zum Gebet vom Minarett, die Verschleierung der Frauen und das Bedecken der intimen Teile des Körpers zu verbieten; dass er das Recht auf Scheidung in die Hände der Frauen legen will, Hilfe bei Menschen sucht, die nicht unseres Glauben sind, und Feinde als Freunde und Intimpartner nimmt – all das ist nichts anderes als verleumderische Lügen ...«[75]

Von dem Verbot des Handels mit schwarzen Sklaven, das 1857 in Kraft trat, wurde die Provinz Hidjas ausgenommen.

Die Gleichstellung der Nichtmuslime wie die Einschränkung des Sklavenhandels verletzten die Interessen einiger mächtiger Gruppierungen, die nicht alle auf Seiten der Muslime standen. Für die Muslime bedeutete es den Verlust ihrer Überlegenheit, die sie lange Zeit als ihr angestammtes Recht betrachtet hatten. Aber auch für die Christen, zumindest für die christliche Führung, bedeutete es den Verlust alter, angestammter Privilegien. Die Gleichstellung lief außerdem in zwei Richtungen, nach oben und nach unten – eine Veränderung nicht ganz nach dem Geschmack derjenigen, die, wie sie meinten, selbst etwas weiter oben auf der Leiter standen. Ein zeitgenössischer osmanischer Kommentator bemerkt dazu:

»Gemäß dieses *ferman* sollten Muslime und Nichtmuslime in jeder Hinsicht gleichberechtigt sein. Das hatte auf die Muslime eine sehr negative Wirkung. Bis zu diesem Zeitpunkt besagte einer der vier Punkte, die die Grundlage der Friedensabkommen (*musālaha*) dargestellt hatten, dass den Christen bestimmte Privilegien zugestanden würden, vorausgesetzt, dass diese nicht die allgemeine Autorität der Regierung berührten. Jetzt hatte die Frage der Sonderprivilegien ihre Bedeutung verloren; fortan würden die Nichtmuslime in allen Regierungsangelegenheiten als den Muslimen gleichberechtigt betrachtet werden. Viele Muslime haben daraufhin ihrem Unmut Ausdruck verliehen: ›Heute haben wir unsere geheiligten nationalen [milli-] Rechte verloren, für die unsere Väter und Vorfahren ihr Blut gegeben haben. Zu einer Zeit, in der der islamische *millet* der herrschende *millet* ist, ist ihm dieses heilige Recht genommen worden. Dies ist ein Tag der Trauer für das Volk des Islam.‹

Für die Nichtmuslime war der Tag, an dem sie den Status eines *raya* verloren und die Gleichberechtigung mit den regierenden *millet* gewonnen hatten, dagegen ein Freudentag. Aber die Patriarchen und anderen religiösen Führer waren unzufrieden, denn sie und ihre Ämter waren in den *ferman* mit einbezogen worden. Und noch etwas: Früher gab es in den Gemeinden des osmanischen Staates eine Hierarchie. Die Muslime standen an der Spitze, dann kamen die Griechen, die Armenier und schließlich die Juden. Jetzt stehen alle auf der gleichen Stufe. Einige Griechen haben dagegen protestiert und gesagt: ›Die Regierung hat uns auf eine Stufe mit den Juden gestellt. Wir waren mit der Oberhoheit des Islam zufrieden.‹«[76]

Es ist keine Überraschung, dass die Konservativen in den Hidjas, die auf die Reformen um die Mitte des Jahrhunderts heftig reagierten, Aktionen zugunsten der drei Gruppen – Sklaven, Frauen und Ungläubige – durchführten. Darüber hinaus ist es sehr interessant, dass sie auffallend deutlich sind, wenn es um bestimmte Aspekte der Frauenemanzipation geht, die nicht ihre Zustimmung finden, also um die Bewegungsfreiheit, das Recht, unverschleiert zu gehen, und das Recht, Scheidungsprozesse anzustrengen. Zweifellos waren das die Veränderungen, die ihnen in den Gerüchten zu Ohren gekommen waren.

Ihre Informationen über die Sklaven und die Ungläubigen waren weitgehend korrekt, und die Veränderungen waren genau so, wie sie befürchtet hatten – wenn auch nicht in dem Ausmaß, dass man Nichtmuslimen freien Zugang nach Arabien gewährt oder Mischehen zwischen muslimischen Frauen und nichtmuslimischen Männern erlaubt hätte. Ehen zwischen nichtmuslimischen Frauen und muslimischen Männern wurden von der Scharia natürlich zugelassen und waren auch nicht ungewöhnlich. Was die Rechte der Frauen anbetraf, hatte man sich offenbar gründlich geirrt. Die europäischen Mächte, die sich in der Frage der Christen und Sklaven so intensiv engagiert hatten, zeigten wenig Interesse an den Lebensbedingungen der weiblichen Bevölkerung im Osmanischen Reich, obwohl sie zweifellos darüber informiert waren. Das gilt zumindest für die pittoresken Aspekte, die ihnen aus der reichlich vorhandenen, mitunter lüsternen Literatur vertraut gewesen sein dürften. Die Stellung der Frauen spielte bei der Kritik des Westens an den osmanischen und anderen muslimischen Institutionen offenbar keine Rolle. Etwas mehr Interesse zeigen da schon die osmanischen Liberalen und Reformer, aber das kam eher in der Literatur als in der Politik und Legislative zum Ausdruck. Es sollte noch eine lange Zeit vergehen, bis die Frauen im Osmanischen Reich selbst ihre Stimme erheben würden.[77]

In Persien zeigten weder die ausländischen Kritiker noch die muslimischen Liberalen und Reformer ein Interesse an den Frauenrechten. Hier begannen die Frauen, selbst um ihre Emanzipation zu kämpfen. Eine bemerkenswerte Persönlichkeit war Qurrat al-ʿAyn[78] (1814–1852), die älteste Tochter eines angesehenen schiitischen Theologen. Sie hatte offensichtlich eine gute islamische Erziehung genossen, wurde dann aber eine aktive Anhängerin des berühmten islamischen Reformers Bāb, der im Persien des 19. Jahrhunderts praktisch eine neue Religion stiftete. Unter anderen Vergehen wurde ihr zur Last gelegt, sie habe ohne Schleier gepredigt und die Polygamie kritisiert. Sie wurde gemartert und, gemeinsam mit mindestens 27 anderen Anhängern des Babismus, zu Tode gefoltert. Eine ganz andere Persönlichkeit war Prinzessin Tāj es-Saltana, Tochter des Schahs Nāsir ed-Dīn. Sie war im königlichen Palast sowohl in der französischen Sprache als auch in persischer Literatur unterrichtet worden und wurde sich so des großen Unterschieds zwischen der Stellung der Frauen im Westen und der Situation in Persien voll bewusst. In ihren Schriften – vor allem Erinnerungen und einige Gedichte – verurteilt sie die Versklavung und das Elend, das ihre weiblichen Landsmänninnen erleiden mussten. Ihre Gedanken fielen auf fruchtbaren Boden, sodass die Frauen bei den Ereignissen, die schließlich in Persien in die Revolution und den Kampf um eine Verfassung mündeten (1906–1911), eine wichtige Rolle spielten. Ein amerikanischer Beobachter schrieb damals:

»Man kann ohne Übertreibung sagen, dass diese unglücklich begonnene und kurzlebige revolutionäre Bewegung ohne die große moralische Kraft dieser so genannten Leibeigenen der orientalischen Herren der Schöpfung sehr schnell zu einem chaotischen Protest verkommen wäre, ganz gleich, wie gut sie von den persischen Männern durchgeführt worden ist. Die Frauen haben viel dazu beigetragen, den Geist der Freiheit am Leben zu erhalten. Da sie selbst unter einer doppelten Form der Unterdrückung gelitten hatten – politisch und sozial – waren sie umso begieriger, die große nationalistische Bewegung anzufachen, die sich zum Ziel gesetzt hatte, eine verfassungsmäßige Regierung einzusetzen und die politischen, sozialen, wirtschaftlichen und ethischen Kodes des Westens einzuführen. Genauso seltsam ist die Tatsache, dass diese Sehnsucht der Menschen von einer großen Anzahl von islamischen Priestern unterstützt wurde – von einer Klasse also, die durch die geplanten Veränderungen einen großen Teil ihres traditionellen Einflusses und ihrer Privilegien zu verlieren hatte.«[79]

Was diesen letzten Punkt angeht, hat sich die Situation inzwischen radikal verändert.

Säkularismus im modernen politischen Sinn[80] – die Vorstellung, dass Kirche und Staat, also religiöse und politische Autorität voneinander getrennt werden können oder
sogar sollen – ist ein zutiefst christlicher Gedanke. Sein
Ursprung lässt sich bis auf die Lehren Christi zurückverfolgen und wurde durch die Erfahrungen der Frühchristen bestätigt; seine spätere Gestalt gewann er durch
die nachfolgende Geschichte der Christenheit. Die frühen
Christenverfolgungen hatten deutlich gemacht, dass eine
solche Trennung durchaus möglich war, und spätere Verfolgungen durch andere Kirchen überzeugten viele Christen von der absoluten Notwendigkeit einer solchen Trennung.

Die älteren Religionen der Menschheit bezogen sich
stets auf eine Autorität, sei es auf die des Stammes, der
Stadt oder des Königs – in gewissem Sinne waren sie sogar Teil dieser Autoritäten. Der Kult lieferte ein sichtbares
Symbol der Gruppenidentität und Loyalität; durch den
Glauben wurden der Herrscher und seine Gesetze sank-
tioniert. Ein Teil dieser vorchristlichen Funktion der Religion ist in der Christenheit erhalten geblieben oder wieder aufgetaucht, als Priester von Zeit zu Zeit die weltliche
Macht in Händen hielten und Könige göttliche Rechte sogar gegen die Kirche beanspruchten. Aber das waren Abweichungen von christlichen Normen, die von königlichen und klerikalen Sprechern auch als solche verurteilt
wurden. Der verbindliche christliche Text, der sich auf
diese Dinge bezieht, ist die bekannte Passage aus Mat-

thäus 22,21, in der Christus mit den Worten zitiert wird: »So gebt dem Kaiser, was des Kaisers ist, und Gott, was Gottes ist!« Die Kommentare, die sich mit der genauen Bedeutung und den Absichten dieses Satzes beschäftigen, sind widersprüchlich. Aber in der Geschichte des Christentums geht man zumeist von der Koexistenz zweier Autoritäten aus, von denen die eine für die Fragen der Religion zuständig ist, die andere für das, was wir heute Politik nennen.

In dieser Hinsicht stand die christliche Praxis in krassem Gegensatz sowohl zu ihren Vorläufern als auch zu ihren Konkurrenten. In Rom *war* Cäsar der Gott und berief sich dabei auf eine Lehre, die auf den Gottesstaat des längst vergangenen Altertums zurückgeht. Bei den Juden, für deren Glauben Josephus den Begriff der »Theokratie« geprägt hat[81], war Gott Cäsar. Auch für die Muslime war Gott der höchste Souverän und der Kalif sein Stellvertreter, »sein Schatten auf Erden«. Nur in der Christenheit gab es eine Koexistenz von Gott und Cäsar im Staat, wenn auch mit Entwicklungen, großer Vielfalt und manchmal auch Konflikten in der Beziehung zwischen beiden.

Die Frühchristen, die den Autoritäten zu trotzen oder auszuweichen versuchten, konnten sich dabei auf bestimmte Vorbilder berufen. Die Juden boten zahlreiche Beispiele für das Überleben einer Religion unter dem Regime eines feindlichen Souveräns: Sie waren Gäste im fremden Ägypten, ihre prophetischen Proteste hatten sich gegen ihre eigenen irregeleiteten Könige gerichtet, und sie hatten im Kampf gegen die Makkabäer Widerstand gegen fremde, heidnische Eroberung und Herrschaft geleistet. In Persien kam es durch Zoroaster zu einer religiösen und moralischen Veränderung, die sich nach einer gewissen Zeit auf den gesamten Staat auswirkte. Im weiter entfernten Indien verkündete die Mission des Buddha und die

Arbeit seiner Missionare zum ersten Mal den Gedanken einer universellen Religion, dessen Botschaft an die gesamte Menschheit gerichtet war. Selbst im heidnischen Rom gab es religiös inspirierten oder religiös zum Ausdruck gebrachten Widerstand gegen den römischen Staat, sowohl von unabhängigen Völkern, die den römischen Eroberern trotzten, als auch von Untertanen aus den Provinzen, die sich gegen die römische Herrschaft auflehnten.

Nichts von alledem lässt sich auch nur im Entferntesten mit dem langen Kampf der Frühchristen gegen verschiedene Autoritäten vergleichen. Drei Jahrhunderte lang war das Christentum eine verfolgte Religion – die von der staatlichen Autorität abwich, sich mitunter gegen sie auflehnte und oft von ihr unterdrückt wurde. Im Laufe ihres langen Kampfes entwickelten die Christen eine Institution, die sich deutlich von allen anderen abhob – die Kirche. Sie verfügte über eigene Gesetze und Gerichte, eine eigene Hierarchie und Weisungskette. Die Christen sprechen mitunter von der »Synagoge« oder von der »Moschee«, wenn sie sich auf die religiösen Institutionen des jüdischen oder islamischen Glaubens beziehen. Aber diese Terminologie ist nicht angemessen, sondern stellt eine unzulässige Übertragung christlicher Begriffe auf nichtchristliche Religionen dar. Für den Juden und den Muslimen ist eine Synagoge oder Moschee nichts anderes als ein Gebäude, ein Ort, an dem man betet und studiert. Bis zur Moderne und der Ausbreitung christlicher Normen und Einflüsse hatten beide niemals die institutionelle Bedeutung des christlichen Begriffs. Das Gleiche gilt für die Tempel anderer Religionen.

Die Konvertierung Konstantins Anfang des 4. Jahrhunderts und die Etablierung des Christentums als Staatsreligion hatten eine doppelte Veränderung zur Folge: Die

Christianisierung Roms und – so würden einige sagen – die Romanisierung Christi. Zum ersten Mal besaßen die Christen die Autorität und hatten einen Zugang zur Macht des Staates, die sie auch prompt einsetzten, um den älteren Kirchen des Ostens die neu formulierte römische Orthodoxie aufzuzwingen. Aber zu dieser Zeit waren der christliche Glaube und die christliche Kirche bereits jahrhundertealt, ihre Gestalt war festgelegt und durch die Erfahrungen der Gründergenerationen unauslöschlich geprägt. Die östlichen Kirchen hatten über die heidnische Verfolgung triumphiert. Sie hielten die christliche Intoleranz aus und konnten noch leichter die weniger gravierenden Einschränkungen hinnehmen, die ihnen später der Islam auferlegte.

In der gesamten Geschichte des Christentums und in fast allen christlichen Ländern existierten Kirche und Staat nebeneinander als eigenständige Institutionen, von denen jede ihre eigenen Gesetze und Jurisdiktion und ihre eigene Hierarchie hatte. Beide können vereinigt oder – in modernen Zeiten – voneinander getrennt sein. Ihre Beziehung zueinander kann durch Zusammenarbeit, Konfrontation oder Konflikt geprägt sein. Mitunter sind sie gleichberechtigt, öfter jedoch wird eine von beiden im Kampf um die Beherrschung des Gemeinwesens obsiegen. Im Laufe der Jahrhunderte entwarfen oder übernahmen christliche Juristen und Theologen Begriffspaare, die diese Zweiteilung der Jurisdiktion kennzeichneten: heilig und profan, geistlich und weltlich, religiös und säkular, kirchlich und laizistisch.

Mohammed war sozusagen sein eigener Konstantin. Im religiös konzipierten Gemeinwesen, das er begründete und das seinen Sitz in Medina hatte, sahen er und seine Nachfolger sich den Realitäten des Staates und sehr bald eines riesigen, expandierenden Reiches gegenüber. Zu keiner Zeit schufen sie eine Institution, die der christlichen Kirche entsprach oder auch nur im Entferntesten ähnelte. Aber die Spannungen zwischen religiösen Belangen und politischen Notwendigkeiten waren oft zu spüren, und die daraus entstehenden Feindseligkeiten und Konflikte sind in der muslimischen Geschichte ein immer wiederkehrendes Thema.

Die ersten drei größeren Bürgerkriege im Islam waren, so berichten muslimische Chronisten, offenbar eine Reihe von erfolglosen Versuchen, den neuen islamischen Staat und die Gemeinde in eine religiös bestimmte Richtung zu steuern. Fromme Ideale kollidierten mit den Bedürfnissen der Regierung und sehr bald auch mit denen des Reichs. Religiöse Bestrebungen wurden mitunter als Bedrohung für die Stabilität und Kontinuität der politischen Gesellschaft angesehen.

Der Versuch, den politischen und militärischen Autoritäten so etwas wie kirchliche Zwänge aufzuerlegen, misslang. Das hatte den Rückzug der Pietisten zur Folge, die sich entweder in radikale Opposition begaben oder auf eine Art Quietismus zurückzogen, was mit einer gewissen Abneigung gegen öffentliche Ämter einherging. In den Biografien religiöser islamischer Persönlichkeiten des Mittelalters kehrt häufig ein bestimmter Topos wieder: Dem frommen Helden der Erzählung wird eine Audienz beim Herrscher angeboten, die er jedoch ablehnt.[82] Das Angebot festigt seinen guten Ruf, die Ablehnung ist ein Beweis seiner Frömmigkeit. Eine Verbindung zum Staat wurde irgendwie als erniedrigend betrachtet, und der Kadi, der vom Staat ernannt worden war, entwickelte sich in der islamischen Folklore zu einer Witzfigur.

Seltener waren dagegen Versuche, die in die andere Richtung wiesen – wenn ein islamischer Herrscher die Staatsräson über die Religion stellen wollte, indem er eine bestimmte Doktrin auswählte und durchzusetzen versuchte. Das bekannteste Beispiel ist der Kalif Ma'mūn (Regierungszeit 813–833). Er versuchte, einen erastianischen Islam zu schaffen, doch er und seine Nachfolger scheiterten, und der Versuch wurde wieder aufgegeben. Später gab es weitere Versuche von osmanischen Sultanen und persischen Schahs, aber sie waren selten und eher untypisch.

Begriffe wie geistlich oder klerikal lassen sich auf muslimische religiöse Männer schlecht anwenden. Sie wurden mit der Zeit – und im Widerspruch zu den alten Überlieferungen und Geboten – »Berufskleriker«. Auf diese Weise wurden sie Geistliche im soziologischen, nicht im theologischen Sinn. Der Islam kennt keine Priesterweihe, keine Sakramente und keine priesterliche Vermittlung zwischen dem Gläubigen und Gott. Der so genannte Geistliche wird als Lehrer betrachtet, als Führer, als gelehrter Theologe und Jurist, aber nicht als Priester.

Selbst wenn man in einem begrenzten professionellen Sinn vielleicht noch von der Existenz eines Klerus sprechen könnte, kann bei den Muslimen unmöglich von einem Laienstand die Rede sein. Der Gedanke, dass sich irgendeine Personengruppe, irgendeine Tätigkeit oder irgendein Teil des menschlichen Lebens außerhalb des religiösen Rechts befinden könnte, ist dem muslimischen Denken fremd. So gibt es zum Beispiel keinen Unterschied zwischen Kirchenrecht und bürgerlichem Recht, während diese Trennung in der Geschichte des Christentums eine entscheidende Rolle gespielt hat. Es gibt nur ein Gesetz, und das ist die Scharia, die für die Muslime göttlichen Ursprungs ist und alle Aspekte des menschlichen Lebens regelt: bürgerliches Recht, Handelsrecht, Strafrecht, Verfassungsrecht sowie alle Dinge, die im engeren, christlichen Sinne mit Religion zu tun haben.

Im Oberhaus des alten britischen Parlaments saßen die geistlichen Herren – das heißt die Bischöfe – und die weltlichen Herren. Im klassischen Islam gibt es keine geistlichen Herren – weder Bischöfe noch Kardinäle oder Päpste, auch kein Konzil, keine Synode und kein Kirchengericht. Und wir finden in der islamischen Geschichte auch keine politischen Kirchenherren wie Kardinal Richelieu in Frankreich, Kardinal Wolsey in England oder Kardinal Alberoni in Spanien. Aus dem gleichen Grund gab es im klassischen Islam auch keine Hierarchie. In jüngerer Zeit hat sich allerdings etwas Ähnliches entwickelt, und zwar unter christlichem Einfluss, obwohl man sich das niemals eingestehen würde und es zweifellos den meisten gar nicht bewusst ist. Man kann sogar sagen, dass es keine Orthodoxie und Häresie gibt, wenn man diese Begriffe im christlichen Sinne versteht, also als rechten oder unrechten Glauben, wie er von den ordnungsgemäß eingesetzten religiösen Autoritäten definiert worden ist. Da es im Islam nie eine solche Autorität gegeben hat, gibt es auch keine derartige Definition. Differenzen bestehen lediglich zwischen dem Hauptstrom und den Außenseitern, zwischen der Orthopraxie und den Abweichlern. Selbst die größte Spaltung innerhalb des Islam, die zwischen den Sunniten und den Schiiten, ist als Folge eines historischen Konflikts um die politische Führerschaft der Gemeinde entstanden und nicht durch eine unterschiedliche Auffassung der Lehre.[83]

Das Fehlen eines ursprünglichen Säkularismus im Islam und die weit verbreitete Ablehnung der Übernahme eines importierten Säkularismus, der sich am christlichen Beispiel orientiert, lässt sich auf bestimmte profunde Unterschiede des Glaubens und der Erfahrungen dieser beiden religiösen Kulturen zurückführen.

Der erste und in vieler Hinsicht tief greifende Unterschied, aus dem alle anderen ableitbar sind, lässt sich an den gegensätzlichen Gründungsmythen – ich benutze diese Bezeichnung ohne jegliche Respektlosigkeit – des Islam, des Christentums und des Judentums erkennen. Die Kinder Israels flohen aus der Knechtschaft und wanderten vierzig Jahre lang durch die Wüste, bevor sie das Gelobte Land betreten durften. Ihr Führer Moses konnte nur einen kurzen Blick erhaschen und durfte selbst nicht hinein. Jesus wurde gedemütigt und gekreuzigt, und seine Anhänger mussten jahrhundertelang Verfolgung und Martyrium erleiden. Erst dann konnten sie endlich den Herrscher für sich gewinnen und den Staat, seine Institutionen und seine Sprache für ihre Zwecke nutzen. Mohammed erlebte dagegen schon zu Lebzeiten Sieg und Triumph. Er eroberte das Gelobte Land und schuf seinen eigenen Staat, dessen Souverän er war. Und in dieser Eigenschaft verkündete er Gesetze, sprach Recht, erhob Steuern, stellte eine Armee zusammen, führte Krieg und schloss Frieden. Mit einem Wort, er regierte, und die Geschichte seiner Entscheidungen und Aktionen als Herrscher ist in der heiligen Schrift der Muslime kodifiziert und in der islamischen Tradition verbreitet worden.

Als die arabischen Muslime eine Anzahl von römischen Provinzen in der Levante, in Nordafrika und Europa erobert hatten, verhielten sie sich nicht so wie die christianisierten Barbaren aus dem Norden, die sich bemüht hatten, etwas vom römischen Staat und seinen Gesetzen zu erhalten. Sie hatten die griechische und lateinische Sprache übernommen, Sprachen, in denen ihre Gesetze und ihre heilige Schrift abgefasst waren. Die Muslime brachten dagegen ihre eigene heilige Schrift mit, die in ihrer eigenen Sprache geschrieben war, und sie schufen einen eigenen Staat, mit ihren eigenen souveränen Institutionen und ihrem eigenen heiligen Gesetz. Da der Staat islamisch war und von seinem Gründer tatsächlich als ein Instrument des Islam geschaffen worden war, bestand keine Notwendigkeit für eine separate religiöse Institution. Der Staat war die Kirche, und die Kirche war der Staat, und Gott stand an der Spitze von beidem, und der Prophet war sein Stellvertreter auf Erden. Mit den Worten eines alten und oft zitierten Spruchs: »Der Islam, der Herrscher und die Menschen sind wie das Zelt, der Mast, die Stricke und die Pflöcke. Das Zelt ist der Islam, der Mast ist der Herrscher, die Stricke und Pflöcke sind die Menschen. Keiner kann ohne die anderen gedeihen.«[84]

Nach Mohammeds Tod war seine geistliche Mission beendet, aber seine Funktion als Führer, sowohl in religiöser als auch in politischer und militärischer Hinsicht, wurde von seinen Nachfolgern oder Stellvertretern, den Kalifen, übernommen.[85] Nach Auffassung der Muslime gibt es keine menschliche gesetzgebende Macht und für die Gläubigen gibt es nur ein einziges Gesetz – das heilige Gesetz Gottes, das durch die Offenbarung verkündet wurde. Dieses Gesetz konnte durch Überlieferung und Vernunft erläutert und interpretiert werden. Es konnte jedoch nicht verändert werden, und theoretisch konnte kein islamischer Herrscher auch nur ein einziges Gesetz hinzufügen oder fortnehmen. Tatsächlich geschah beides häufig genug, aber der Prozess wurde von den Herrschern immer sorgfältig getarnt. Angesichts der Komplexität des islamischen Rechts und der Lehre entwickelte sich bei den Muslimen eine neue Klasse von Berufsreligiösen – die Ulema, die über 'ilm, religiöses Wissen, verfügten. Sie waren zugleich Juristen und Theologen, denn beides waren nur verschiedene Zweige ein und desselben Berufs.

Auf den ersten Blick erinnert die klassische islamische Ordnung an den so genannten Cäsaropapismus der christlich–orthodoxen Ostkirche. Aber die Ähnlichkeit ist eher oberflächlicher Natur. Zwar bestimmten der byzantinische *basileus autokrator* oder der russische Zar sowohl über die religiösen als auch über die politischen Einrichtungen. Aber es gab einen Patriarchen und unter ihm eine Hierarchie von Metropoliten und Bischöfen und unteren kirchlichen Würdenträgern, von denen jeder über eine abgegrenzte territoriale und funktionale Jurisdiktion verfügte. Im klassischen Islam hat es nie eine solche Hierarchie oder Abgrenzung einer Funktion gegeben, und als sich im Osmanischen Reich eine ähnliche Ordnung abzeichnete, war das eindeutig eine Reaktion auf die Einflüsse einer christlich beherrschten Umwelt.

Ein weiterer wichtiger Unterschied zwischen islamischen und christlichen politischen Begriffen besteht darin, dass die religiöse Basis der Identität in der islamischen Welt nicht nur überlebt hat, sondern später auch eine Art Renaissance erleben konnte. Im christlichen Europa wurde diese Identität zu einem großen Teil durch die Zugehörigkeit zu territorialen oder ethnischen Nationalstaaten ersetzt. Auch in der islamischen Welt gab es natürlich Nationen und Länder, und es gibt in der Literatur zahlreiche Hinweise auf die Existenz einer ethnischen, kulturellen und gelegentlich auch regionalen Identität. Zu keiner Zeit wurden sie jedoch als Grundlage der Eigenstaatlichkeit oder der politischen Identität und Loyalität betrachtet. In der umfangreichen Geschichtsschreibung des Islam gibt es im Grunde drei Arten von historischen Themen. Es gibt eine allgemeine Geschichte, das heißt, mit wenigen Ausnahmen die Geschichte der islamischen *Ökumene*, der regierenden Kalifen und Sultane. Dann die Geschichte der Dynastien, die sich auf eine Herrscherfamilie konzentriert und auch die sich ständig verändernden Gebiete behandelt, über die sie geherrscht hat. Außerdem gibt es eine lokale oder regionale Geschichte, zumeist die Geschichte einer Stadt und des umgebenden Distrikts. Diese Geschichte ist vor allem topografisch und biografisch. Es gibt keine Geschichte der Araber oder Arabiens, der Türken oder der Türkei, der Iraner und des Iran. Das sind zwar sehr alte Gebilde, zugleich aber auch sehr moderne Begriffe. Im 19. und 20. Jahrhundert begannen die Muslime unter dem Eindruck neuer Ideen und Einflüsse von außen, sich selbst und ihre Loyalitäten in nationalen und patriotischen Kategorien zu definieren. Dabei – und das ist sicher nicht von geringer Bedeutung – wurden sowohl im Arabischen als auch im Persischen und Türkischen jene Wörter, mit denen die »Nation« bezeichnet wurde, früher zur Bezeichnung des religiösen Staatswesens des Islam benutzt – und das, obwohl eine Vielzahl von Wörtern mit vorwiegend ethnischer oder territorialer Bedeutung zur Verfügung standen.

Die Gründe, warum die Muslime keine eigene säkulare Bewegung entwickelten und auf alle Versuche, eine solche von außen zu übernehmen, heftig reagierten, werden klar, wenn man die Gegensätze zwischen der christlichen und der islamischen Geschichte betrachtet. Die Christen hatten von Anfang an durch die Gebote und die praktische Erfahrung gelernt, zwischen Gott und Cäsar und zwischen den jeweiligen Pflichten zu unterscheiden, die sie beiden schuldeten. Die Muslime haben das nicht gelernt.

In der Geschichte des Christentums geht es vor allem um Spaltung, um Ketzerei und um Konflikte, in denen Vertreter der rivalisierenden Lehren und Führer der konkurrierenden Mächte versuchten, den anderen zu besiegen – durch Verfolgung, wenn das machbar war, ansonsten durch Krieg. Diese Geschichte beginnt fast unmittelbar nach der Konversion Konstantins mit den christlich-theologischen und juristischen Konflikten zwischen den Kirchen von Konstantinopel, Antiochien und Alexandria. Sie setzte sich fort mit dem Kampf zwischen Konstantinopel und Rom, dann folgte der Streit zwischen dem Papsttum und dem Protestantismus und die daran anschließenden Konflikte zwischen den einzelnen protestantischen Gruppierungen. Erst nach jahrhundertelangem, blutigem Streit und Verfolgungen kamen immer mehr Christen zu dem Schluss, eine einigermaßen erträgliche Koexistenz zwischen den Anhängern verschiedener Glaubensbekenntnisse sei nur dadurch zu erreichen, dass man der Kirche den Zugang zur staatlichen Gewalt verwehrt und dem Staat andererseits die Macht nimmt, sich in kirchliche Angelegenheiten einzumischen.

Die Erfahrung der Muslime sah dagegen ganz anders aus. Auch sie hatten natürlich ihre religiösen Meinungsverschiedenheiten, die gelegentlich zu Streit und Unterdrückung führten. Aber es gibt bei ihnen nichts, was auch nur im Entferntesten mit solchen gravierenden Ereignissen zu vergleichen wäre wie dem Schisma des Photios, der Reformation, der Inquisition und den blutigen Religionskriegen des 16. und 17. Jahrhunderts. Diese Ereignisse haben die Christen praktisch dazu gezwungen, ihre Staaten und Gesellschaften zu säkularisieren, um aus dem Teufelskreis von Verfolgung und Krieg herauszukommen. Da die Muslime keine derartigen Probleme hatten, brauchten sie auch keine Lösung zu suchen.

Die erste Begegnung der Muslime mit dem Säkularismus fand während der Französischen Revolution statt[86], die sie nicht als ein säkulares (Wort und Begriff hatten für sie damals gleichermaßen keine Bedeutung) Ereignis betrachteten, sondern als eine Abkehr vom Christentum, wodurch sie eine Auseinandersetzung verdiente. Alle vorherigen europäischen Ideenbewegungen waren zumindest in ihrer Ausdrucksform mehr oder weniger christlicher Natur gewesen und hatten daher in den Augen eines Muslims von vornherein keinen Wert. Die Französische Revolution war die erste Ideenbewegung in Europa, die als nichtchristlich oder sogar antichristlich betrachtet wurde, und einige Muslime blickten aus diesem Grund nach Frankreich, um in diesen Ideen den Motor der westlichen Wissenschaften und des Fortschritts, befreit vom christlichen Ballast, zu entdecken. Jene Vorstellungen waren die wichtigsten Anregungen zahlreicher Modernisierungs- und Reformbewegungen der islamischen Welt des 19. und Anfang des 20. Jahrhunderts.

Von Anfang an erkannten ein paar wenige, dass diese Ideen nicht nur das Christentum, sondern auch den Islam bedrohen könnten, und warnten vor ihnen. Lange Zeit hatten sie jedoch wenig Einfluss. Die wenigen, die überhaupt mit den europäischen Ideen vertraut waren, fühlten sich von ihnen angezogen. Für die große Mehrheit stellten die säkularen Ideen dagegen keine Herausforderung dar, die meisten ignorierten sie. Erst vor verhältnismäßig kurzer Zeit haben prominente Religionsphilosophen den Säkularismus unter die Lupe genommen und begriffen, welche Bedrohung er für die höchsten Werte ihrer Religion darstellte. Sie reagierten mit einer entschiedenen Ablehnung.

Wie seltsam diese Ideen den Muslimen vorgekommen sein müssen, lässt sich an den Bemühungen ablesen, einen angemessenen Terminus zu finden. Die Türken waren das erste muslimische Volk, das sich um das Studium des Westens bemühte und versuchte, Entsprechungen für westliche Ausdrücke und Gebilde zu finden. In den ersten türkischen Diskussionen über den Säkularismus wird der Ausdruck *ladini* verwendet, was wörtlich so viel wie »nichtreligiös« bedeutet. Das kann leicht mit irreligiös verwechselt werden, und den türkischen Säkularisten wurde dann auch sehr bald klar, dass der gewählte Ausdruck unnötig provokativ war. Sie ersetzten ihn dann durch ein französisches Lehnwort – *laïque*, das in der türkischen Form *lâik* bis zum heutigen Tag Verwendung findet. Dasselbe Wort wird jetzt auch im Persischen benutzt.

Nicht jedoch im Arabischen. Für die Araber war es bedeutend einfacher, denn Arabisch ist im Gegensatz zum Türkischen und Persischen sowohl eine christliche als auch eine muslimische Sprache. In verschiedenen Ländern des Nahen Ostens gab oder gibt es ziemlich große Arabisch sprechende christliche Gemeinden, die eine umfangreiche christlich-arabische Literatur hervorgebracht und auch das notwendige arabische Vokabular zur Übersetzung christlicher Ausdrücke entwickelt haben. Lange Zeit schrieben die Christen im Fruchtbaren Halbmond Arabisch in altsyrischer Schrift, so wie die Juden das Arabische in hebräischer Schrift schrieben. Weder die jüdisch-arabische noch die jüdisch-christliche Literatur war den Muslimen bekannt. Selbst als die Christen dazu übergegangen waren, die übliche arabische Schrift zu übernehmen, blieb ihre Literatur weitgehend eine innere Angelegenheit. Als sich jedoch im 19. Jahrhundert der europäische Einfluss ausdehnte, spielten die Arabisch sprechenden Christen, die oftmals westliche Schulen besucht hatten und westlichen Ideen gegenüber offener waren, eine entscheidende Rolle bei der Übertragung der Literatur, und das christlich-arabische Lexikon bildete einen bedeutenden Teil des neuen Vokabulars, aus dem sich das moderne Arabisch zusammensetzt.

Einer dieser christlichen Begriffe, der zum Allgemeingut geworden ist, ist *'ālamānī*, später auch *'alamānī*, was so viel wie »weltlich« bedeutet und von *'ālam*, Welt, kommt. Dieses Wort dient als Äquivalent für weltlich, säkular und laizistisch. Die später entlehnte Übersetzung *rūhānī* – von *rūh*, Geist – diente als Gegenstück. Nachdem sein christlicher Ursprung und seine Etymologie in jüngerer Zeit in Vergessenheit geraten waren, wurde *'ālamānī* zu *'ilmānī* – von *'ilm*, Wissenschaft –, was fälschlicherweise als eine Bezeichnung für jene Lehre benutzt wurde, die die Wissenschaft feindlich der göttlichen Offenbarung gegenüberstellt. Es ist ein beliebtes Klischee geworden, das sowohl von radikalen als auch von konservativen religiösen Autoren verwendet wird, um etwas zu bezeichnen, was sie als fremdartig, neoheidnisch und ganz allgemein als gegen den Islam gerichtete Ideen verstehen, importiert von westlichen Propagandisten und Missionaren und ihren örtlichen Handlangern, um die islamische Gesellschaft zu unterwandern und die Herrschaft der Scharia zu beenden. Der Ursprung dieses Übels wird abwechselnd in Europa oder Amerika, im Judentum, Christentum oder Kommunismus lokalisiert. Die Lösung ist in allen Fällen die gleiche – man muss die fremden und heidnischen Gesetze und Bräuche abschaffen, die von Imperialisten aus dem Ausland und inländischen Reformern eingeführt worden sind, und zum einzigen wahren Gesetz zurückkehren, dem allumfassenden Gesetz Gottes. Die Vertreter dieser Lehre sind 1979 im Iran an die Macht gekommen. Sie stellen in zunehmendem Maße einen Machtfaktor dar, mit dem in den anderen islamischen Ländern gerechnet werden muss.

Bei der Säkularisierung des Westens wurde Gott gleich zweimal entthront und ersetzt – als Quelle der Souveränität von den Menschen und als Gegenstand der Verehrung durch die Nation. Beide Vorstellungen waren dem Islam fremd. Im Laufe des 19. Jahrhunderts wurden sie den Menschen im Nahen Osten vertrauter, bis sie im 20. Jahrhundert in der verwestlichten Intelligenz, die eine Zeit lang viele, wenn nicht sogar die meisten islamischen

Staaten regierte, vorherrschend waren. In einem Nationalstaat, der sich über das Land definiert, das er beherrscht, oder über die Nation, aus der seine Bevölkerung besteht, wäre ein weltlicher Staat prinzipiell möglich. Aber nur ein einziger islamischer Staat, die Türkische Republik, übernahm formal den Säkularismus als Prinzip, entfernte den Islam aus der Verfassung und hob die Scharia auf, die damit nicht mehr Teil der Gesetzgebung des Landes war. Die sechs ehemaligen Sowjetrepubliken, deren Bevölkerung zum größten Teil muslimisch war, hatten ein rigoros weltliches System übernommen, wenn man davon absieht, dass der Kommunismus selbst so etwas wie ein etablierter Glaube war. Bis jetzt zeigen die meisten von ihnen keine große Neigung, ihre Gesetze und Institutionen wieder zu islamisieren. Ein oder zwei andere islamische Länder gingen einige Schritte in Richtung auf eine Trennung zwischen Staat und Kirche. Andere beschränkten das Scharia-Gesetz auf Heirat, Scheidung und Erbangelegenheiten. Auf anderen Gebieten übernahmen sie moderne, zumeist westeuropäische Gesetze.

In jüngster Zeit hat es eine heftige Reaktion auf diese Veränderungen gegeben. Eine ganze Reihe von radikalen und militanten islamischen Bewegungen, die man etwas salopp als »fundamentalistisch« bezeichnet, haben sich gemeinsam das Ziel gesetzt, die säkularisierenden Reformen des letzten Jahrhunderts wieder rückgängig zu machen. Sie wollen die importierte Gesetzgebung und die damit verbundenen gesellschaftlichen Bräuche abschaffen und wieder zum heiligen Gesetz des Islam und zu einer islamischen politischen Ordnung zurückkehren. In drei Ländern sind diese Kräfte an die Macht gekommen: im Iran, in Afghanistan und im Sudan. In mehreren anderen Ländern gewinnen sie zunehmend an Einfluss, und verschiedene Regierungen haben bereits begonnen, die

Gesetze der Scharia wieder einzuführen, sei es aus Überzeugung oder – bei den eher konservativen Regierungen – als Vorsichtsmaßnahme. Sogar Nationalismus und Patriotismus, die nach anfänglichem Widerstand aus den Reihen der frommen Muslime nach und nach allgemein akzeptiert worden waren, werden inzwischen wieder infrage gestellt und mitunter sogar als antiislamisch gebrandmarkt. In einigen arabischen Ländern werfen Befürworter des Säkularismus im alten Stil den islamistischen Fundamentalisten vor, sie trennten die arabische Nation und hetzten die Muslime gegen die Christen auf. Die Fundamentalisten antworten, es seien die Nationalisten, die die Türken gegen die Perser und beide gegen die Araber innerhalb der großen Gemeinschaft des Islam treiben. Nach ihrer Meinung begehen sie das größere und abscheulichere Verbrechen.

In der Literatur der radikalen und militanten Muslime gibt es verschiedene Feindbilder. Manchmal ist es der Jude oder Zionist, dann wieder der Christ oder der Missionar, manchmal die westlichen Imperialisten, manchmal – allerdings weniger häufig – die Russen oder andere Kommunisten.[87] Ihre Hauptfeinde und das direkte Objekt ihrer Kampagnen und Angriffe sind jedoch die eigenen Landsleute, die für eine Säkularisierung eintreten. Für sie sind das die Leute, die versucht haben, die islamische Grundlage des Staates zu schwächen oder zu verändern, indem sie weltliche Schulen und Universitäten, weltliche Gesetze und Gerichte einführten. Auf diese Weise haben sie den Islam und seine berufsmäßigen Vertreter aus zwei wichtigen Lebensbereichen, dem der Bildung und dem des Gesetzes, ausgeschlossen. Der Erzfeind für die meisten von ihnen ist Kemal Atatürk, der Gründer der Türkischen Republik und der erste große säkularisierende Reformer in der islamischen Welt. So unterschiedliche Persönlichkeiten wie König Faruk, die Präsidenten Nasser und Sadat in Ägypten, Hafiz al–Asad in Syrien, Saddam Hussein im Irak, der Schah von Persien und die Könige und Prinzen von Arabien wurden als die gefährlichsten Feinde des Islam gebrandmarkt, als Feinde in den eigenen Reihen.

Das Problem wurde mit bemerkenswerter Klarheit in einer weit verbreiteten Broschüre von Mohammed 'Abd al–Salām Faraj, dem ideologischen Mentor der Gruppe, die den ägyptischen Präsidenten Sadat ermordet hat, dargelegt:

»Den Feind in der Nähe zu bekämpfen ist wichtiger als den in der Ferne. Im *jihād* muss muslimisches Blut fließen, bis der Sieg errungen ist. Aber damit stellt sich die Frage: Dient dieser Sieg einem bestehenden islamischen Staat, oder dient er dem bestehenden Regime von Ungläubigen? Und stärkt er womöglich die Fundamente dieses Regimes, das von Gottes Gesetz abgewichen ist? Diese Regenten nutzen nur die Gelegenheit, die sich ihnen durch die nationalistischen Ideen einiger Muslime bietet, um ihre Zwecke zu erreichen. Diese Ideen haben nichts mit dem Islam zu tun, obwohl sie nach außen hin den Anschein erwecken. Der Kampf des *jihād* muss unter dem Vorzeichen des Islam und unter muslimischem Kommando geführt werden, in diesem Punkt darf es keine Diskussion geben.

Der Grund für die Existenz des Imperialismus in den Ländern des Islam liegt bei denselben Herrschern. Den Kampf gegen den Imperialismus aufzunehmen wäre eine Arbeit, die weder ruhmreich noch nützlich ist, sondern bloße Zeitverschwendung. Es ist unsere Pflicht, uns auf die Sache des Islam zu konzentrieren. Und das bedeutet zu allererst, dass wir Gottes Gesetz und Gottes Wort in unserem Land wieder Geltung verschaffen. Es kann keinen Zweifel geben: Die erste Schlacht des *jihād* wird geschlagen, indem ungläubige Führungen ausgemerzt und durch eine vollkommene islamische Ordnung ersetzt werden. Von dort wird die Erlösung kommen.«[88]

Zurzeit sieht es im Nahen Osten für den Säkularismus nicht gut aus. Von den nahöstlichen Staaten, die über eine geschriebene Verfassung verfügen, haben nur zwei keine etablierte Religion. Das eine ist der Libanon, der längst nicht mehr als ermutigendes Vorbild für religiöse Toleranz oder Säkularisation angesehen werden kann. Das andere Land ist die bereits erwähnte Türkische Republik, wo zwar die Trennung von Religion und Staat vollzogen ist, wo es jedoch auch schon zu einer gewissen Aushöhlung gekommen ist. Die ehemaligen Sowjetrepubliken kämpfen noch mit diesen Problemen.

Von den übrigen Ländern des Nahen Ostens, die eine geschriebene Verfassung besitzen, billigen alle dem Islam einen gewissen verfassungsmäßigen Status zu; das reicht von der Islamischen Republik Iran, die der Religion eine zentrale Stellung einräumt, bis zur Verfassung Syriens, in der sie nur eine marginale Rolle spielt. Dort heißt es, dass die Gesetze des Staates von der Scharia inspiriert sein sollen. Von den Staaten, die über keine geschriebene Verfassung verfügen, vor allem Israel und das Königreich Saudi-Arabien, räumen beide der Religion bei der Definition der Identität und Loyalität einen wichtigen Platz ein. Wenn man die beiden einmal kurz vergleicht, gibt Saudi-Arabien der Anwendung der religiösen Gesetze mehr Raum, während Israel dem Klerus eine wichtigere Rolle in der Politik zugesteht.

Ich habe das Wort »Klerus« verwendet. Das ist natürlich ein christliches Wort, das sowohl der islamischen als auch der jüdischen Tradition fremd ist, heute jedoch Teil der islamischen und jüdischen Realität ist. Dies ist das Ergebnis einer langen Entwicklung, deren Anfang wir in der osmanischen kirchlichen Hierarchie erkennen können. Im Osmanischen Reich gab es etwas, das manchmal die religiöse Institution genannt wurde, eine Hierarchie religiöser Autoritäten mit territorial begrenzter Jurisdiktion, in gewisser Weise vergleichbar mit einem Erzbistum oder der Diözese eines christlichen Bischofs. Die Ernennung des Muftis eines Ortes, der die Jurisdiktion über ein bestimmtes Gebiet besitzt, stammt aus osmanischer Zeit. Man kann mit ziemlicher Sicherheit davon ausgehen, dass man sich hierbei an einem christlichen Vorbild orientiert hat. Es gab nicht nur Muftis eines Ortes, sondern auch eine Hierarchie von Muftis, an deren Spitze der Obermufti von Istanbul stand, den man logischerweise als den Primas des Osmanischen Reichs bezeichnen könnte, den islamischen Erzbischof der Landeshauptstadt.

Selbst nach dem Untergang des Osmanischen Reichs wurde diese Praxis in den Nachfolgestaaten im Nahen Osten beibehalten. Die Regierungen ernannten Funktionäre, die den Titel Obermufti trugen und in einer Stadt, einer Provinz oder in einem Land eine religiöse, man könnte fast sagen kirchliche Jurisdiktion ausübten. Sie spielten dabei eine politische Rolle, die es im klassischen Islam nicht gegeben hat. Man kann es in krasser Form bei den Ayatollahs im Iran beobachten, ein Titel, der ziemlich neu ist und in der Geschichte des klassischen Islams nicht existiert. Ohne dass es den Herrschern bewusst war, christianisierten sie im Grunde den Islam in einem institutionellen, wenn auch natürlich nicht in einem religiösen Sinn. Sie hatten den Iran bereits mit dem funktionalen Äquivalent eines Pontifikats, einem Kollegium von Kardinälen, einer Bischofskonferenz und vor allem einer Inquisition ausgestattet[89], Dinge, die dem Islam vorher fremd gewesen waren. Sie könnten irgendwann Anlass für eine Reformation sein.

Seit mehr als tausend Jahren lieferte der Islam das einzige allgemein akzeptierte System von Regeln und Prinzipien für die öffentliche und gesellschaftliche Ordnung. Selbst zur Zeit des stärksten europäischen Einwirkens behielten die islamischen politischen Konzepte und Einstellungen einen beherrschenden Einfluss. Das traf sowohl auf die Länder zu, die von den europäischen Mächten regiert oder dominiert wurden, als auch auf jene, die ihre Unabhängigkeit bewahrt hatten. In den letzten Jahren gibt es zahlreiche Hinweise darauf, dass diese Konzepte und Einstellungen, wenn auch in modifizierter Form, ihre alte Dominanz wiedererlangen könnten.

Der Ausdruck »Zivilgesellschaft« ist in den letzten Jahren sehr populär geworden und wird in einer Anzahl von unterschiedlichen – mitunter sich überlappenden oder einander widersprechenden – Bedeutungen verwendet. Es wäre daher sinnvoll, die islamische Auffassung des Zivilen im Zusammenhang mit den verschiedenen Definitionen des Begriffs zu untersuchen.

Möglicherweise bedeutet das Wort »zivil« im heutigen Nahen Osten hauptsächlich das Gegenteil von militärisch. Das ist vor allen Dingen in einem Land und zu einer Zeit von Bedeutung, wo das professionelle Offizierskorps Ursprung und Instrument der Macht ist. In diesem Sinne war die islamische Gesellschaft anfänglich und in ihren frühen prägenden Jahren zweifellos zivil. Der Prophet und die ersten Kalifen verfügten nicht über Berufssoldaten, sondern stützten sich militärisch auf eine Art bewaffneter Miliz, die zumeist aus Freiwilligen bestand. Erst im 2. Jahrhundert der islamischen Ära (8. Jahrhundert n. Chr.) kann man mit Fug und Recht von einer Berufsarmee sprechen. Der Kalif, der früher – später nicht mehr – gelegentlich seine Armee kommandierte, blieb trotzdem Zivilist. Das galt auch für den Wesir, der unter der Autorität des Kalifen allen Abteilungen der Regierung, sowohl den zivilen als auch den militärischen, vorstand. Sein Emblem war ein Tintenfass, das bei öffentlichen Zeremonien vor ihm hergetragen wurde.

Im ausgehenden Mittelalter brachten Rebellionen im Inneren des Landes und Angriffe von außen Veränderungen mit sich, die zu einer Militarisierung der meisten islamischen Regime führten. Das hat sich bis in die heutige Zeit erhalten. Ende des 19. und Anfang des 20. Jahrhunderts gab es ein Zwischenspiel ziviler, zumeist verfassungsmäßiger Regierungen, die sich oft an westlichen Vorbildern orientierten. In den fünfziger Jahren des 20. Jahrhunderts wurden die meisten dieser Regierungen durch autoritäre Regime abgelöst, die letztes Endes unter militärischer Kontrolle standen.

Das ist jedoch keinesfalls überall so. In einigen Ländern, zum Beispiel in Saudi-Arabien, halten die alten Monarchien immer noch die traditionelle zivile Ordnung aufrecht. In der Türkei und später auch in Ägypten bereitete das Militär sogar den Übergang zu einer zivilen Regierung vor. Im Großen und Ganzen stehen in der Region die Chancen für eine Rückkehr zu zivilen Regierungen gar nicht so schlecht.

In der allgemeiner akzeptierten Interpretation des Begriffs »Zivilgesellschaft« ist zivil nicht das Gegenteil zu religiöser oder militärischer Autorität, sondern zu Autorität als solcher. In diesem Sinne ist die Zivilgesellschaft ein Teil der Gesellschaft zwischen Familie und Staat, in dem die Motivation für Verbindungen, Initiativen und Handlungen freiwilliger Natur ist; der von Meinungen, Interessen oder anderen persönlichen Vorlieben bestimmt wird; der sich deutlich unterscheidet von der Loyalität qua Geburt und von dem Gehorsam, der durch Gewalt erzwungen wird. Beispiele aus unserer Zeit sind kommerzielle Unternehmen, Gewerkschaften, Berufsverbände, Clubs, Logen, Sportvereine und politische Parteien.

Die islamische Lehre, wie sie von Theologen und Juristen dargeboten wird, und die islamische Praxis, wie sie die Historiker schildern, bieten in diesem Zusammenhang eine Vielzahl von mitunter widersprüchlichen Präzedenzfällen. Private Wohltätigkeit hat im Islam eine alte und tief verwurzelte Tradition, die in der Institution des *waqf* ihren rechtlichen Ausdruck findet. Ein *waqf* ist eine religiöse unveräußerliche Stiftung, bestehend aus Gewinn bringenden Kapitalanlagen, die für einen guten Zweck ausgegeben werden – die Erhaltung eines Gotteshauses, einer Schule, einer Suppenküche, eines Brunnens und dergleichen. Der Stifter kann ein Herrscher oder ein Regierungsbeamter sein, es kann sich dabei jedoch auch, was häufig der Fall war, um einen Privatmann handeln. Häufig finden sich auch Frauen – die dem islamischen Gesetz zufolge berechtigt sind, Eigentum zu besitzen und darüber zu verfügen – unter den Gründern der *waqfs*; manchmal stellen sie fast die Hälfte von ihnen. Dies ist vermutlich der einzige Bereich in der traditionellen islamischen Gesellschaft, in der die Frauen den Männern nahezu gleichberechtigt sind. Mithilfe der Institution der *waqfs* liegen viele der Dienste, die in anderen Systemen hauptsächlich oder allein Aufgabe des Staates sind, in den Händen von Privatinitiativen. Eine der entscheidenden Veränderungen, die reformfreudige Autokraten im 19. Jahrhundert veranlasst haben, bestand darin, die *waqfs* unter staatliche Kontrolle zu bringen.

Auf diese und andere Weise hat die Modernisierung im Nahen Osten den Bereich unabhängiger und sich selbst tragender Vereinigungen nicht vergrößert, sondern geschwächt, und die Übergriffe eines starken modernen Staates haben die Entwicklung einer wirklich zivilen Gesellschaft behindert. Auf kulturellem Sektor verfügt der Staat über neue und effizientere Instrumente zur Kontrolle der Schulen, der Medien und ganz allgemein des gedruckten Wortes. Diese Kontrolle wird zweifellos durch die Revolution der elektronischen Medien unterlaufen werden, aber zurzeit funktioniert sie jedenfalls noch. Die staatliche Beteiligung am Wirtschaftsleben setzt sich trotz des Zusammenbruchs des Sozialismus weiter fort. In den meisten Ländern der Region hängt ein beträchtlicher Teil der Bevölkerung mit seinem Einkommen direkt oder indirekt vom Staat ab. Viele andere schlagen sich mühsam mit Schmuggel und anderen illegalen Transaktionen durch – sie alle sind Teil einer ausgedehnten Schwarzmarktwirtschaft, in die auch Mitglieder des Staatsapparates auf verschiedenste profitable Weise verwickelt sind.

Das islamische Recht kennt im Gegensatz zum römischen Recht und seinen Abkömmlingen keine juristischen Personen, es gibt also kein islamisches Äquivalent für die westlichen Körperschaften wie die Stadt oder das Kloster. Die Städte wurden zumeist von königlichen Beamten regiert, während Klöster und Akademien von königlichen oder privaten *waqfs* abhängig waren. Es gab jedoch andere, sehr aktive Gruppierungen, die in der traditionellen islamischen Gesellschaft eine große Bedeutung hatten. Dazu zählen zum Beispiel die Sippe, also Familie, Clan oder Stamm; die Glaubensgemeinschaft, oft verbunden mit einer gemeinsamen Mitgliedschaft in einer Sufi-Bruderschaft, die Handwerkszunft, organisiert in einer Gilde; ein Bezirk oder Viertel innerhalb einer Stadt. Sehr oft überlappten sich diese Gruppen oder fielen gar zusammen, und ein großer Teil des Lebens in einer muslimischen Stadt wurde durch ihre Interaktion bestimmt.

Im islamischen Kontext lässt sich die Unabhängigkeit und Initiative der Zivilgesellschaft am besten nicht an der Beziehung zum Staat, sondern zur Religion ablesen. Denn nach islamischer Auffassung ist der Staat selbst eine Manifestation und ein Instrument der Religion. In diesem Sinne bedeutet das Wort zivil vor allem nichtreligiös, und die zivile Gesellschaft ist eine, in der das Organisationsprinzip etwas anderes als die Religion ist. Religion ist Privatangelegenheit des Einzelnen. Das erste europäische Land, das Nichtchristen Bürgerrechte zuerkannte, war Holland. Wenig später folgten England und seine Kolonien in Nordamerika, wo den freikirchlichen Christen und den Juden umfangreiche, wenn auch nicht gleiche Rechte zuerkannt wurden. Diesen Beispielen folgten auch andere Länder, und die libertären Vorstellungen, die sie zum Ausdruck brachten, trugen maßgeblich zu den Ideologien sowohl der amerikanischen als auch der Französischen Revolution bei. Mit der Zeit wurden diese Vorstellungen nahezu in der gesamten westlich–christlichen Welt übernommen. Obwohl nur einige wenige Staaten, zum Beispiel Frankreich und die Vereinigten Staaten, eine formelle Trennung von Staat und Kirche in der Verfassung verankert haben, befolgten die meisten diese Trennung in der Praxis.

In der islamischen Welt wurde die Entthronung der Religion als Organisationsprinzip der Gesellschaft erst viel später in Angriff genommen, und die Bemühungen sind ganz und gar auf den europäischen Einfluss zurückzuführen. Der Prozess wurde nie wirklich zu Ende geführt, zurzeit wird er womöglich sogar wieder ins Gegenteil verkehrt. Mit Sicherheit genießt die Religion heute im Iran wieder den Status, den sie sowohl im christlichen als auch im islamischen Mittelalter gehabt hatte.

In den vierzehn Jahrhunderten islamischer Geschichte

hat es viele Veränderungen gegeben. Vor allem die lange Verbindung – mitunter in Koexistenz, häufiger jedoch in Konfrontation – mit der Christenheit führte in den späteren islamischen Monarchien im Iran und in der Türkei und in ihren Nachfolgestaaten zu einer Übernahme von Strukturen religiöser Organisation, die auf eine wahrscheinlich unbewusste Imitation von Gebräuchen der christlichen Kirche schließen lässt. Diese westlichen Einflüsse wurden nach der Französischen Revolution noch stärker und gewannen immer mehr an Bedeutung.

Die Verbreitung der Ideen der Französischen Revolution im Islam war nicht dem Zufall überlassen, sondern wurde durch mehrere französische Regime sowohl mit Waffengewalt durchgesetzt als auch, was bedeutend effektiver war, durch Übersetzungen und Veröffentlichungen gefördert. Das Eindringen westlicher Ideen in die islamische Welt wurde Anfang des 19. Jahrhunderts erheblich beschleunigt, als immer mehr muslimische Studenten nach Frankreich, Italien und Großbritannien geschickt wurden, um dort an höheren Bildungsanstalten zu studieren. Und viele von ihnen wurden bei ihrer Rückkehr zu Überträgern dieser ansteckenden neuen Ideen.

Bis solche Ideen auf die islamischen Länder einwirkten, war die Vorstellung, eine nichtreligiöse Gesellschaft könnte erstrebenswert oder auch nur zulässig sein, dort vollkommen fremd. Andere religiöse Systeme, also Christentum oder Judentum, konnte man hinnehmen, denn sie waren ältere und überholte Versionen der göttlichen Offenbarung, deren endgültige und vollkommene Version der Islam darstellt; und demnach folgten sie einer – wenn auch unzureichenden und vielleicht verderbten – Form des göttlichen Gesetzes. Jene, denen selbst dieses Mindestmaß an religiöser Führung fehlte, waren Heiden und Götzenanbeter, und ihre Gesellschaft und ihr Gemeinwesen konnten nur von Übel sein. Jeder Muslim, der versuchte, sich mit ihnen zusammenzutun oder sie zu kopieren, war ein Abtrünniger.

Einer der Prüfsteine für zivilisiertes Verhalten ist sicherlich Toleranz – das heißt, die Bereitschaft, mit Menschen zusammenzuleben, die einen anderen Glauben besitzen und praktizieren. John Locke – wie die meisten Menschen im Westen – glaubte, die beste Möglichkeit, das sicherzustellen, bestünde darin, die Verbindung zwischen Religion und Staatsgewalt aufzulösen oder zumindest zu lockern. In der Vergangenheit haben die Muslime nie eine solche Auffassung geäußert. Trotzdem betrachteten auch sie eine gewisse Form von Toleranz als eine Verpflichtung der herrschenden islamischen Religion. »In der Religion gibt es keinen Zwang«, lautet ein häufig zitierter Koranvers (2,256). Von muslimischen Juristen und Herrschern wurde er im Allgemeinen so interpretiert, dass man gewissen, genau definierten Glaubensrichtungen gegenüber ein bestimmtes Maß an Toleranz walten lassen sollte, wobei natürlich in keinem Fall die Vorrangstellung des Islam und die Überlegenheit der Muslime infrage gestellt werden dürfe.

War der klassische islamische Staat also eine Theokratie? In dem Sinne, in dem Großbritannien heute eine Monarchie ist, lautet die Antwort sicherlich Ja. Das heißt, in der Vorstellung der Muslime ist Gott der wahre Souverän der Gemeinschaft, die höchste Autorität, die einzige Quelle der Gesetzgebung. In dem ersten existierenden muslimischen Bericht über das britische Unterhaus, geschrieben von einem Besucher, der Ende des 18. Jahrhunderts nach England kam, wird das Erstaunen über das Schicksal der Menschen zum Ausdruck gebracht, die im Gegensatz zu den Muslimen kein von Gott offenbartes Recht besaßen und daher auf die bemitleidenswerte Notlösung angewiesen waren, ihre Gesetze selbst erlassen zu müssen.[90] Aber in dem Sinne, dass ein Staat von der Kirche oder den Priestern regiert wird, war der Islam keine Theokratie und konnte es auch nicht sein. Der klassische Islam besaß keine Priesterschaft, keine Prälaten, die selbst hätten regieren oder auch nur die Regierenden entscheidend beeinflussen können. Der Kalif, der an der Spitze einer Institution stand, die Staat und Kirche in sich vereinte, war selbst weder Jurist noch Theologe, sondern ein Praktiker der Politik, mitunter auch des Krieges. Das Amt des Ayatollah ist eine Schöpfung des 19. Jahrhunderts, die Herrschaft von Khomeini und seinem Nachfolger als »oberster Jurist« ist eine Neuerung des 20. Jahrhunderts.

Wenn man den Islam mit den westlichen Demokratien vergleicht, die in den letzten zwei oder drei Jahrhunderten entstanden sind, schneidet er im Hinblick auf Toleranz schlechter ab, und das sowohl in der Theorie als auch in der Praxis. Bei einem Vergleich mit den meisten anderen christlichen und nachchristlichen Gesellschaften und Regierungssystemen kommt der Islam jedoch bedeutend besser weg. Es gibt nichts in der islamischen Geschichte, das sich mit der Emanzipation, Akzeptanz und Integration Andersgläubiger und Ungläubiger im Westen vergleichen lässt. Ebenso gibt es aber auch nichts in der Geschichte des Islams, das sich mit der Vertreibung der Juden und Muslime durch die Spanier, mit der Inquisition, den Ketzerverbrennungen, den Religionskriegen vergleichen ließe, ganz zu schweigen von Verbrechen aus jüngerer Zeit. Es kam zwar gelegentlich zu Verfolgungen von Minderheiten im Namen des Islams, aber solche Vorfälle waren selten und in der Regel von kurzer Dauer, und sie bezogen sich stets auf begrenzte Gebiete und besondere Umstände. Innerhalb bestimmter Grenzen und unter gewissen Einschränkungen waren die islamischen Regierungen bereit, die Ausübung, jedoch nicht die Verbreitung anderer monotheistischer Offenbarungsreligionen zu dulden. Sie bestanden sogar einen noch strengeren Test der Toleranz, indem sie abweichende Formen ihrer eigenen Religion tolerierten. Sogar Polytheisten, die nach dem Buchstaben des Gesetzes nur die Wahl zwischen Konversion oder Sklaverei hatten, wurden in der Praxis geduldet, als sich der islamische Herrschaftsbereich fast über ganz Indien ausgedehnt hatte. Nur der absolut Ungläubige – der Agnostiker oder Atheist – lag außerhalb des Toleranzbereichs, aber selbst seine Ausschließung wurde in der Regel nur vollzogen, wenn sein Verbrechen öffentlich geworden war und einen Skandal ausgelöst hatte. Die gleichen Normen galten im Hinblick auf die Toleranz gegenüber abweichenden Formen des Islam.

In der modernen Zeit ist die Toleranz des Islam ein wenig geringer geworden. Nach der zweiten Belagerung von Wien im Jahre 1683 befand sich der Islam auf dem Rückzug und nicht mehr auf dem Vormarsch. Die Muslime fühlten sich damals vom Aufstieg und der Ausdehnung der großen christlichen Imperien in Ost- und Westeuropa bedroht. Die alte entspannte Toleranz, die auf der Annahme beruhte, man sei nicht nur in der Religion, sondern auch an Macht überlegen, ließ sich nur noch schwer aufrechterhalten. Die Bedrohung, die das Christentum inzwischen für den Islam darstellte, bestand nicht mehr nur auf militärischem und politischem Gebiet; sie begann die gesamte Struktur der islamischen Gesellschaft zu erschüttern. Westliche Herrscher und in noch weit größerem Maße ihre enthusiastischen muslimischen Anhänger und Nachahmer brachten eine ganze Reihe von Reformen auf den Weg, die – allesamt westlichen Ursprungs oder zumindest vom Westen inspiriert – in zunehmendem Maße die Lebensweise der Muslime in ihren

Ländern, Städten und Dörfern, letztlich sogar in der Familie beeinflussten.

Der Verdacht, dass diese Veränderungen vom Westen ausgingen, bestand zurecht. Die nichtmuslimischen Minderheiten, zumeist Christen, aber auch Juden, wurden oft und meist auch zu Recht als Verursacher oder Werkzeuge dieser Veränderungen betrachtet. Die alte pluralistische Ordnung, multikonfessionell und polyethnisch, war auf dem besten Wege zusammenzubrechen, und der stillschweigend akzeptierte Gesellschaftsvertrag, der ihre Grundlage gebildet hatte, wurde von beiden Seiten verletzt. Die christliche Minderheit war, inspiriert vom westlichen Gedanken der Selbstbestimmung, nicht mehr länger bereit, nur toleriert zu werden und den niederen Status zu akzeptieren, der ihr von der alten Ordnung zugewiesen wurde. Sie stellte neue Forderungen – Gleichberechtigung innerhalb der Nation oder eine eigene Nationalität, manchmal beides gleichzeitig. Die muslimische Mehrheit, die sich tödlich bedroht sah, war nicht mehr bereit, den Minderheiten auch nur das traditionelle Maß an Toleranz zuzugestehen. Es ist ein trauriges Paradox, dass die nichtmuslimischen Minderheiten in einigen der halb säkularisierten Staaten der heutigen Zeit weniger Möglichkeiten haben und sich in größerer Gefahr befinden als unter der alten islamischen, aber pluralistischen Ordnung, und das, obwohl sie auf dem Papier völlige Gleichberechtigung genießen. Das gegenwärtige Regime im Iran markiert mit der Allmacht des Klerus, der Todesstrafe für Gotteslästerung und den geweihten Attentätern einen neuen Abschnitt in der Geschichte des Islams. In der gegenwärtig herrschenden Stimmung ist es nicht sehr wahrscheinlich, dass ein Triumph des militanten Islams eine Rückkehr zur traditionellen islamischen Toleranz mit sich bringen würde – und selbst das wäre für die Minderheiten, die die modernen Gedanken der Menschenrechte, Bürgerrechte und politischen Rechte verinnerlicht haben, nicht mehr akzeptabel. Die Entstehung einer Art von Zivilgesellschaft würde daher die größte Hoffnung auf ein menschenwürdiges Zusammenleben in sich bergen, das auf gegenseitigem Respekt gründen müsste.

In der christlichen Welt war der Säkularismus ein Versuch, den langen und destruktiven Streit zwischen Kirche und Staat zu beenden. Die Trennung der beiden Institutionen, eingeführt in der amerikanischen und der Französischen Revolution und danach auch anderswo, sollte zweierlei verhindern: den Missbrauch der Religion durch den Staat, der dadurch seine Macht vergrößern würde, und den Missbrauch der Staatsgewalt durch den Klerus, der seine Lehren und Gesetze anderen aufzwingen könnte. Das alles schien lange Zeit nur die Christen zu betreffen, nicht die Muslime oder die Juden, für die in Israel inzwischen ein ähnliches Problem entstanden ist. Wenn man heutzutage den Nahen Osten betrachtet, sowohl die Muslime als auch die Juden, muss man sich fragen, ob das immer noch stimmt – oder ob Muslime und Juden sich vielleicht mit einer christlichen Krankheit angesteckt haben und aus diesem Grund auch ein christliches Heilmittel in Betracht ziehen könnten.

6

ZEIT, RAUM UND MODERNITÄT

In einem Brief aus dem Jahr 1554 schildert Ogier Ghiselin de Busbecq, Gesandter des Kaisers am Hof des Sultans, ein Problem, mit dem er auf seiner Reise in die osmanische Hauptstadt konfrontiert worden war:

»Es blieb ein Ärgernis, und das war fast schlimmer als der Mangel an Wein, nämlich dass unser Schlaf gewöhnlich in einer äußerst unangenehmen Weise unterbrochen wurde. Wir mussten oft früh aufstehen, manchmal bevor es hell wurde, um rechtzeitig an geeigneten Halteplätzen anzukommen. So kam es häufig vor, dass unsere türkischen Führer sich durch das Mondlicht täuschen ließen und uns bereits kurz nach Mitternacht mit lautem Getöse weckten, denn die Türken kennen keine Stunden, um die Zeit zu bestimmen, so wie sie auch keine Meilensteine kennen, um Entfernungen zu markieren. Es gibt zwar bestimmte Leute, die so genannten *talismane*, die im Dienste der Moscheen stehen und mit Wasseruhren arbeiten. Wenn diese Uhren ihnen sagen, dass die Morgendämmerung naht, rufen sie von einem speziell zu diesem Zweck errichteten hohen Turm die Männer zum Gebet. Sie wiederholen die Vorstellung in der Mitte zwischen Sonnenaufgang und Mittag, dann wieder mittags, in der Mitte zwischen Mittag und Sonnenuntergang und zum letzten Mal bei Sonnenuntergang. Mit tremolierender Stimme stoßen sie schrille, aber nicht unangenehme Schreie aus, die in weit größerer Entfernung hörbar sind, als man es sich vorstellen kann. Der türkische Tag teilt sich also in vier Perioden ein, die je nach Jahreszeit kürzer oder länger sind. Nachts gibt es jedoch nichts, was die Zeit markieren könnte. Unsere Führer, die sich, wie ich bereits erwähnt habe, durch das Mondlicht täuschen lassen, geben das Signal zum Packen lange vor Sonnenaufgang. Wir müssen dann in aller Eile aufstehen, damit wir nicht zu spät kommen und man uns nicht für alle möglichen widrigen Umstände verantwortlich machen kann. Dann wird unser Gepäck eingesammelt, mein Bett und die Zelte in den Pferdewagen geworfen, die Pferde angespannt, und wir selbst machen uns fertig und warten auf das Zeichen zum Aufbruch. In der Zwischenzeit haben die Türken dann ihren Irrtum erkannt, sind wieder ins Bett gegangen und schlafen ... Ich habe auf dieses Ärgernis so reagiert, dass ich den Türken verboten habe, mich in Zukunft noch einmal zu stören. Sie sollten die Reisegesellschaft künftig zur rechten Zeit wecken und mir sagen, wann wir aufbrechen müssten. Ich erklärte ihnen, dass ich Uhren besäße, die mich nie im Stich ließen, und dass ich selbst alles arrangieren würde. Sie könnten ruhig weiterschlafen, ich würde die Verantwortung übernehmen. Sie könnten sich getrost auf mich verlassen, ich würde schon aufstehen. Sie willigten ein, fühlten sich aber noch nicht ganz wohl dabei. Am nächsten Morgen kamen sie, weckten meinen Diener und baten ihn, er möge mich doch fragen, ›was die Finger meines Zeitmessers sagen‹. Er tat dies und erklärte ihnen dann, so gut er konnte, wie lange es noch dauern würde, bis die Sonne aufginge. Als sie uns auf diese Weise ein-, zweimal auf die Probe gestellt hatten und sicher waren, dass wir sie nicht getäuscht hatten, verließen sie sich auf uns und brachten ihre Bewunderung über die Zuverlässigkeit unserer Uhren zum Ausdruck. So konnten wir unseren Schlaf genießen, ohne durch ihr Getöse geweckt zu werden.«[91]

In einem späteren Brief aus dem Jahre 1560 bemerkte Busbecq: »... keine Nation hat bereitwilliger nützliche Erfindungen von anderen übernommen: Zum Beispiel haben sie sich die Verwendung großer und kleiner Kanonen und viele andere Neuerungen angeeignet. Sie haben es jedoch niemals über sich gebracht, Bücher zu drucken oder Uhren an öffentlichen Plätzen aufzustellen. Sie behaupten, dass ihre Schriften, also ihre heiligen Bücher, keine heiligen Schriften mehr wären, wenn sie gedruckt würden; und wenn sie öffentliche Uhren aufstellen würden, befürchten sie, wäre die Autorität der Muezzins und ihrer alten Rituale abgewertet.«[92]

Jean Chardin, ein anderer europäischer Reisender, der 1674 Persien besuchte, wird 1683 von dem englischen Chronisten John Evelyn mit dem Satz zitiert, die Perser »hatten weder große Uhren noch Taschenuhren.«[93]

Busbecqs Beschreibung der Einstellung zur Messung von Raum und Zeit bei den Türken oder allgemeiner im gesamten Nahen Osten war zweifellos übertrieben, aber sicher nicht ganz falsch. Immer wieder haben Reisende feststellen müssen, wie extrem die Variabilität der allgemein gebräuchlichen Maße und Gewichte war. Der englische Arabist Edward William Lane, der zwischen 1833 und 1835 einen großen Teil seiner Zeit in Ägypten verbracht und Land und Leute ausführlich beschrieben hat, bemerkte: »Über die in Ägypten verwendeten Maße und Gewichte kann ich nichts Genaues sagen: Es ist mir selbst nach sorgfältiger Suche nicht gelungen, zwei Exemplare mit der gleichen Bezeichnung zu finden, die exakt gleich waren, und gewöhnlich war der Unterschied sogar beträchtlich.«[94]

Es gab tatsächlich große Unterschiede. Das *ratl*, das am weitesten verbreitete Gewicht auf den Märkten, das ungefähr einem europäischen Pfund entspricht, konnte sehr unterschiedlich sein, je nachdem, was gewogen wurde und wo es gewogen wurde. Das Gleiche galt für Raummaße. Um die Verwirrung noch zu vergrößern, wurden für unterschiedliche Werte dieselben Bezeichnungen verwendet. Bei den Längenmaßen sieht es ganz ähnlich aus.

Im Mittelalter hatte der Islam umfangreiches Wissen aus dem klassischen Altertum und aus den noch weiter zurückliegenden alten Kulturen des Nahen Ostens übernommen. Man ergänzte diesen Wissensschatz durch Erkenntnisse, die man durch eigene Experimente und Forschungsarbeiten gewonnen hatte, vor allem auf dem Gebiet der Kartografie, Geografie, Geometrie und Astronomie. Vor allem das Letztere erforderte sehr genaue Berechnungen von Zeit und Raum. Aber all das hatte offenbar kaum Auswirkungen auf die alltägliche Messung von Zeit und Entfernungen aus praktischen Gründen, für die man einfachere und elementarere Methoden verwendete.

Längenmaße teilten sich grundsätzlich in drei Kategorien ein. Die erste bezog sich auf kleine Dimensionen und diente dem praktischen Gebrauch und dem Handel. Man verwendete diese Maße für Stoffe und ähnliche Dinge und im Baugewerbe. Normalerweise orientierten sich diese Maße an Körperteilen: Finger, Faust, Spanne, Elle, Unterarm, Klafter (das ist die Entfernung von Fingerspitze zu Fingerspitze bei ausgestreckten Armen).

Eine zweite Verwendung von Längenmaßen, bei der man größere Einheiten gebrauchte, diente der Definition umgrenzter Räume. Solche Maße benötigten das Katasteramt und die Steuerbehörde, es wurde damit Land vermessen, das entweder Grundeigentum war oder, was häufiger vorkam, den Untertanen zugeteilt wurde. Für die Steuer und die Umlagen benötigte man etwas genauere Maße als für Handel und Verkehr. Maße, die in früheren

Zeiten verwendet worden waren, basierten zumeist auf Erfahrungswerten aus der Landwirtschaft. Ein Kriterium war zum Beispiel die Fläche, die mit einer bestimmten Menge Samen eingesät oder in einer bestimmten Zeit umgepflügt werden konnte.

Derselbe Gebrauch von Zeitmaßen zur Angabe von Entfernungen spielt auch bei geografischen Entfernungen eine Rolle. Geografen und Kartografen benutzten Systeme, die zumeist noch aus dem klassischen Altertum stammten. Für die meisten praktischen Zwecke waren sie jedoch zu geheimnisvoll und ungenau. In Reisebeschreibungen, in Chroniken und im öffentlichen und privaten Schriftverkehr wird die Entfernung zwischen zwei Orten fast ausschließlich in Zeitbegriffen gemessen, wobei die Maßeinheiten Stunden und Tage sind. Aber die Tage sind je nach Jahreszeit unterschiedlich lang; die Stunde, eine willkürliche, vom Menschen geschaffene Einteilung, hat unterschiedliche Bedeutungen; und die Entfernung, die jemand in einer Stunde oder an einem Tag zurücklegen kann, wird durch das Terrain und den Reisenden selbst beeinflusst, tatsächlich sogar bestimmt.

Maßeinheiten für die Reise bezogen sich auf den menschlichen Körper in Bewegung. So wurde das alte persische *farsakh*, das dem griechischen *parasang* entspricht, als die Entfernung definiert, die ein Mensch in einer Stunde zu Fuß zurücklegen kann. Das arabische *marhala* (türkisch *konak*) entsprach einer Tagesreise. In den ehemaligen byzantinischen Provinzen behielt die muslimische Regierung eine Zeit lang die römische Meile bei, die im Arabischen *mīl* heißt. Auch hier erkennt man den Versuch, eine Beziehung herzustellen – ein *farsakh* hatte angeblich drei Meilen, eine Meile hundert Klafter.

Die Gewohnheit, Entfernungen in Zeit und Bewegung zu messen, hat sich bis zum heutigen Tag erhalten. Wenn man einen Bauern fragt, wie weit es bis zum nächsten Dorf ist, dann ist es gar nicht ungewöhnlich, dass er »eine Zigarette« sagt – und damit meint, dass man in der Zeit, die man braucht, eine Zigarette rauchen könnte.

Busbecq irrte sich, als er dachte, es gäbe keine Meilensteine. Die ältesten islamischen Meilensteine stammen aus dem Jahre 86 A.H. (705 n. Chr.) und wurden von dem Kalifen 'Abd al-Malik im Distrikt Jerusalem aufgestellt. Zwei von ihnen zeigen in Richtung Jerusalem, einer sieben Meilen, der andere acht Meilen von der Stadt entfernt. Die anderen beiden weisen nach Damaskus und sind 107 und 109 Meilen von dieser Stadt entfernt.[95] Sie sind ein Relikt aus der Vergangenheit, denn die Verwendung von Meilen und Meilensteinen hat im Allgemeinen im islamischen Nahen Osten kaum eine Bedeutung. Das Wort »Meile«, arabisch *mīl*, blieb im Sprachgebrauch, wurde aber sozusagen assimiliert. Arabische Lexikographen definieren sie als die Entfernung, die das Auge zu Lande überblicken kann. Manche schätzen sie auf dreitausend Ellen, andere auf viertausend. Sie verwenden dabei verschiedene Ellen, stimmen aber darin überein, dass es 96 000 Daumenbreiten sind. Aber selbst wenn Busbecq sich in diesem Falle geirrt hat, kann man seinen Unmut verstehen.

Was die Zeitmessung anbetrifft, war die Situation nicht besser. Der Tag, der Monat und das Jahr waren durch die Natur festgelegt, obwohl man nebenbei anmerken muss, dass für die Muslime wie für die Juden der Tag bei Sonnenuntergang beginnt: »Da ward aus Abend und Morgen der erste Tag« (Genesis 1,5). Um weniger als einen Tag oder mehr als ein Jahr messen zu können, fand der menschliche Erfindergeist Lösungen: die Uhr, um den Tag einzuteilen, den Kalender, um die Jahre zählen zu können. Die Einteilungen des Tages erfolgen demnach durch Übereinkunft, und so entstehen beträchtliche Unterschiede.

Die wichtigste Maßeinheit des Tages, die Stunde (arabisch *sā'a*, aramäisch *sha'ta*, hebräisch *sha'a*), gab es bereits in der Antike. In der hebräischen Bibel kommt das Wort nur fünfmal vor, und zwar ausschließlich im Buch des Propheten Daniel – das heißt, nach der babylonischen Gefangenschaft, als die Juden unter dem Einfluss der babylonischen Kultur standen. Von den fünf Erwähnungen beziehen sich vier (Kapitel 3,6; 3,15; 4,30; 5,5) auf etwas, das sich im gleichen Augenblick ereignet hat wie etwas anderes. Nur bei einem einzigen Ereignis (Buch Daniel 4,16) erscheint das Wort, um eine Zeiteinheit anzugeben, was im Übrigen in vielen Übersetzungen nicht erkennbar ist.

In der talmudischen Literatur wird das Wort bereits sehr häufig verwendet, um aus einer Abfolge von numerischen Unterteilungen des Tages oder der Nacht jeweils eine anzuzeigen – wie viele es sind und wie lange sie dauern, ist nicht immer klar.

Im Koran kommt das Wort *sā'a* nicht weniger als 47 Mal vor, wovon sich 33 auf die »letzte Stunde« beziehen. Es hat dann die ältere Bedeutung eines Moments oder Augenblicks.

Zu einem nicht genau datierbaren, aber mit großer Sicherheit frühen Zeitpunkt haben die Araber den Gedanken übernommen, den Tag in vierundzwanzig Stunden einzuteilen. Es gab jedoch zwei Arten von Stunden. Die einen waren je nach Jahreszeit unterschiedlich lang, die anderen immer gleich. In einer Kultur, die sich relativ nahe am Äquator befand, waren die zeitlichen Abweichungen weniger groß als in den entfernteren Ländern Europas. In osmanischer Zeit hatte man einen Kompromiss gefunden: Der Tag wurde in vierundzwanzig gleiche Stunden eingeteilt, die Zählung begann jedoch der alten

Tradition folgend bei Sonnenuntergang. Das hatte zur Folge, dass die Uhren im Grunde genommen jeden Tag neu gestellt werden mussten. Reisende sprachen in diesem Zusammenhang häufig von »türkischer Zeit« oder »arabischer Zeit«. Diese beiden Systeme der Zeitmessung blieben bis heute in Kraft, aber die modernen Uhren verdrängten nach und nach die variable Uhr.

Abgesehen von der in der Natur sichtbaren Einteilung des Tages durch Sonnenaufgang, Mittag und Sonnenuntergang war eine andere Unterteilung von entscheidender Bedeutung für die Muslime, und das war die Festlegung der Gebetszeiten. Aus dem gleichen Grund war auch die Geografie eine so wichtige Wissenschaft: Nur mit ihrer Hilfe ließ sich die Richtung des Gebets bestimmen, das heißt, die Richtung Mekkas. Dies war vor allem in den gerade erst islamisierten Ländern wichtig, in denen es noch keine etablierte Tradition gab.

Die fünf täglichen Gebete Richtung Mekka gehören zu den Pflichten eines jeden Muslims. Einmal in der Woche, jeweils am Freitag, findet das gemeinsame Gebet statt. An den anderen Wochentagen betet jeder für sich, wenn nötig allein, wo immer er sich gerade befindet. Die Zeit wird durch Beobachtung festgestellt und es kommt dabei nicht auf die Minute an. Die Zeiten für die fünf Gebete sind: 1. das Gebet vor Sonnenaufgang, 2. das Mittagsgebet, wenn die Sonne den Zenith überschreitet, 3. das Nachmittagsgebet, wenn die Schatten der Dinge deren Höhe entsprechen, 4. das Gebet bei Sonnenuntergang, wenn die Sonne hinter dem Horizont verschwunden ist, und 5. das Abend- oder Nachtgebet, wenn das letzte Tageslicht erloschen ist. Die genaue Beobachtung dieser Phänomene ist daher von entscheidender Bedeutung und wird natürlich sehr stark von regionalen und jahreszeitlichen Unterschieden bestimmt. Schon in früher Zeit haben islamische Gelehrte und Wissenschaftler sich intensiv darum bemüht, die korrekten Zeiten und die Richtung für die Gebete zu bestimmen und tabellarisch festzuhalten. Einerseits geschah das durch einfache Beobachtung, andererseits durch die Entwicklung von speziellen Instrumenten und Tabellen.

Abgesehen vom Gebet gab es nur wenige Aktivitäten, die eine exakte Zeitangabe erfordert hätten. Man benötigte nicht einmal eine ungefähre Uhrzeit. Es gab in dieser Gesellschaft weder ein Parlament noch Stadträte, und das öffentliche Leben kam ohne Terminpläne aus. Der Diwan des Osmanischen Reichs, der noch am ehesten einer Ratsversammlung entspricht, kam viermal in der Woche – Samstag, Sonntag, Montag und Dienstag – zusammen. Zeitgenössischen Berichten zufolge begann man bei Tagesanbruch und arbeitete bis zum Mittag, dann zogen sich die Bittsteller und andere Besucher zurück, und den Mitgliedern der Versammlung wurde das Mittagessen serviert. Anschließend diskutierte man über die Dinge, die noch erledigt werden mussten. In den Schulen war der Unterrichtstag natürlich durch die Gebete geregelt. Auch Reisen – von Karawanen wie von Einzelpersonen – wurden um die Gebete herum organisiert, letzten Endes also durch die drei Wendepunkte des Tages: Sonnenaufgang, Mittag und Sonnenuntergang.

Eine wichtige Persönlichkeit an den Höfen der Herrscher des Nahen Ostens war der *Munajjim*, der in sich die Funktionen eines Astrologen und Astronomen vereinte. Er war in erster Linie mit der Festsetzung der astrologischen Zeit beschäftigt, das heißt, er suchte die günstigste Zeit für den Beginn eines neuen Projektes aus – eine Hochzeit, ein Feldzug, eine Reise oder Ähnliches. In seiner Rolle als Astronom war er außerdem für die astronomischen Tabellen verantwortlich, die er notfalls korrigieren musste. Außerdem hatte er die Aufgabe, eine Art von Beziehung zwischen der astronomischen und der praktischen Zeit herzustellen.

Der Gebrauch von Apparaten zur Messung des Zeitverlaufs war im Nahen Osten keineswegs neu. Die alten Griechen benutzten zwei Apparaturen zur Zeitmessung: die Sonnenuhr und die Wasseruhr. Beide waren im Nahen Osten erfunden worden – die Sonnenuhr Herodotos zufolge von den Babyloniern, die Wasseruhr von den Ägyptern. Bei der Sonnenuhr bestimmt man die Zeit, indem man die Veränderung der Länge und der Richtung des Schattens misst. Sie variiert demzufolge je nach der Jahreszeit und dem Ort der Messung. Griechische Mathematiker entwickelten verschiedene Möglichkeiten, um diese beiden Probleme zu lösen. Natürlich war die Sonnenuhr zwischen Sonnenuntergang und Sonnenaufgang oder bei bedecktem Himmel nicht zu gebrauchen. Und dagegen gab es nun mal kein Mittel. Die Wasseruhr – eine Apparatur, aus der in regelmäßigem Tempo Wasser heraustropft – hatte zwar den Vorteil, dass sie auch im Dunkeln funktionierte, bereitete aber Probleme bei der Wartung. Auch hier bewiesen die griechischen Mathematiker einen erstaunlichen Erfindergeist, als sie Automaten entwickelten, die die Zeit mit dem Medium Wasser maßen, manche sogar mit musikalischer Begleitung. Im Mittelalter entwickelten muslimische Wissenschaftler neue, ziemlich ausgetüftelte Apparate. Einige von ihnen gelangten sogar bis nach Europa, wo man sie jedoch eher als Kunstwerke denn als Dinge für den täglichen Gebrauch schätzte.

Die mechanische Uhr stammt aus Europa, wo sie zum ersten Mal zu Beginn des 14. Jahrhunderts erwähnt wird. Die Verbreitung der europäischen Uhren im Nahen Osten war ein langer Prozess. Sultan Mehmed II. soll diesen Uhren ein gewisses Interesse entgegengebracht haben. Dasselbe wird von Sultan Süleiman dem Prächtigen berichtet, dem der französische König im Jahre 1547 ein Geschenk machte: eine »großartige Uhr, die in Lyon hergestellt worden war, mit einer Fontäne, die in zwölf Stunden das Wasser abgab, das man hineingegossen hatte, ein Meisterstück von unschätzbarem Wert.«[96]

Im 16. Jahrhundert waren europäische Uhren in großen Teilen des Nahen Ostens in Gebrauch. Man benutzte sie vor allem in Moscheen, um die Zeiten für die fünf täglichen Gebete genauer bestimmen zu können. Taqī al-Dīn, der Erbauer des Observatoriums von Istanbul, schrieb sogar eine Abhandlung über Uhren, die mit Gewichten und Federn arbeiteten. Mitte und Ende des 17. Jahrhunderts gab es in Istanbul bereits eine Uhrmacherzunft, deren Mitglieder allerdings Emigranten aus Europa und keine Einheimischen waren. Gegen Ende des 17. Jahrhunderts konnten sie mit den Importen aus Europa, wo man Uhren speziell für den Markt im Nahen Osten herstellte und die Qualität von Pendeluhren und federgetriebenen Taschenuhren ständig verbesserte, nicht mehr konkurrieren. Voltaire erwähnt in seinen Briefen Uhrmacher, die auf seinem Besitz in Ferney lebten und mit seiner Hilfe ihre Produkte in die Türkei exportierten.

Im 17. und 18. Jahrhundert tauchten Uhren immer häufiger auf, zunächst als Geschenke europäischer Gesandtschaften und Unternehmen an Monarchen und prominente Persönlichkeiten, später auch als Handelsartikel. Wartung und Reparatur dieser ungewöhnlichen Apparaturen stellten natürlich ein Problem dar, und nur zu oft wurde eine Uhr, die aus irgendeinem Grund nicht mehr funktionierte, einfach beiseite gelegt oder weggeworfen. Man ging deshalb dazu über, Handwerker mitzuschicken, die den Gebrauch der Uhren erklärten und sie wenn nötig reparierten. Manche von ihnen ließen sich sogar in der

Türkei und seltener auch in Persien nieder. In einigen Handelsabkommen und Verträgen, die zwischen europäischen und nahöstlichen Regierungen geschlossen wurden, verpflichteten sich die europäischen Partner, nicht nur Uhren zu liefern, sondern auch Uhrmacher mitzuschicken.

Im 18. Jahrhundert, wenn nicht schon früher, gab es zahlreiche Uhren in privatem Besitz, wie man aus den Inventarlisten verstorbener Personen ersehen kann. Unter den westlichen Gegenständen, die in diesen Listen aus Istanbul aufgeführt sind, nehmen Uhren den ersten Platz ein; ihre Zahl ist ungefähr doppelt so groß wie die der Pistolen und Musketen, die an zweiter Stelle aufgelistet sind. Ferngläser, Teleskope und Brillen folgen später und in bedeutend kleineren Mengen.[97]

Vom 19. Jahrhundert an wurden Uhren zum alltäglichen Gebrauchsgegenstand – doch alle befanden sich in Regierungs- oder Privatbesitz. Die Praxis, öffentliche Uhren in Türmen oder anderen Gebäuden zu installieren, war damals noch unüblich. Einige wenige fanden sich in den Balkanprovinzen des Osmanischen Reichs, wo die meisten Einwohner Christen waren – viele noch aus der Zeit vor der osmanischen Eroberung. Aber das waren Einzelfälle, ohne Bedeutung für andere Orte.

Eine öffentliche Uhr, die im Auftrag des Schah ʿAbbās (1587–1629) von einem Engländer auf dem Markt von Isfahan installiert worden war, existierte offenbar nur kurze Zeit. Erst Mitte des 19. Jahrhunderts wurde in Istanbul auf dem Grundstück des Dolmabahçe-Palasts die erste öffentliche Uhr installiert – wahrscheinlich die erste in einem islamischen Land überhaupt. Etwa zur gleichen Zeit, im Jahre 1854, wurde in der Zitadelle von Kairo ein Uhrenturm errichtet, ausgestattet mit einer Uhr, die dem ägyptischen Herrscher Mohammed ʿAli Pascha vom französischen König Louis Philippe geschenkt worden war.

Wie immer, wenn Technologie und ihre Kultur nur geborgt werden, gab es auch bei der Einführung der Zeitmessung eine zeitliche Verzögerung. Dieses Problem wurde durch die allgemeinen Veränderungen in der islamischen Welt verschärft. Einige Jahrhunderte zuvor war der islamische Nahe Osten weltweit führend gewesen im Hinblick auf Wissenschaft und Technologie, so auch auf dem Gebiet der Zeitmessung. Aber ausgerechnet zu einer Zeit, in der sich das westliche Europa anschickte, einen neuen Gipfel des Fortschritts zu erstürmen, stagnierte im Nahen Osten die Weiterentwicklung von Wissenschaft und Technologie.

Die Unterschiede traten zwar erst allmählich zutage, wurden aber immer größer. Ende des 18. Jahrhunderts produzierten die Uhrmacher in Istanbul immer noch Uhren, wie man sie in Europa bereits Anfang des 17. Jahrhunderts hergestellt hatte. Hier wie bei vielen anderen Dingen war man einfach nicht in der Lage, mit dem immer rascher fortschreitenden Westen Schritt zu halten.

Die Woche hat, ebenso wenig wie die Stunde, einen Bezug zu natürlichen Gegebenheiten. Bei Juden, Christen und Muslimen ist die Woche durch die heiligen Schriften bestimmt, und ihr jeweils letzter Tag, der Tag der Ruhe und des öffentlichen Gebets, ist unterschiedlich festgelegt: Samstag bei den Juden, Sonntag bei den Christen, Freitag bei den Muslimen. Selbst der Ablauf der Monate und Jahre bietet noch Raum für religiöse Auslegung und menschlichen Erfindergeist. Schon im Altertum bemerkten die Astronomen die Diskrepanz zwischen dem Mondjahr und dem Sonnenjahr und fanden verschiedene Möglichkeiten, sie zu überbrücken – die bekannteste von ihnen ist das Schaltjahr. Aus religiösen Gründen legte der Islam im Gegensatz zum Christentum und zum Judaismus einen reinen Mondkalender fest, was zur Folge hat, dass die islamischen Feiertage dreimal in jedem Jahrhundert durch das Sonnenjahr rotieren. Dieser Kalender wird nach dem Beginn des arabischen Jahres berechnet, in dem die Hedschra (auch: Hedjra/Hidjra) stattgefunden hat, die Wanderung des Propheten von Mekka nach Medina.

Da der Hedschra-Kalender ein reiner Mondkalender ist, führte er in der öffentlichen Verwaltung zu einigen Schwierigkeiten. In einer Zeit, in der die Steuereinnahmen hauptsächlich aus der Landwirtschaft kamen, die wiederum vom Wechsel der Jahreszeiten abhängt, machte sich das besonders bemerkbar. Schon früh haben deshalb islamische Regierungen neben den religiösen Mondkalendern für Verwaltungsaufgaben eine Reihe von verschiedenen Sonnenkalendern übernommen. Einige von ihnen stammten aus der Zeit vor dem Islam, so zum Beispiel die Sonnenkalender, die zu Zeiten der Eroberung Ägyptens und des Irans benutzt worden waren. Andere waren nachislamisch. Das osmanische *maliye*, das Steuerjahr, war eine Umsetzung der islamischen Zeitrechnung in den Sonnenkalender; man verwendete islamische Daten mit den Monaten der christlichen Ostkirche. Der Kalender stammt aus dem Jahre 1790 und war fast bis zum Ende des Osmanischen Reichs gültig. Ein persischer Kompromiss, der das islamische Jahr mit den alten persischen Monaten kombinierte, ist im Iran bis zum heutigen Tag in Kraft. Bei beiden tauchten zwangsläufig Abweichungen zwischen der echten islamischen Mondrechnung und dem übernommenen islamischen Jahr auf. So fand zum Beispiel die Revolution der Jungtürken von 1908 im Jahr 1326 der Hedschra- und im Jahr 1324 der *maliye*-Zeitrechnung statt. Die iranische Revolution von 1979 ereignete sich im Jahr 1399 der Hedschra und im Jahr 1358 des iranischen Sonnenkalenders.

Private und geschäftliche Korrespondenz wurde, soweit man weiß, nach dem islamischen Kalender datiert, Steuerangelegenheiten dagegen nach einem oder mehreren Sonnenkalendern. Bis zum 19. Jahrhundert trugen diplomatische Dokumente islamische Monddaten – die aber gelegentlich eine kuriose Ungenauigkeit aufweisen. Briefe des osmanischen Königs und andere Sendschreiben geben das Jahr in Zahlen, den Monat jedoch mit Namen an. Der Tag wird normalerweise als der Erste oder der Letzte des Monats angegeben, oder es wird das erste, mittlere oder letzte Drittel des Monats angeführt.

Angesichts solcher und ähnlicher Schwierigkeiten kann es nicht weiter überraschen, dass der christliche Kalender in seiner gregorianischen Version inzwischen für alle öffentlichen Angelegenheiten und Regierungsfunktionen übernommen wurde – und zwar von Muslimen und Juden im Nahen Osten und von Nichtchristen auf der ganzen Welt. Die allgemeine Anwendung dieser Regelung lässt sich daran erkennen, dass man im internationalen Gebrauch die Angaben A.D. und B.C. – die deutschen Entsprechungen sind *n. Chr.* und *v. Chr.* – durch C.E. (Common Era; im Deutschen manchmal wenig glücklich *u. Z.* für *unserer Zeitrechnung*) und B.C.E. (Before Common Era; bzw. *v. u. Z.* für *vor unserer Zeitrechnung*) ersetzt hat.

Der westliche Einfluss galt nicht nur für die Zeit, sondern auch für die Messung, Wahrnehmung und Nutzung des Raums. Man erkennt das sofort, wenn man europäische und islamische Malerei vergleicht, vor allem an der künstlerischen Auffassung und Verwendung der Perspektive. Der europäische Einfluss sowohl in der Wandmalerei als auch bei Miniaturen lässt sich in der türkischen und persischen Malkunst schon sehr früh nachweisen.

Die räumliche Wahrnehmung wurde maßgeblich beeinflusst durch zwei Dinge aus Europa, mit denen das Sehvermögen verbessert wird – die Brille und das Teleskop. Brillen gab es nachweislich bereits im 15. Jahrhundert, und man findet sie schon im Iran, also weit im Osten. Dort beklagte sich der Dichter Jāmī über die Schwächen des Alters und bemerkte, dass seine Augen jetzt nicht mehr zu gebrauchen seien, »wenn nicht mithilfe von fränkischen Gläsern aus zweien vier werden«[98]. Soldaten und Beamte im Nahen Osten erkannten sehr schnell den Wert eines Fernrohrs für militärische Zwecke und später, in Kombination mit anderen Geräten, zur Grenzziehung. Das ermöglichte eine klar markierte Grenzlinie – bis zu diesem Zeitpunkt ein ausschließlich europäischer Gedanke.

Mittelalterliche islamische Staaten hatten keine Grenzen im modernen Sinne. Wie bei der Zeit gab es auch beim Land keine genauen Abgrenzungen. Es gab eine Zone, einen Streifen oder ein Intervall. Das reichte für alle praktischen Zwecke. Die islamischen Gesetze, die der Regelung der Beziehungen innerhalb und außerhalb eines Staates dienten, bezogen sich auf Menschen, nicht auf Orte. Ein Herrscher herrschte so weit, wie er Steuern eintreiben und die Ordnung aufrechterhalten konnte. Wo es keine Steuern einzutreiben gab, spielte die genaue Grenze auch keine Rolle. Die Wüsten wurden ähnlich betrachtet wie das Meer. Die Vorstellung von Grenzen und genauen Grenzziehungen kam aus Europa, zusammen mit der Idee, dass so etwas möglich und notwendig sei. Das Osmanische und das persische Reich lagen mit Unterbrechungen etwa vierhundert Jahre lang miteinander im Streit, aber erst 1914 zog man mit der Unterstützung einer englisch–russischen Expertenkommission endlich eine genaue Grenze zwischen beiden Ländern. Diese Linie mar-

kiert auch heute noch die Westgrenzen des Irans, zur Türkei im Norden und zum Irak im Süden, wo sie Anlass zu
einigen Grenzstreitigkeiten gab.

Die westlichen Vorstellungen – und Maße – von Zeit
und Raum haben sich auch auf die Malerei und die Musik
ausgewirkt. Wir können europäische Einflüsse an Miniaturen aus ganz früher Zeit und bis weit in den Iran hinein
erkennen. Eine der besonderen Attraktionen der westlichen Malerei, vor allem der Porträts, muss sicherlich die
Verwendung der Perspektive gewesen sein, die ein Ausmaß an Realismus und Genauigkeit möglich machte, das
in der stilisierten und sehr formalen Kunst der traditionellen Miniaturen nicht erreicht werden konnte. Bilder
der Ka'ba in Mekka, des heiligsten Altars des Islam, finden
sich überall in osmanischen Ländern und auch anderswo.
Dies sind natürlich schematische Darstellungen. Irgendwann im 18. Jahrhundert malte ein europäischer Künstler
diesen Altar in europäischem Stil, das heißt unter Verwendung der Perspektive. Das Bild befindet sich auf einer
Spieluhr, die in England für den türkischen Markt hergestellt wurde.[99]

Ende des 18. und Anfang des 19. Jahrhunderts wurde
der europäische Einfluss sowohl bei den Gebäudestruktu-
ren als auch in der Innenarchitektur deutlich. Im 19. Jahrhundert war dieser Stil so weit verbreitet, dass ältere
künstlerische Traditionen ausstarben und der neuen Kunst
aus Europa Platz machen mussten.

Wie die Wahrnehmung und Messung des Raums die
bildenden Künste beeinflusste, so beeinflusste die Wahrnehmung und Messung der Zeit die Musik – wenn auch
in geringerem Maße. Auf den ersten Blick ist die Ablehnung westlicher Musik innerhalb des generellen Prozesses der Verwestlichung das Gegenteil von dem, was man
erwarten würde. Es wäre anzunehmen, die Sprachkultur

185

bereite die größten Schwierigkeiten, da sie die Beherrschung der Fremdsprache oder die Vermittlung durch einen Übersetzer erfordert. Trotzdem ist es gerade die Literatur und allgemeiner die Sprachkultur, die am ehesten akzeptiert und assimiliert wurde. Selbst unter den nonverbalen kulturellen Einflüssen finden wir diesen Gegensatz zwischen den visuellen Einflüssen – Malerei und Architektur –, die sich sehr weit ausgebreitet haben, und den musikalischen, bei denen der Prozess nur sehr langsam und sehr begrenzt ablief. Daran können wir womöglich ein wichtiges Charakteristikum der westlichen Kultur ablesen.

Ein typisches Merkmal der westlichen Musik ist die Polyphonie, die durch Harmonie und Kontrapunkt gekennzeichnet ist. Das beginnt in der einfachsten Form beim Chor, in dem selbstständig geführte Stimmen verschiedene Noten singen, um in ihrem Ablauf eine bestimmte gemeinsame Wirkung zu erzielen. Dann erkennt man es am Tasteninstrument, bei dem die zehn Finger der beiden Hände verschiedene Wege verfolgen, die einem gemeinsamen Zweck dienen; und schließlich am musikalischen Ensemble, vom Duett und Trio bis zum großen Orchester. Verschiedene Musiker spielen zusammen, jeder mit anderen Noten, und gemeinsam produzieren sie etwas, das größer ist als die Summe seiner Teile.

Mit ein bisschen Fantasie kann man die gleichen Merkmale in anderen Aspekten der westlichen Kultur entdecken – in der demokratischen Politik und in Mannschaftsspielen, die beide eine harmonische, wenn nicht sogar einmütige Zusammenarbeit erfordern, bei der verschiedene Akteure ein gemeinsames Ziel verfolgen. In der parlamentarischen Arbeit und bei Mannschaftsspielen gibt es eine noch weiter gehende Art der Kooperation im Widerstreit. Rivalisierende Parteien oder Mannschaften versuchen, ihren Gegner zu besiegen, respektieren dabei jedoch bestimmte Regeln und halten sich an bestimmte Zeitvorgaben. Man kann das gleiche Phänomen auch bei zwei spezifisch westlichen literarischen Schöpfungen entdecken – beim Roman und, noch deutlicher, bei Theaterstücken. In beiden Fällen kommt es zu gemeinsamen Handlungen einer Anzahl von Individuen – im Roman in der Fantasie, im Theater in persona –, deren Charaktere und deren Beziehungen zueinander sich im Lauf der Zeit entwickeln und verändern. Das ist der Unterschied zwischen einer Erzählung und einem Roman, zwischen einer Lesung und einer Theateraufführung und – das könnte man noch hinzufügen – zwischen dem Autokraten und dem Parlament. Die gleichen Eigenschaften lassen sich noch deutlicher erkennen, wenn man die Arbeit eines Historikers mit der eines Chronisten vergleicht.

Zu allem gehört ein gewisses Maß an Harmonie – beim Romancier oder Drehbuchautor, Parteichef oder Teamchef, Komponisten oder Dirigenten. In noch stärkerem Maße trifft das alles auf die moderne wissenschaftliche Forschung zu, die nicht mehr dem einsamen Genie vorbehalten ist, sondern zunehmend Teamwork und Organisation erfordert. Die moderne Wissenschaft hat unsere Fähigkeit zur Beobachtung und Messung von Zeit und Raum in einem Maße erweitert, das vorher undenkbar gewesen wäre: Die Skala reicht inzwischen von einer Nanosekunde bis zu einem Lichtjahr.

Polyphonie, ganz gleich in welcher Form, erfordert eine genaue Synchronisation. Die Fähigkeit, zu synchronisieren, Zeiten genau aufeinander abzustimmen und sie zu diesem Zweck genau zu messen, ist ein essenzielles Charakteristikum der Moderne und daher auch ein notwendiges Mittel der Modernisierung.

Die genaue Messung der verrinnenden Zeit ist natürlich eine Voraussetzung für die moderne Wissenschaft und Technologie – das gilt sowohl für die Forschung als auch für die technologische Umsetzung. Sie ist auch ein entscheidendes Kriterium des privaten und öffentlichen Lebens in einer modernen Gesellschaft – das ist so offensichtlich, dass es in der Regel als selbstverständlich betrachtet wird. Der Fahrplan, der Terminkalender: alle diese pedantischen tabellarischen Auflistungen einer Reihe von Ereignissen, die zu einem vorher festgelegten Zeitpunkt stattfinden, sind elementare Dinge. In vieler Hinsicht ist das gewöhnlichste, zugleich aber auch mächtigste Instrument der Modernisierung die Eisenbahn. Sie ist das älteste öffentliche Transportmittel, das genau festgelegte Entfernungen in genau festgelegten Zeiten zurücklegt und das allen zur Verfügung steht, die sich eine Fahrkarte leisten können. Der Eisenbahn folgten dann zahlreiche andere Transportmittel, die immer größere Entfernungen mit immer größer werdenden Geschwindigkeiten überbrückten. Es hat nicht lange gedauert, bis der Westen von diesen Kommunikationsnetzen überzogen war. Heute gehören Fahrpläne und Flugpläne zum Alltag. Die Eisenbahn brachte den Fahrplan auch in den Nahen Osten, und mit ihm kamen auch all die anderen Formen des modernen Transports und des modernen Lebens. Im Nahen Osten steht den Regierungen – und in zunehmendem Maß auch der Opposition und sogar denjenigen, die die Regierung stürzen wollen – heute der gesamte Apparat der modernen Kommunikation zur Verfügung: Das reicht vom Telegrafen über das Telefon bis zum Fernsehen, und seit kurzem kommen noch solche Neuerungen wie Fax und Internet hinzu.

Ohne Zeitpläne könnten weder die Gesellschaft noch die Wirtschaft funktionieren, und der Staat würde sehr bald im Chaos versinken. Es gäbe dann nicht einmal mehr so wichtige Merkmale des modernen Lebens wie Umzüge und Demonstrationen, politische Parteien und Geschäftsunternehmen, Lehrpläne in den Schulen und Streitkräfte – von riesigen Armeen bis zur einfachen Infanterieeinheit.

Die moderne Geschichte des Nahen Ostens beginnt nach Übereinkunft der meisten Historiker der Region im Jahre 1789. Damals gelangte die Französische Revolution in Person des Generals Napoleon Bonaparte und seines Expeditionskorps nach Ägypten, und damit geriet zum ersten Mal eines der islamischen Kernländer unter die Herrschaft einer westlichen Macht und den Einfluss westlicher Einstellungen und Ideen. Interessanterweise erkannte man diesen Aspekt der französischen Besatzung in Istanbul sofort, wo der Sultan, als Suzerän (Oberherr) von Ägypten, sich große Sorgen um die staatsgefährdenden Auswirkungen dieser Ideen auf seine Untertanen machte. Er ließ deshalb eine Proklamation in türkischer und arabischer Sprache vorbereiten und in allen osmanischen Ländern verteilen. In diesem Aufruf sollten die Lehren des revolutionären Frankreich widerlegt werden. Er beginnt: »... Im Namen Gottes, des Barmherzigen und Mitleidsvollen. Ihr, die ihr an die Einheit Gottes glaubt, Gemeinde der Muslime, wisset, dass die französische Nation (möge Gott ihre Wohnungen verwüsten und ihre Banner entwürdigen) aus Ungläubigen und abtrünnigen Übeltätern besteht. Sie glauben nicht an die Einheit des Herrn über Himmel und Erde und nicht an die Mission des Fürsprechers am Tag des Jüngsten Gerichts, sondern haben alle Religionen verlassen und verleugnen die Nachwelt und ihre Strafen. Sie glauben nicht an den Tag der Auferstehung und behaupten, dass allein der Lauf der Zeit uns zerstöre und dass es danach keine Auferstehung, kein Jüngstes Gericht, keine Prüfung, keine Vergeltung, keine Frage und keine Antwort gäbe.«[100]

Der Ausdruck »Lauf der Zeit« ist eine Anspielung auf den Koranvers 45,23/24: »Sie [die Ungläubigen] sagen, ›in unserem Leben gibt es nur diese Welt. Wir sterben und wir leben und nur die Zeit zerstört uns.‹ Davon wissen sie nichts, sie vermuten es nur.« Das Wort, das mit »Zeit« übersetzt wird, ist das arabische *dahr*, eines der vielen arabischen Worte für »Zeit«. Es wird in der Regel im Sinne von verrinnender Zeit oder oft auch Zeitdauer gebraucht. Der Terminus *dahriyya*, die Anhänger des *dahr*, ist die klassische Bezeichnung islamischer Theologen für Materialismus in seinen zahlreichen Formen. Es existiert tatsächlich eine umfangreiche philosophische und theologische Literatur, in der das Wesen der Zeit diskutiert wird. Solche Diskussionen sind heute natürlich kaum noch relevant.

Die Uhr und der Zeitplan, der Kalender und das Programm: das sind jene Instrumente, mit denen die so genannte Modernität – selbst ein neuer und moderner Begriff – eingeführt wird. Inzwischen hat die ganze Welt einschließlich des Nahen Ostens sie so umfassend übernommen, dass ihr westlicher Ursprung nicht mehr wahrgenommen wird. Die Veränderungen des Lebens durch die Einführung des 24-Stunden-Tages sind ungeheuer groß. Man konnte nun den Ablauf der Zeit überwachen und sogar planen, und das machte Fahrpläne, Terminpläne, Tagesordnungen, Programme und festgelegte Pausen möglich. Am schwersten dürfte es den Menschen wohl gefallen sein, Verabredungen zu treffen und sie auch einzuhalten.

Das letzte Wort möchte ich in diesem Zusammenhang einem angesehenen französischen Schriftsteller überlassen, der 1947 den Nahen Osten bereist hat: »Ich habe mich während meiner Reisen im Osten intensiv bemüht und tue es immer noch, zu spät zu Terminen zu kommen, die man mir – nach ausführlichen Diskussionen – freundlicherweise gegeben hat. Ich muss zugeben, dass meine redlichen Bemühungen nicht von Erfolg gekrönt waren.

Weise und erfahrene Menschen ... sagten mir mitunter: ›Hier ist der Himmel zu blau, die Sonne zu heiß. Warum sich beeilen? Warum der Süße des Lebens Unrecht zufügen? Hier kommt jeder zu spät. Das Einzige, was man tun kann, ist, es ihnen gleichzutun. Derjenige, der zur ausgemachten Zeit kommt, riskiert nur, dass er seine Zeit verschwendet, und das ist schließlich gar nicht komisch. Aus diesem Grund: Nicht allzu viel Genauigkeit. Sie hat zwar kleinere Vorteile, ist aber sehr unbequem. Es mangelt ihr an Geschmeidigkeit, an Fantasie, an Heiterkeit, ja sogar an Würde.‹«[101]

Etwa im Jahre 1830 dinierte ein junger britischer Marine-
offizier namens Adolphus Slade mit Freunden am Ufer
des Bosporus. Er war ziemlich überrascht, als er aus der
Richtung des Topkapı-Palastes eine Militärkapelle hörte,
die Melodien von Rossini spielte. Seine Neugier war geweckt, also fragte er nach und machte eine interessante
Entdeckung: Die Kapelle wurde von einem Sarden diri-
giert, der sie auch zusammengestellt und ausgebildet
hatte.[102]

Das Ganze war nicht so überraschend, wie man auf
den ersten Blick annehmen könnte. Der damalige Sultan
Mahmud II. führte umfangreiche Reformen in der osmanischen Armee durch, die notwendig waren, um in der
modernen Welt mithalten zu können. Die Armee wurde
neu organisiert, bekam eine neue Ausrüstung und vor allem neue Waffen. Aber das war noch nicht alles. Zusammen mit der neuen Bewaffnung rüstete der Sultan sie mit
westlichen Uniformen aus und engagierte sogar eine Militärkapelle. Musik, auch Marschmusik, hatte es natürlich
immer schon gegeben, denn die islamische Kultur besitzt
eine reiche musikalische Tradition. Militärkapellen gab es
nachweislich bereits im Hochmittelalter, und sie spielten
im Osmanischen Reich sowohl bei Paraden als auch in der
Schlacht eine wichtige Rolle. Hauptinstrumente waren
Trompeten und Trommeln. Zu Beginn des 18. Jahrhunderts war die türkische Marschmusik in ganz Europa bekannt geworden und hatte sogar zu einigen bemerkenswerten europäischen Imitationen angeregt. Aber Sultan

Mahmud fand es angemessen, neben den neuen Waffen und Uniformen auch neue Musik einzuführen. Bei all seinen Reformen suchte er Hilfe im Ausland – bei den Preußen für die Armee, bei den Briten für die Marine, bei den Franzosen für die Verwaltung. Im selben Geiste bat er die sardische Botschaft in Istanbul, ihm einen Kapellmeister zur Verfügung zu stellen, der dann die Blaskapelle ausbilden und dirigieren – oder müsste man hier besser von kommandieren sprechen? – sollte.

Der Kapellmeister traf bald ein. Sein Name war Donizetti – Giuseppe Donizetti, ein Bruder des berühmteren Gaetano Donizetti, des Komponisten. Signor Donizetti machte sich an die Arbeit und stellte eine Blaskapelle zusammen, die offiziell als *Musiki-i Humayun-i Osmani* bezeichnet wurde, also etwa Osmanische Reichsmusik – eine Marschkapelle im westlichen Stil, die auf westlichen Instrumenten natürlich auch westliche Musik spielte.[103]

Damit unterschied sich diese Reform von den meisten anderen. Der eigentliche Zweck der Modernisierung war militärischer Art. Die erlittenen Niederlagen hatten selbst den eingefleischtesten Konservativen klargemacht, dass etwas schief gelaufen war und in Ordnung gebracht werden musste. Also machte sich der Sultan daran, eine neue Armee aufzubauen. Das bedeutete natürlich auch ein neues Offizierskorps, neue Ausbildungsmethoden, neue Waffen und die dazugehörige Infrastruktur, um diese Armee versorgen, ausbilden, ausrüsten und transportieren zu können.

All das waren militärische Kriterien, die zwangsläufig politische, wirtschaftliche und gesellschaftliche Veränderungen nach sich zogen. Sie erforderten an sich keinen kulturellen Wandel, obwohl man die Einführung von Uniformen im westlichen Stil als solchen betrachten könnte. Der Sultan musste die Armee neu ausrüsten und

15 Ein Marinebataillon mit Blaskapelle. Aus einem Fotoalbum des Sultans Abdul Hamid II.

umstrukturieren, aber er hätte den Soldaten deshalb keine langen Hosen, Uniformröcke und Lederkoppel mit Schulterriemen anziehen müssen. Aber das Ganze war möglicherweise – so könnte man jedenfalls argumentieren – militärisch und disziplinarisch sinnvoll. Eine Marschkapelle, die Rossini spielt, betont dagegen eindeutig den kulturellen Aspekt. An dieser Stelle muss man daher auch von Verwestlichung statt von Modernisierung sprechen – zwei Ausdrücke, über deren Inhalt und Bedeutung es schon viele Diskussionen gegeben hat.

Kultureller Wandel im Nahen Osten ist gleichbedeutend mit Verwestlichung. Er ist zweifellos auch ein Teil der Modernisierung, aber – darin stimmen fast alle überein –

kein wesentlicher. Demnach wäre es auch möglich gewesen, ohne Verwestlichung zu modernisieren. Auch ohne Signor Donizetti und seine Marschkapelle wäre es möglich gewesen, eine moderne Armee aufzubauen. Man hätte die modernen Waffen und technischen Spielereien des Westens übernehmen können, ohne sich durch seine verderbliche und korrumpierende Kultur infizieren zu lassen.

Diese musikalische Verwestlichung stieß offenbar auf Schwierigkeiten. Wenn man sich frühere Zeiten anschaut, gibt es im Bereich der Musik keine Spur eines kulturellen Einflusses aus Europa, und das trotz der jahrhundertelangen Kontakte zwischen dem Nahen Osten und dem Westen. Wir verfügen über ein paar – zumeist negative – Berichte von Muslimen, die Europa besucht haben. Einer der ältesten stammt aus dem 10. Jahrhundert. Ein gewisser Ibrāhīm ibn Ya'qūb, Gesandter aus dem islamischen Spanien, berichtet von einem Gesang, den er in Schleswig gehört hatte. Er beschreibt ihn als ein »ziemlich schreckliches Geräusch, das an Hundebellen erinnert, aber noch bestialischer klingt ...«[104]

Es gibt ein paar weitere Hinweise von Reisenden, zumeist Diplomaten (wer sonst hätte die Strapazen auf sich genommen, Europa zu besuchen?). Einige von ihnen machen kurze Bemerkungen über europäische Musikveranstaltungen – die Wiener Sängerknaben, die Pariser Oper –, aber ihre Kommentare beziehen sich eher auf das Spektakel und das Publikum als auf die eigentliche Musik.[105]

Signor Donizettis Marschkapelle hatte also kaum ein Vorbild in der Vergangenheit, an dem man sich hätte orientieren können. Und was wurde letzten Endes aus ihr? Donizetti selbst blieb in der Türkei, und wir hören von Zeit zu Zeit von ihm. Man hatte ihn natürlich zum Offizier in der osmanischen Armee ernannt, bei einem Kapellmeister musste das so sein. Später wurde er zum Miralay (Brigadegeneral) befördert und nach einer gewissen Zeit von einem späteren Sultan zum Pascha gemacht. Donizetti Pascha taucht von Zeit zu Zeit in den Aufzeichnungen der Chronisten auf. Ende des Jahrhunderts, als er zweifellos ein alter Mann war, dirigierte er ein Orchester, das aus Haremsdamen bestand. Sie wurden von Eunuchen begleitet und dienten der Unterhaltung des Sultans. Er begann offenbar mit Quartetten und Quintetten und stellte schließlich mithilfe der Damen ein Palastorchester zusammen.[106]

Es gibt gelegentliche Hinweise auf westliche Musik. Im Ersten Weltkrieg ließen die deutschen und österreichischen Verbündeten der Türken Musiker auftreten. Vermutlich sollten sie für die eigenen Soldaten spielen; es fanden jedoch auch Palastkonzerte für ein türkisch–muslimisches Publikum statt.[107]

Im Allgemeinen war die Rezeption westlicher Musik im Nahen Osten erstaunlich beschränkt. Bis zum heutigen Tag ist die Region – mit Ausnahme einiger verwestlichter Enklaven – bei den Welttourneen der großen internationalen Virtuosen ein weißer Fleck. Die Künstler gehen nach West- und Osteuropa, nach Nord- und Südamerika und inzwischen zunehmend auch nach Südostasien und in den Fernen Osten. Westliche Kunstmusik wird inzwischen in Japan, China und Indien gehört, aufgeführt und sogar komponiert. Dem Nahen Osten ist sie jedoch größtenteils nach wie vor fremd.

Bei den bildenden Künsten ist der Einfluss erheblich größer. Jeder, der in Istanbul war, muss irgendwann einmal den Großen Basar besucht haben. In einem Hof an seinem Eingang steht eine Moschee – die Nuruosmaniye-Moschee, die 1755 fertig gestellt worden ist. Es ist eine Moschee in der großen Tradition des Osmanischen Reichs –

eine große Kuppel, die einen weiten Raum überspannt. Sie erinnert auf den ersten Blick stark an ihre Vorläufer, die großen Moscheen der Sultane Mehmed, Süleiman, Selim und der anderen. Aber es gibt doch einen interessanten Unterschied, und das ist die Außendekoration im Stil des italienischen Barock.

Wenn an einem Gebäude, das eine so zentrale kulturelle Bedeutung hat wie eine Moschee, fremde Einflüsse zu erkennen sind, dann ist das sicher ein Hinweis auf das Schwinden des kulturellen Selbstbewusstseins. Hier geschieht etwas sehr Bedeutsames. Wenn wir die kulturellen Veränderungen in der Musik und der Malerei vergleichen, muss uns auffallen, dass sie bei der Malerei bedeutend älter sind, schon viel länger andauern und in jeder Beziehung erfolgreicher sind. Ein kostbarer Besitz der National Gallery in London ist ein Porträt des osmanischen Sultans Mehmed II., des Eroberers von Konstantinopel, das der italienische Künstler Gentile Bellini gemalt hat. Das Gemälde hängt in London, nicht in Istanbul, weil Mehmeds Nachfolger, der frommere Beyazit, etwas gegen Porträts hatte und sich von der Sammlung seines Vaters trennte. Aber Mehmed der Eroberer war weder der erste noch der letzte Muslim, der sich einer solchen Neigung hingab. Auch der Mamelucken–Sultan Qā'it Bei soll sein Porträt bei einem europäischen Maler in Auftrag gegeben haben. Später wurde es bei den Monarchen des Nahen Ostens üblich, westliche Maler, vor allem aus Italien, ins Land zu holen. Schon bald finden wir jedoch auch einheimische Maler, die, mitunter in Europa ausgebildet, Porträts malten. Porträtmalerei war offenbar etwas Neues und stellte eine radikale Abkehr von den kulturellen Werten einer Region dar, die selbst eine reiche und eigenständige Kunsttradition besaß.

Donizetti dürfte wohl der Erste gewesen sein, der den

Versuch unternommen hat, westliche Musik im Nahen Osten einzuführen. Der italienische Künstler dagegen, der ein halbes Jahrhundert zuvor beim Bau der Nuruosmaniye-Moschee geholfen hatte, war keinesfalls der Erste gewesen. Er und seine Auftraggeber hatten bereits einschlägige Erfahrungen gesammelt. Westliche Einflüsse lassen sich schon sehr früh erkennen und finden sich sogar weit im Osten im Iran, wo die Miniaturenmalerei ein gewisses Bewusstsein für europäische Ideen und Techniken zeigt.

Den Einfluss der westlichen Architektur kann man deutlich am Baustil und an der Inneneinrichtung der Gebäude erkennen. Ab dem 19. Jahrhundert hat er sich beinahe überall durchgesetzt. Die alten künstlerischen und architektonischen Traditionen verschwanden und machten der neuen Kunst aus Europa Platz.

Die visuelle Verwestlichung zeigt sich auch an verschiedenen anderen Dingen. Wir erkennen sie beispielsweise an praktischen Sachen wie Münzen und Briefmarken. Münzen hatte es im Nahen Osten schon seit langer Zeit gegeben, aber jetzt sahen sie anders aus. Die europäische Praxis königlicher Porträts – nach islamischem Verständnis ein absoluter Skandal – zeigt den Grad der kulturellen Penetration an. Briefmarken waren natürlich etwas völlig Neues. Sie waren sowieso schon eine westliche Innovation, doch das galt noch mehr für ihre Form – für das, was sie zeigten und wen sie porträtierten.

Eine der Attraktionen der europäischen Malerei, vor allem der Porträts, muss der Realismus und die Genauigkeit gewesen sein, die sich von den formalen, stilisierten Darstellungen der traditionellen Miniaturen unterschieden. Porträts, die eine realistische Ähnlichkeit aufwiesen, waren offensichtlich besonders beliebt, und nach kurzer Zeit fanden sie besonderen Anklang auch bei Monarchen und anderen Leuten, die sich so etwas leisten konnten und wussten, wozu sie zu gebrauchen waren. Dieselbe Attraktivität erklärt auch die rasche Akzeptanz und Verbreitung der Fotografie trotz des Verbots der Muslime, menschliche Abbilder herzustellen.

Auch die Kleidung zeigt den Einfluss des westlichen Sehens. Kleider dienen natürlich einem doppelten Zweck; sie sollen einerseits vor Kälte und Feuchtigkeit schützen, andererseits sind sie ein Identitätsmerkmal. Wenn Menschen also die Kleidung, die sie tragen, gegen die Kleidung einer anderen Gesellschaft austauschen, so stellt das eine bedeutsame kulturelle Wahl dar, die von den einen akzeptiert und von den anderen abgelehnt wurde. Die Reform auf diesem Gebiet begann bei den Armeen, die inzwischen alle westliche Uniformen tragen. Selbst die Armeen von Libyen und der Islamischen Republik Iran tragen heute immer noch Uniformen im westlichen Stil, so wie sie auch westliche Waffen verwenden. Bei Waffen ist das eine militärische Notwendigkeit, bei Uniformen dagegen zumindest bis zu einem gewissen Grad eine Frage der kulturellen Orientierung, man könnte fast sagen, einer kulturellen Unterwerfung.

Schuhe und Kopfbedeckung sind besonders wichtig. Schuhe wurden von westlichen Reisenden des 18. und 19. Jahrhunderts als einer der Hauptunterschiede zwischen nahöstlichem und westlichem Auftreten bezeichnet. Wenn jemand verwestlicht oder, um es in der Sprache des Nahen Ostens auszudrücken, in seinem Auftreten »fränkisch« geworden ist, besitzt das Tragen von Lederschuhen oder Stiefeln eine beinah emblematische Qualität. Das allerwichtigste Emblem ist natürlich die Kopfbedeckung, an der man Religion, Staatsangehörigkeit und manchmal auch den Berufsstand ablesen kann. Sie krönt den Träger selbst noch im Tode, wie man an den gemeißelten Grabsteinen auf alten Friedhöfen erkennen kann.

In vieler Hinsicht ist jedoch das Wort das wichtigste Vehikel kultureller Einflüsse – die Sprache und vor allem die Übersetzung. Die drei großen Kulturen des Nahen Ostens, die arabische, die persische und die türkische, verfügen über eine umfangreiche Literatur in allen drei Sprachen. Nach dem Aufstieg der Westmächte kam es zunächst nur sehr zögerlich zu Übersetzungen westlicher Bücher.

Es ist interessant und lehrreich, wenn man die Bewegung der modernen Übersetzungen europäischer Bücher, die bis zum Anfang des 16. Jahrhunderts zurückreicht, mit ihrem mittelalterlichen Vorläufer vergleicht, der großen Übersetzungsbewegung aus dem Griechischen und in geringerem Maße aus dem Persischen in das klassische Arabisch. Damals war die Nützlichkeit das einzige Auswahlkriterium. Man übersetzte das, was man gut gebrauchen konnte, das heißt, vor allem Bücher über Medizin, Astronomie, Chemie, Physik und Mathematik. Auch die Philosophie wurde damals offenbar als nützlich angesehen.

Und das war's dann auch schon. Es wurde keine wie auch immer geartete Literatur übersetzt. In der riesigen Bibliografie von Werken, die im Mittelalter aus dem Griechischen ins Arabische übersetzt wurden, finden wir keine Dichter, keine Dramatiker, nicht einmal Historiker. Sie alle waren nicht nützlich und daher nicht von Interesse, und folglich wurden sie auch nicht übersetzt. Das zeigt eine deutliche Ablehnung der fremden Kultur: Man nimmt sich von den Ungläubigen das, was man gebrauchen kann, aber deshalb braucht man sich noch lange nicht mit ihren absurden Ideen auseinander zu setzen. Man muss weder versuchen, ihre minderwertige Literatur zu verstehen, noch muss man ihre bedeutungslose Geschichte studieren.

Ein Vergleich mit den Übersetzungen der osmanischen Periode zeigt gewisse Ähnlichkeiten, aber auch einige Unterschiede. Das wichtigste Kriterium war in diesem Fall wiederum die Nützlichkeit. Aber die Definition, was nützlich ist und was nicht, orientierte sich noch stärker an praktischen Überlegungen als vorher. Unter den Übersetzungen aus dem 16., 17. und 18. Jahrhundert finden wir keine philosophischen Bücher; die Philosophie wurde inzwischen nicht mehr als nützlich betrachtet. Alles, was sich lohnte, war bereits übersetzt, so zum Beispiel die Schriften von Platon und Aristoteles. Die späteren Gedanken von Ungläubigen konnten unmöglich einen Wert haben. Die Osmanen übersetzten einige Werke zur Geografie, die für sie offensichtlich einen praktischen Nutzen hatten, und militärische Literatur, die vor allem für die Modernisierung der Armee im westlichen Sinne von Bedeutung war. Etwas Neues, das sich bei den Übersetzungen aus dem Mittelalter nicht findet, ist Geschichte. Für die Osmanen war Philosophie nicht nützlich, wohl aber Geschichte. In dieser Hinsicht zeigen sie einen bemerkenswerten Unterschied zu einigen modernen Trends in unserer eigenen Gesellschaft.

Die islamische Gesellschaft des Mittelalters zeigte ein außerordentlich starkes historisches Bewusstsein, und sie produzierte eine umfangreiche und vielfältige historische Literatur. Aber im Mittelalter hatten die Muslime weder ein Interesse an nichtislamischer noch an vorislamischer Geschichte, abgesehen von bestimmten historischen Bezügen im Koran. Bis zur mongolischen Eroberung können sie praktisch nichts über ihre Nachbarn in Asien, Afrika und Europa sagen und nur sehr wenig über ihre eigenen heidnischen Vorfahren. Die Aufnahme der islamischen

Länder in das riesige Mongolen-Reich weckte in den Muslimen ein gewisses Bewusstsein für andere Kulturen, aber dieses Interesse hielt sich in Grenzen und war auch nur von kurzer Dauer. Die osmanischen Türken interessierten sich mitunter für die Geschichte ihrer Nachbarn. So finden wir zum Beispiel eine Geschichte Frankreichs vom mythischen König Faramond bis zum Jahr 1572, das ins Türkische übersetzt wurde.[108] Es konnte von Nutzen sein, etwas über die Geschichte Frankreichs zu wissen. Aber das Thema hatte offenbar keinen hohen Stellenwert. Die Übersetzung ist in einem einzigen Exemplar erhalten, das sich in Leipzig befindet. Ganz offensichtlich war sie in osmanischen Kreisen nicht gerade ein durchschlagender Erfolg. Aber sie war eine von vielen, und wir finden später andere Übersetzungen, die sich mit der Geschichte und Geografie europäischer Länder beschäftigen. Mit der Zeit wurden solche Bücher immer zahlreicher und wichtiger. Die erste türkische Druckerei, die in der ersten Hälfte des 18. Jahrhunderts in Istanbul florierte, druckte insgesamt siebzehn Bücher, von denen die meisten historische Werke waren.

Im 19. Jahrhundert kam es zu einer außergewöhnlichen Welle von Übersetzungen aus westlichen Sprachen. In der Türkei und in Ägypten übersetzte man ins Türkische, in Ägypten und in Syrien ins Arabische und schließlich in Persien und Indien ins Persische. Ägypten ist natürlich ein Arabisch sprechendes Land, aber der erste reformfreudige Herrscher, Mohammed 'Alī Pascha (Regierungszeit 1805–1848) war ein Osmane albanischer Abstammung, und er wie seine höchsten Offiziere und Würdenträger sprachen Türkisch. Die Druckerei, die er in Bulaq gründete, veröffentlichte die erste bedeutende Reihe gedruckter Übersetzungen europäischer Bücher sowohl ins Türkische als auch ins Arabische. Zwischen 1822 und 1842 wurden in Kairo 243 Bücher gedruckt, zum großen Teil Übersetzungen, die Hälfte davon ins Türkische. Werke über militärische Themen oder die Seefahrt, darunter Abhandlungen über theoretische und angewandte Mathematik, wurden ins Türkische übersetzt, Bücher über Medizin, Veterinärmedizin und Landwirtschaft dagegen meist ins Arabische – ein interessanter Hinweis auf die Trennung der Funktionen zwischen der Türkisch sprechenden osmanischen Elite von außerhalb und den einheimischen, Arabisch sprechenden Ägyptern. Die wenigen historischen Bücher, die in dieser frühen Zeit übersetzt und von der Druckerei in Kairo hergestellt wurden, sind interessanterweise alle in türkischer Sprache. Offenbar wurde Geschichte entweder als nützlich oder als elitär oder als beides zugleich betrachtet. Von vier historischen Büchern, die zwischen 1829 und 1834 gedruckt wurden, handelt eines von Katharina der Großen von Russland, die anderen drei von Napoleon und seiner Zeit. Die Veröffentlichung historischer Übersetzungen wurde in Kairo erst 1841 wieder aufgenommen, als eine Übersetzung von Voltaires Geschichte Karls XII. von Schweden erschien – diesmal ins Arabische. Diese Konzentration auf Biografien ist bemerkenswert, denn es gibt in der umfangreichen historischen Literatur in arabischer, persischer und türkischer Sprache keine einzige Biografie eines Königs im Buchformat. Machiavellis »Der Fürst« wurde 1825 ins Arabische übersetzt. Einer Angabe auf dem Manuskript zufolge wurde das Buch im Auftrag des Paschas von einem christlichen Priester übersetzt.[109] Aus Gründen, die man nur vermuten kann, wurde es nie gedruckt.

Beim allgemeinen Desinteresse gegenüber der Belletristik und jeder Art von Literatur gibt es nur eine einzige Ausnahme – das Theater. Im Altertum hatte es im Nahen Osten natürlich eine Blütezeit des Theaters gegeben, die jedoch nach der Ausbreitung des Islam ein Ende fand. Das griechische Theater wurde mit heidnischen Riten und Ritualen in Verbindung gebracht, und für so etwas war in einer islamischen Gesellschaft kein Platz.

Erst mit der Ankunft der spanischen Juden im 15. und 16. Jahrhundert tauchte das Theater nach langer Zeit wieder auf. Die Juden hatten in Spanien Erfahrungen mit dem Theater gesammelt und inszenierten Vorführungen, die ihre neuen türkischen Landsleute, vor allem ihre türkischen Herrscher, interessant fanden. Die Rückkehr des Theaters und der Theateraufführungen in diesen Teil der Welt beginnt exakt mit der Ankunft dieser Juden. Sie fanden sehr bald Anhänger und Imitatoren, zum Beispiel Zigeuner, die besser als sie in türkischer Sprache spielen konnten. Später beschäftigten sich dann auch Griechen und besonders Armenier mit dem Theater. Nach einer gewissen Zeit entstand dann etwas, das mit der italienischen *commedia dell'Arte* zu vergleichen ist – das *orta oyunu*, eine Art improvisiertes Spiel, das in der gesamten Türkei überaus beliebt wurde. Eine Version des »Othello« fand sofort ein positives Echo und wurde gut verstanden.

Das Theater breitete sich vom Osten der Türkei bis nach Persien aus, wo um 1800 das berühmte schiitische Passionstheater auftauchte. Es entstand die allgemein verbreitete, aber vermutlich falsche Auffassung, dass das *ta'ziye*, das Passionsspiel des Martyriums von Hussein, schiitischen Ursprungs sei. Wenn das richtig sein sollte, liegt dieser Ursprung jedenfalls ziemlich im Verborgenen. Wir hören von diesen Aufführungen zum ersten Mal Ende des 18., Anfang des 19. Jahrhunderts, und es erscheint daher durchaus sinnvoll, es mit der Renaissance des Theaters durch Flüchtlinge aus Europa und ihre zahlreichen Imitatoren in Verbindung zu bringen.

Das Drucken stellte eine wichtige neue Kulturtechnik

dar, vor allem in Bezug auf die Verbreitung des Wortes.[110]
Das Drucken war in der Türkei bereits seit dem 15. Jahrhundert bekannt. Entsprechend wurde Gutenbergs Leistung auch in den türkischen Chroniken gewürdigt. Schon
sehr früh wurden, mit Genehmigung des Sultans, Druckerpressen in das Osmanische Reich eingeführt, zunächst
allerdings nur für die Minderheiten. Die Juden waren die
Ersten, dann folgten die Griechen und die Armenier. Sie
durften in ihren eigenen Sprachen und Schriften drucken,
doch es war ihnen streng verboten, in arabischer Schrift
zu drucken. Man argumentierte damals, die Schrift, in der
der Koran geschrieben ist, sei heilig, und sie zu drucken
wäre demnach eine Art von Entweihung. Ein anderer
Grund für dieses Verbot könnten die verbrieften Interessen der Kalligrafenzunft gewesen sein.

Ibrahim Müteferrika und der Sohn eines früheren osmanischen Gesandten in Frankreich konnten die Behörden schließlich überreden, die Installation einer Buch-
druckerpresse zur Herstellung von Büchern in türkischer
und arabischer Sprache, in arabischer Schrift, zu geneh-
migen. Zwischen 1729, als die Presse installiert wurde, und
1742, als sie man wieder schloss, wurden in dieser ersten
türkischen Druckerpresse siebzehn Titel gedruckt. In den
meisten ging es um Geschichte, Geografie und Sprachen.

Nachdem Ibrahims Leute mehrfach versucht hatten,
die Presse wieder anlaufen zu lassen, kauften zwei Sek-
retäre der Hohen Pforte sie seinen Erben ab. Mit einem
ferman des Sultans konnten sie das Drucken 1784 wieder
aufnehmen. Bezeichnenderweise begannen sie die Produktion mit einer Reihe von osmanischen Geschichtsbüchern. Dann folgten ein Buch über Grammatik und drei
Bücher zu militärischen Themen. Nach dem Tod des
neuen Besitzers im Jahre 1796 wurde der Betrieb erst wie-

der einmal geschlossen. In der Zwischenzeit hatte man 1795 in einer staatlich geförderten Druckerei an der Schule für Ingenieurwesen und Artillerie wieder mit dem Drucken begonnen. Anschließend wurden in osmanischen Ländern zahlreiche Druckereien gegründet, die sowohl in türkischer als auch in arabischer Sprache druckten.

Die Entwicklung des Druckens in Persien veranschaulicht auf lebhafte Weise die verschiedenen Einflüsse, die die Kulturgeschichte des Irans geprägt haben. Das Drucken mit Holzschnitten wurde bereits im 13. Jahrhundert von den mongolischen Herrschern im Iran eingeführt, die mit dieser chinesischen Technik Papiergeld druckten. Trotz Androhung der Todesstrafe für diejenigen, die sich weigerten, dieses Geld zu anzunehmen, hatte der größte Teil der Bevölkerung damit nichts im Sinn. Also ließ man das Ganze wieder fallen. Das erste Buch in persischer Sprache war wahrscheinlich ein jüdisch–persisches Pentateuch in hebräischer Schrift, das 1594 in Istanbul gedruckt wurde und sich vermutlich an die Persisch sprechende jüdische Bevölkerung richtete. Die ersten Druckerpressen im Iran gehen auf die Christen zurück. Zuerst brachten Karmeliter–Mönche eine Druckerpresse mit arabischen Lettern aus Rom mit, später stellten die Armenier eine Druckerpresse in Julfa auf, einem armenischen Vorort von Isfahan. Beide existierten nur kurze Zeit, und für den Rest des 17., 18. und frühen 19. Jahrhunderts wurden Bücher in persischer Sprache ausschließlich aus Europa importiert. Von 1639 an druckte man zum Beispiel in Leiden Bücher in persischer Sprache und persischen Lettern, ebenso in Indien, das damals von den Briten regiert wurde. Das überlieferte Datum für das erste Buch, das im Iran gedruckt wurde, ist das Jahr 1817. Wie in der Türkei regte sich auch hier Widerstand gegen diese Erfindung der Ungläubigen. Im Laufe des 19. Jahrhunderts und vor allem im

20. Jahrhundert gehörte dann jedoch die Druckerpresse zum alltäglichen Leben. In seiner Rede zur Eröffnung der neuen Rechtsschule in Ankara sagte Kemal Atatürk am 5. November 1925:

»Denkt an den türkischen Sieg von 1453, an die Eroberung Konstantinopels, und daran, welchen Platz dieses Ereignis in der Weltgeschichte einnimmt. Dieselbe Macht und Stärke, die damals der ganzen Welt getrotzt und Istanbul für immer zum Eigentum des türkischen Volkes gemacht hat, war nicht in der Lage, den unter einem bösen Omen stehenden Widerstand der Männer des Gesetzes zu überwinden und eine Druckerpresse in die Türkei einzuführen, die ungefähr zur gleichen Zeit erfunden worden war. Drei Jahrhunderte lang hat man beobachtet und gezögert, hat man viel Mühe und Energie dafür und dagegen aufgewendet, bevor überholte Gesetze und ihre Vertreter dem Drucken Eingang in unser Land gewährten.«[111]

Die Rolle, die Juden und Christen bei der Einführung des Buchdrucks gespielt haben, zeigt deutlich, wie wichtig nichtislamische Minderheiten in den islamischen Staaten als Vermittler geworden waren. Im Osmanischen Reich waren das, in der Reihenfolge ihres Auftretens, Juden, Griechen und Armenier; im Iran waren es hauptsächlich Armenier.

Mit Einführung des Buchdrucks kamen billige Bücher für jedermann auf den Markt, später dann auch Zeitungen – das wichtigste Mittel, kulturellen Einfluss auszuüben, bis dann im letzten Jahrhundert Radio, Fernsehen, Fax, Internet, E-Mail und all die modernen elektronischen Apparate eingeführt wurden, deren Auswirkungen wir heute noch nicht absehen können.

All dies sind Kanäle sprachlicher Kommunikation und

Beeinflussung. Das entscheidende Instrument verbaler Kommunikation ist natürlich die Sprache. Es lassen sich interessante Veränderungen beobachten, zuerst im Türkischen, dann auch in anderen Sprachen. Die offensichtlichsten und am leichtesten erkennbaren Zeichen kulturellen Wandels sind die Lehnwörter, die zusammen mit den Begriffen und Gegenständen, die sie bezeichnen, aus Europa geborgt wurden. So lauten zum Beispiel die türkischen Wörter für Parlament und Senat *parlamento* und *senato*, beide offensichtlich aus dem Italienischen. Bezeichnend ist, dass das türkische Wort für Senat *senato*, das für Senator jedoch *senatör* ist. Lange bevor man einem Senator begegnet war, hatte man wohl schon etwas über einen Senat gehört, zum Beispiel in Venedig und anderswo, und in der Zwischenzeit hatte das Französische das Italienische als häufigste Fremdsprache im Nahen Osten abgelöst. Ähnlich ist es mit dem arabischen Wort für Parlament, es heißt *barlaman*, eindeutig vom französischen *parlement*.

Man könnte noch eine ganze Reihe von anderen Bezeichnungen aus dem kulturellen Bereich nennen. Einige sind Lehnwörter, bei denen man den Ursprung noch erkennen kann; andere sind *calque*, das heißt Lehnübersetzungen – man nimmt ein Wort aus der eigenen Sprache und gibt ihm in Anlehnung an eine andere Sprache eine andere Bedeutung. Das Wort für Elektrizität ist hierfür ein gutes Beispiel. Unser Wort kommt von dem griechischen *ēlektron*, das eigentlich Bernstein bedeutet. Das arabische Wort für Elektrizität lautet *kahrabā'*, was in dieser Sprache ebenfalls Bernstein bedeutet. Man hat sich also einfach an der semantischen Entwicklung dieses westlichen Terminus orientiert.

Weniger offensichtlich, aber besonders wichtig sind die Lehnübersetzungen von Wörtern wie »Freiheit«, »Nation«, »Regierung« und »Revolution«. In den meisten islamischen Sprachen hat dieser letzte Begriff seine negative Konnotation mit Unruhe, Aufruhr und Tumult verloren und an Legitimität gewonnen.

Lange Zeit fand man unter den Übersetzungen aus europäischen in nahöstliche Sprachen so gut wie kein literarisches Werk. Um die Wende des 18. und 19. Jahrhunderts änderte sich das allmählich. Zu dieser Zeit gab es in fast allen europäischen Sprachen einen beträchtlichen Korpus an Übersetzungen arabischer, persischer und in geringerem Maße auch türkischer Literatur, ganz gleich, ob es sich dabei um historische oder belletristische Literatur, um Gedichte oder anderes handelte. Im Gegensatz dazu gab es buchstäblich keine europäische Literatur in arabischer, persischer oder türkischer Sprache: weder Shakespeare noch Dante noch irgendeinen anderen europäischen Autor. Die Ausnahme bildeten, wie gesagt, einige historische Werke – und selbst deren Zahl war sehr begrenzt. Historisch bedeutete im Nahen Osten vor allem politische Geschichte und Militärgeschichte, ein großer Teil davon in Form von Biografien. Das Interesse an all diesen Dingen war nicht sehr groß. So wussten die Leser im Nahen Osten zum Beispiel nichts über die Renaissance und herzlich wenig über die Reformation, obwohl beides für die osmanische Außenpolitik offensichtlich von Bedeutung war. Ein osmanisch–islamischer Gelehrter, der im 17. Jahrhundert eine Abhandlung über das Christentum schrieb, wusste bedeutend mehr über die Auseinandersetzungen mit der frühen byzantinischen Kirche als über die Reformation oder selbst über die Kirchenspaltung zwischen Byzanz und Rom. Für so etwas interessierten sich weder die Gelehrten noch die Leser, obwohl die spätere Spaltung innerhalb des Christentums durchaus bekannt war und von den Osmanen

bei Verhandlungen mit europäischen Staaten oft ausge-
nutzt wurde.

Die erste Literaturübersetzung – oder, besser gesagt,
Adaptation – basierte auf einem Werk des französischen
Orientalisten Pétis de la Croix. Sein Buch »Les mille et un
jours« (Tausendundein Tag) wurde 1710–1712 zum ersten
Mal veröffentlicht und stellt eine Sammlung pseudo-
orientalischer Geschichten dar, ist also eine Nachahmung
von »Tausendundeine Nacht«. Es ist ein europäisches
Buch, doch die Leser im Nahen Osten fanden dazu offensichtlich leichter einen Zugang als andere. Eine türkische
Version wurde Ende des 18. Jahrhunderts veröffentlicht
und stammt von einem gewissen Ali Aziz (gestorben 1798).
Er war ein hoher Beamter des Osmanischen Reichs, der in
mehreren europäischen Hauptstädten gedient und Französisch gelernt hatte. Ali Aziz' Version ist ziemlich frei und
enthält einige Geschichten, die im Istanbul des 18. Jahrhunderts spielen.

Danach wurde längere Zeit nichts veröffentlicht, und
dann kamen die ersten Übersetzungen. Ein sehr beliebtes
Buch war »Robinson Crusoe«, das 1812 übersetzt und 1835
in Malta gedruckt wurde. Auch in diesem Fall beruhte
die Attraktivität auf der relativen Vertrautheit des Stof-
fes, denn »Robinson Crusoe« war von einem arabischen
Vorbild beeinflusst, dem Roman »Hajj ibn Jaksān« des
mittelalterlichen Philosophen Ibn Tufail. Eine englische
Übersetzung von Simon Ockley wurde 1708 in London
veröffentlicht, nur ein paar Jahre vor der ersten Veröffentlichung von »Robinson Crusoe«. Eine zweite arabische
Übersetzung von Butrus al-Bustānī wurde in den späten
fünfziger Jahren des 18. Jahrhunderts publiziert. Im Jahre
1864 erschien eine türkische Version von »Robinson Crusoe«, eine Übersetzung aus dem Arabischen. Ein weiteres
Werk, das sich besonderer Beliebtheit erfreute, war »Télé-

maque« (1699) von dem französischen Autor Fénélon. Es hatte die vertraute Form einer Anleitung zur Erziehung eines jungen Prinzen. Eine Übersetzung ins Arabische wurde 1812 von einem Christen aus Aleppo in Istanbul vorbereitet und ist in Manuskriptform in der Bibliothèque Nationale erhalten. Sie wurde allerdings nie gedruckt. Eine türkische Version wurde 1862 veröffentlicht, dann folgten Übertragungen ins Arabische und Persische.

Im Laufe des 19. Jahrhunderts nahm die Zahl der Übersetzungen allmählich zu. Natürlich wurden Bücher mit arabischen oder islamischen Themen bevorzugt. Chateaubriands »Die Abenteuer des Letzten der Abencérages« wurde mindestens fünfmal ins Arabische übersetzt oder adaptiert, die erste Version 1864. Historische Romane waren offenbar sehr beliebt. Vor allem Sir Walter Scott und Alexandre Dumas fanden sowohl Übersetzer als auch Nachahmer. »Der Talisman« spielt im Nahen Osten und malt ein bewunderndes Bild von Sultan Saladin. »Der Graf von Monte Christo« bringt einen Beigeschmack von arabischen Nächten in ein westliches Märchen von Reichtum, Liebe und Rache.

Zu einer Übersetzung gehört natürlich immer ein Übersetzer, der beide Sprachen beherrschen muss: die, aus der er übersetzt, und die, in die er übersetzt. Diese Kenntnisse waren, so seltsam es erscheinen mag, bis vor gar nicht so langer Zeit sehr rar im Nahen Osten. Es gab nur wenige Muslime, die eine christliche Sprache beherrschten; man hielt so etwas für überflüssig, bis zu einem gewissen Grad sogar für erniedrigend. Wenn es um das Dolmetschen im Bereich des Handels, der Diplomatie oder des Krieges ging, verließ man sich zunächst auf Flüchtlinge und Abtrünnige aus Europa, und als hier der Nachschub ausblieb, auf Levantiner. Beiden Gruppen mangelte es entweder an Interesse oder an der Fähigkeit, literarische Übersetzungen in eine nahöstliche Sprache zu machen. Erst als Menschen aus dem Nahen Osten – zuerst Christen, dann auch andere – westliche Schulen in der Region besuchten und an westlichen Universitäten studierten, finden wir unter ihnen Leute, die sowohl den Wunsch als auch die Fähigkeit haben, Bücher aus dem Englischen und Französischen, bedeutend später auch noch aus anderen Sprachen ins Arabische, Persische und Türkische zu übersetzen.

Von den drei Arten des kulturellen Einflusses: bildende Kunst, Musik und Literatur, ist die Literatur inzwischen am intensivsten assimiliert worden. Ihre europäischen Formen – zum Beispiel der Roman, die Kurzgeschichte oder das Schauspiel – sind inzwischen vollständig übernommen worden. Eine große Zahl von Schriften dieser Art werden in all diesen Ländern produziert, und sie sind darüber hinaus zu normalen Formen des literarischen Ausdrucks geworden. Sogar die Struktur der Sprache wurde beeinflusst, und mancher Text in nahöstlichen Sprachen, besonders in Zeitungen, liest sich wie eine Übersetzung aus dem Englischen oder Französischen.

Auch bei den Dingen, mit denen sich die Leute die Zeit vertreiben, lassen sich kulturelle Einflüsse erkennen. Brettspiele, vor allem Backgammon und Schach, haben in diesem Teil der Welt natürlich eine lange Tradition. Wahrscheinlich sind diese Spiele entweder aus oder über den Nahen Osten in den Westen gekommen. Kartenspiele sind ein Beitrag des Westens, aber sie sind eher ein Laster als eine bedeutende kulturelle Veränderung. Einen wirklich wichtigen Wandel kann man im Sport ausmachen. Sport war dort natürlich auch nicht unbekannt; es gab große Veranstaltungen wie die Jagd oder individuelle Konkurrenzkämpfe wie den Ringkampf. Der einzige Mannschaftssport war offenbar Polo, doch dies war selten und wurde nur von Aristokraten ausgeübt. Mannschaftssport-arten wie Fußball und Basketball sind westlichen, vor allem englischen Ursprungs. Die Engländer haben das Fußballspiel erfunden und seine Analogie – die parla-mentarische Politik. Es gibt zwischen beidem bemerkens-werte Ähnlichkeiten, und beide sind offenkundig dem-selben nationalen Geist entsprungen. Die Übernahme solcher vergleichenden Mannschaftsspiele ist allerdings im Nahen Osten bedeutend erfolgreicher gewesen als die Übernahme einer parlamentarischen Regierungsform.

Dinieren – im Gegensatz zum einfachen Essen – ist ein weiterer ›kultureller‹ Einfluss des Westens. Wir finden fas-zinierende Beschreibungen von Dinnerpartys in den ver-schiedenen Phasen der Akkulturation, vom Essen und Feiern und natürlich auch vom schockierenden Treiben der Damen und Herren, die da gemeinsam dinierten oder sogar miteinander tanzten. Auf so etwas reagierten viele der Reisenden von Ost nach West im 19. und frühen 20. Jahrhundert schockiert und empört.

Während der Jahrhunderte des westlichen Einflusses auf den Nahen Osten wurde die westliche Gesprächskultur vollständig angenommen und verinnerlicht. Man hätte denken können, sie würde gerade die meisten Schwierig-keiten verursachen, da sie entweder Sprachkenntnis oder die Vermittlung eines Übersetzers erfordert. Aus irgendei-nem Grund hatte sie jedoch den größten Erfolg und wurde am ehesten angenommen.

Im Bereich der nonverbalen kulturellen Einflüsse zeigt sich ein Gegensatz zwischen der bildenden Kunst und der Musik. Die bildende oder visuelle Kunst, die körperliche eingeschlossen, war insgesamt ziemlich erfolgreich, wäh-rend die Musik sich erstaunlicherweise nicht durchsetzen konnte. Der musikalische Einfluss des Westens in der Re-gion ist bis zum heutigen Tag minimal. Offenbar sind

Wissenschaft und Musik die letzten Zitadellen westlicher Kultur, in die nur manche nichtwestliche Menschen vordringen konnten, während andere, vor allem im Nahen Osten, das nicht geschafft haben.

Viele Regionen waren den Einflüssen des Westens ausgesetzt und haben dabei ihre wirtschaftliche Autonomie, ihre kulturelle Identität und in einigen Teilen auch ihre politische Unabhängigkeit verloren. Aber inzwischen ist einige Zeit vergangen, seit die westliche Vorherrschaft in all diesen Regionen, einschließlich des Nahen Ostens, zu Ende gegangen ist. In einigen Ländern, vor allem in Südostasien, haben die wieder auflebenden Völker begonnen, den Westen mit seinen eigenen Waffen zu schlagen – im Handel und in der Industrie, bei der Ausdehnung politischer, ja sogar militärischer Macht und, was das Bemerkenswerteste ist, in der Übernahme und Verinnerlichung westlicher Leistungen, vor allem in den Wissenschaften. Doch der Nahe Osten hinkt immer noch hinterher.

Noch größer ist der Gegensatz in der Kunst – nicht nur zwischen dem Nahen Osten und anderen Regionen, sondern auch zwischen den einzelnen Künsten im Nahen Osten. Die Einflüsse der europäischen Malerei und Architektur (allerdings nicht der Bildhauerei, die aus religiösen Gründen ausgespart blieb) reichen weit zurück. Im Laufe des 18. und noch stärker im 19. Jahrhundert wurde die europäische bildende Kunst, die Architektur und Innenarchitektur, ja selbst die Malerei, nicht nur aufgenommen, sondern nahm sogar eine führende Rolle ein. Im späten 19. Jahrhundert und stärker noch im 20. Jahrhundert wurde manchmal sogar die Bildhauerei eingesetzt, um einen Herrscher zu verherrlichen.[112] Mit Ausnahme einiger wenig überzeugender neoklassizistischer Auswüchse sind die traditionelleren Formen praktisch verschwunden.[113]

Die europäische Literatur, die durch die Sprachbarriere und die notwendige Vermittlung durch einen Übersetzer behindert wurde, hatte es etwas schwerer, sich durchzusetzen. Doch inzwischen sind Ausdrucksformen der westlichen Literatur vollständig assimiliert worden. Charakteristische europäische Gattungen wie der Roman und das Schauspiel sind inzwischen in allen Sprachen des Nahen Ostens gängige Formen des literarischen Ausdrucks geworden.

Angesichts der bereitwilligen Aufnahme der bildenden und der sprachlichen Künste erscheint die Ablehnung der Musik umso bemerkenswerter. Nicht, dass man es nicht versucht hätte. Sultan Mahmud II. war mit seinem Experiment mit einer Blaskapelle nicht der Einzige. Andere Herrscher hatten erkannt, was für eine Bedeutung westliche Musik für den militärischen Drill und damit auch für die Kriegsführung hatte. Selbst Ayatollah Khomeini, der normalerweise das Sündhafte und Korrupte jeder Art von Musik, vor allem aber der westlichen Musik, erbittert anprangerte, war bereit, bei Märschen und Hymnen eine Ausnahme zu machen.

In der Türkei, wo die Verwestlichung im Gegensatz zur Modernisierung am weitesten fortgeschritten ist, hat die westliche Musik die größte Akzeptanz erfahren. Es gibt inzwischen türkische Solisten, Orchester und sogar Komponisten im westlichen Stil. Aber sie wenden sich nur an eine Minderheit in der Bevölkerung. In anderen Ländern des Nahen Ostens – mit Ausnahme Israels – stößt westliche Musik, das heißt, westliche Kunstmusik, nach wie vor auf taube Ohren. In letzter Zeit hat sich ein gewisses Interesse an Pop- und Rockmusik gezeigt, aber es ist noch zu früh, um sagen zu können, welche Bedeutung das haben könnte.

Der Gegensatz zwischen der Annahme der bildenden und sprachlichen Kunst und der Ablehnung der Musik findet seine Entsprechung auch auf anderen Gebieten, zum Beispiel in der weit verbreiteten Verherrlichung der Freiheit, die aber in der Praxis nicht realisiert wird, und in der fast universellen Abhaltung von Wahlen, ohne dass man wirklich eine Wahl hätte.

Diese Dinge lassen sich womöglich besser verstehen, wenn man sie in einem größeren historischen Zusammenhang betrachtet. Kulturelle Innovation ist und war nie das Monopol einer Region oder eines Volkes. Das Gleiche gilt für den Widerstand gegen das Neue. Man hat in beide Richtungen vieles voneinander entlehnt, und die Schüler sind ihren Vorbildern nicht immer treu geblieben. Im Mittelalter hat Europa seine Religion aus dem Nahen Osten geschöpft, so wie der moderne Nahe Osten seine Politik am Westen orientiert hat. Und genauso wie es ein paar Europäern gelungen ist, ein Christentum ohne Mitgefühl aufzubauen, haben einige Leute im Nahen Osten eine Demokratie ohne Freiheit eingeführt.

In jeder Periode der menschlichen Geschichte bezog sich Modernität oder ein ähnlicher Ausdruck auf die Gebräuche, Normen und Standards der herrschenden und sich ausbreitenden Kultur. Jede herrschende Kultur hat in ihrer besten Zeit anderen ihre Modernität aufgezwungen. Die hellenistischen Königreiche, das Römische Reich, die christlichen Reiche des Mittelalters und der Islam haben, ebenso wie die alten Kulturen in Indien und China, in großen Gebieten den Menschen ihre Normen aufgezwungen und ihren Einfluss noch viel weiter ausgedehnt – weit über ihren Herrschaftsbereich hinaus. Die islamische Kultur war die erste, die im Hinblick auf ihre universelle Mission bedeutsame Fortschritte machte, doch die moderne westliche Kultur ist die Erste, die den ganzen Planeten umfasst. Gegenwärtig – das hat schon Atatürk klar erkannt, und auch indische Computerspezialisten und

japanische High-Tech-Firmen wissen das richtig einzu-
schätzen – ist die vorherrschende Kultur westlich, und
westliche Normen definieren, was Modernität ist.

Es gab in der Vergangenheit andere dominante Kulturen, und es wird sie zweifellos auch in Zukunft geben. Die
westliche Kultur enthält in sich viele Modernitäten aus
der Vergangenheit – das heißt, sie ist bereichert worden
durch den Beitrag und die Einflüsse anderer Kulturen, die
ihr in der Führerschaft vorausgingen. Sie wird selbst als
ein westliches Kulturerbe an andere, zukünftige Kulturen
weitergegeben werden.

Im Laufe des 20. Jahrhunderts wurde den Menschen im Nahen Osten und im gesamten Bereich des Islam endgültig klar, dass tatsächlich etwas erheblich schief gelaufen war. Verglichen mit der Christenheit, ihrem jahrtausende-alten Rivalen, war die Welt des Islam arm, schwach und unwissend geworden. Im Laufe des 19. und 20. Jahrhunderts wurde die Überlegenheit und damit auch die Vorherrschaft des Westens für alle klar erkennbar. Jeder Aspekt des öffentlichen und – was für die Muslime noch bedrückender war – sogar des privaten Lebens war davon betroffen.

Modernisierungsversuche, sei es durch Reformen oder Revolutionen, konzentrierten sich auf drei Hauptgebiete: auf das Militär, die Wirtschaft und die Politik. Die Ergebnisse waren, gelinde ausgedrückt, enttäuschend. Das Streben nach Erfolg mithilfe der aufgerüsteten Armeen brachte eine Reihe von demütigenden Niederlagen. Das Streben nach Wohlstand durch wirtschaftliche Entwicklung führte in einigen Ländern zu Verarmung und Korruption und einer dauerhaften Abhängigkeit von außen; andere Länder waren in ungesunder Weise von einer einzigen Ressource abhängig – von den fossilen Brennstoffen. Und selbst die waren durch westlichen Einfallsreichtum und westliche Industrien entdeckt und ausgebeutet worden. Aber sie werden mit Sicherheit früher oder später erschöpft sein oder ersetzt werden. Vermutlich werden sie ersetzt, wenn die internationale Gemeinschaft genug hat von einem Brennstoff, der das Land, das Wasser und die Luft verschmutzt und die Weltwirtschaft von den Launen einer Clique von Autokraten abhängig macht. – Am schlimmsten ist jedoch das politische Ergebnis. Das lange Streben nach Freiheit hat eine Reihe von armseligen Tyranneien an die Macht gebracht, von traditionellen Autokratien bis zu neuartigen Diktaturen, die nur im Hinblick auf ihren Unterdrückungsapparat und ihre Methoden der Indoktrination modern sind.

Viele Rezepte wurden ausprobiert – man stellte Waffen her, baute Fabriken, Schulen und Parlamente –, aber keines hatte den erwünschten Erfolg. Hier und da brachten sie etwas Erleichterung und für einen kleinen Teil der Bevölkerung ein paar Vorteile. Aber nichts davon konnte das immer größer werdende Ungleichgewicht zwischen dem Islam und der westlichen Welt ausgleichen oder diesen negativen Prozess auch nur aufhalten.

Es sollte sogar noch schlimmer kommen. Es war hart genug für die Muslime, sich arm und schwach zu fühlen nach Jahrhunderten des Reichtums und der Stärke; ihre Führungsposition einzubüßen, die sie nachgerade als ihr angestammtes Recht betrachteten; und sich in die Rolle von Schülern des Westens gedrängt zu sehen. Das 20. Jahrhundert, vor allem die zweite Hälfte, bescherte ihnen weitere Demütigungen – das Bewusstsein, dass sie nicht einmal mehr die Ersten unter den Schülern waren, sondern weiter zurückfielen in der immer länger werdenden Schlange von eifrigen und erfolgreichen Nachahmern des Westens, vor allem aus Fernost. Der Aufstieg Japans war zwar eine Ermutigung, stellte gleichzeitig aber auch eine herbe Kritik dar. Die späteren Erfolge anderer asiatischer Wirtschaftsmächte wurde im Nahen Osten nur noch als Kritik empfunden. Die stolzen Erben einer alten Kultur hatten sich zwangsläufig daran gewöhnt, für ihre Projekte westliche Firmen anheuern zu müssen, weil ihre eigenen

Unternehmen und Techniker offensichtlich nicht in der Lage waren, so etwas zu bewerkstelligen. Jetzt musste man Baufirmen und Techniker aus Korea kommen lassen – aus einem Land, das sich gerade erst von der japanischen Kolonialherrschaft befreit hatte –, um solche Projekte abwickeln zu können. Im zweiten Glied zu stehen ist schon schlimm genug, aber ewig hinterherzuhinken, ist bedeutend schlimmer. Gemessen an allen Maßstäben, die in der Welt von heute eine Bedeutung haben – wirtschaftliche Entwicklung und Schaffung von Arbeitsplätzen, die Fähigkeit zum Lesen und Schreiben, Errungenschaften in Wissenschaft und Bildung, politische Freiheit und Achtung von Menschenrechten –, hat diese ehemals große Kultur einen tragischen Niedergang erlebt.

Die Frage: »Wer hat uns das angetan?« ist in einer solchen Situation eine durchaus normale menschliche Reaktion. Im Nahen Osten gibt es in der Tat viele, die diese Frage gestellt haben. Sie fanden unterschiedliche Antworten. In der Regel ist es leichter und befriedigender, anderen die Schuld am eigenen Elend zu geben. Lange Zeit waren die Mongolen die Favoriten für die Rolle des Bösewichts, und ihre Eroberungen im 13. Jahrhundert wurden für den Verlust der muslimischen Macht und für die Zerstörung der islamischen Kultur verantwortlich gemacht. Auch an der darauf folgenden Schwächung und Stagnation gab man ihnen die Schuld. Aber es dauerte nicht lange, bis Historiker – muslimische und andere – in dieser Argumentation zwei Schwachpunkte ausmachten. Der erste bestand darin, dass einige der größten kulturellen Errungenschaften der islamischen Völker, vor allem des Irans, aus der Zeit nach und nicht vor dem Einfall der Mongolen stammen. Der zweite Schwachpunkt ist schwieriger zu akzeptieren, dennoch aber nicht von der Hand zu weisen: Die Mongolen haben ein Reich erobert, das bereits auf fatale Weise geschwächt war – wie sonst hätte das einst so mächtige Reich der Kalifen einer Horde von Nomaden unterliegen können, die über die Steppen Ostasiens ritten.

Der Aufstieg des Nationalismus – ebenfalls ein Import aus Europa – führte zu einer neuen Sicht der Dinge. Die Araber konnten jetzt den Türken die Schuld geben, von denen sie viele Jahrhunderte lang regiert worden waren.[114] Die Türken konnten die Araber für ihre kulturelle Stagnation verantwortlich machen; wie ein Klotz am Bein hätten sie die schöpferische Energie des türkischen Volkes behindert. Die Perser konnten den Verlust ihres einstigen Ruhms den Arabern, den Türken und den Mongolen gleichermaßen in die Schuhe schieben.

Die Vorherrschaft der Briten und Franzosen in einem großen Teil der arabischen Welt des 19. und 20. Jahrhunderts hat einen neuen und plausibleren Sündenbock hervorgebracht – den westlichen Imperialismus. Und es gibt im Nahen Osten durchaus gute Gründe für eine solche Schuldzuweisung. Die politische Dominanz, das wirtschaftliche Eindringen und – besonders gravierend und besonders heimtückisch – der kulturelle Einfluss des Westens haben das Profil der Region und das Leben der Menschen dort verändert. All das hat ihrem Leben eine neue Richtung gegeben, hat ihnen neue Hoffnungen und Ängste beschert, sie mit neuen Gefahren konfrontiert und neue Erwartungen in ihnen geweckt. Nie zuvor hatte es in der Geschichte ihrer Kultur eine solche Umwälzung gegeben.

Aber das englisch–französische Zwischenspiel war von relativ kurzer Dauer und endete vor einem halben Jahrhundert; der Niedergang begann jedoch lange vor der Ankunft der Engländer und Franzosen und setzte sich auch nach ihrem Abzug ungehindert fort. Also mussten jetzt die Vereinigten Staaten die Rolle des Bösewichts übernehmen, zusammen mit anderen Aspekten ihrer Führungsrolle im Westen. Der Versuch, den Vereinigten Staaten die Schuld zu übertragen, wurde zwar in der Region begrüßt, bleibt aber wie die vorherigen Versuche wenig überzeugend. Die englisch–französische Herrschaft und der amerikanische Einfluss waren genau wie die Invasion der Mongolen eine Folge und nicht der Grund für die innere Schwäche der nahöstlichen Staaten und Gesellschaften. Einige Beobachter, sowohl innerhalb als auch außerhalb der Region, haben auf die Unterschiede in der Entwicklung ehemaliger britischer Besitzungen hingewiesen – zum Beispiel zwischen Aden im Nahen Osten und Singapur und Hongkong oder zwischen den verschiedenen Ländern, die früher einmal das britische Reich in Indien gebildet hatten.

Ein weiterer – ursprünglich europäischer – Beitrag zu dieser Debatte ist der Antisemitismus: »Die Juden« sind an allem Schuld. In der traditionellen islamischen Gesellschaft erfuhren Juden die normalen Zwänge und gelegentlichen Gefährdungen einer Minderheit. In den meisten wichtigen Aspekten ging es ihnen unter muslimischer Herrschaft besser als unter den Christen, bis sich im 17. und 18. Jahrhundert im Westen eine gewisse Toleranz durchsetzte.

Mit wenigen Ausnahmen, in denen in der islamischen Tradition feindselige Stereotype gegenüber den Juden existierten, begegnete man ihnen eher mit Verachtung oder Gleichgültigkeit als mit Misstrauen oder Verfolgungswahn. Das machte die Ereignisse von 1948 – das Versagen fünf arabischer Staaten und Armeen, die nicht in der Lage waren, eine halbe Million Juden daran zu hindern, in den Trümmern des britischen Mandatsgebiets Palästina einen Staat zu gründen – zu einem umso größeren Schock.

Manche Autoren bemerkten damals, es sei schon schlimm genug gewesen, von den westlichen Großmächten besiegt zu werden; das gleiche Schicksal aber durch eine nichtswürdige Bande von Juden zu erleiden, sei eine unerträgliche Demütigung. Der Antisemitismus und sein dämonisierendes Bild des Juden als hinterlistiges Monstrum bot darauf eine tröstende Antwort.

Die frühesten spezifisch antisemitischen Äußerungen im Nahen Osten stammen von der christlichen Minderheit und lassen sich in der Regel auf europäische Vorbilder zurückführen. Sie hatten nur eine begrenzte Wirkung, und zum Beispiel während der Dreyfus–Affäre in Frankreich, als ein jüdischer Offizier von einem antisemitischen Gericht zu Unrecht angeklagt und verurteilt wurde, nahmen die meisten muslimischen Kommentatoren den verfolgten Juden gegen seine christlichen Verfolger in Schutz. Aber das Gift breitete sich immer mehr aus, und von 1933 an machten Nazi–Deutschland und seine verschiedenen Auslandsvertretungen und Geheimdienste einen konzertierten und bemerkenswert erfolgreichen Versuch, den europäischen Antisemitismus auch in der arabischen Welt zu verbreiten. Der Kampf um Palästina förderte die Übernahme antisemitischer Geschichtsdeutungen und verleitete einige dazu, alles Schlechte, das im Nahen Osten und sogar in der ganzen Welt passierte, so genannten jüdischen Verschwörungen zuzuschreiben. Diese Deutung hat den öffentlichen Diskurs in der gesamten Region bestimmt, einschließlich der Bildung, der Medien, ja sogar der Unterhaltungsindustrie.

Ein anderer Aspekt der jüdischen Komponente dürfte aufschlussreicher sein; er hat eher einen realen Bezug, als dass er auf Fantasievorstellungen beruht. Der moderne Staat Israel und die israelische Gesellschaft wurden von Juden aufgebaut, die aus christlichen und islamischen

Ländern kamen, das heißt, aus Europa, Nord- und Südamerika, aus dem Nahen Osten und aus Nordafrika. Der Judaismus oder weiter gefasst das Judentum ist eine Religion im umfassendsten Sinn – ein System des Glaubens und der Verehrung Gottes, eine Moral, eine Lebensweise und ein komplexes soziales und kulturelles Wertesystem. Aber bis vor relativ kurzer Zeit spielten Juden in der Politik kaum eine Rolle, und selbst in jüngster Zeit beschränkt sich ihre politische Bedeutung auf wenige Länder. Es gibt daher keine spezifisch jüdische politisch-gesellschaftliche Kultur oder Tradition. Die Erinnerungen an das Altertum sind zu schwach, die jüngsten Erfahrungen zu kurz, als dass so etwas hätte entstehen können. Zwischen der Zerstörung des alten jüdischen Königreichs und der Schaffung einer modernen jüdischen Republik waren Juden ein Teil – man könnte sagen, eine Subkultur – der größeren Gesellschaften, in denen sie lebten, und selbst die Organisation ihrer Gemeinden spiegelte zwangsläufig die Strukturen und Bräuche jener Gesellschaften wider. In den letzten vierzehn Jahrhunderten lebte die überwiegende Mehrheit der Juden entweder in der christlichen oder in der islamischen Welt und war in vielfältiger Hinsicht ein Bestandteil der beiden Kulturen. Die Juden, die den Staat Israel gründeten, brachten zwangsläufig viele der politischen und gesellschaftlichen Normen und Werte, Gewohnheiten und Einstellungen jener Länder mit, aus denen sie kamen: einerseits das, was wir gewöhnlich die jüdisch-christliche Tradition nennen, andererseits das, was wir mit der gleichen Berechtigung die jüdisch-islamische Tradition nennen könnten.

Im heutigen Israel prallen diese beiden Traditionen immer häufiger aufeinander. Das drückt sich in verschiedenster Weise aus – in kommunalen, religiösen, ethnischen oder sogar parteipolitischen Konflikten. In den meisten Fällen handelt es sich dabei um Konfrontationen zwischen Christentum und Islam, beide jeweils repräsentiert von ihren ehemaligen jüdischen Minderheiten, die sozusagen en miniature die Stärken und Schwächen der beiden Kulturen widerspiegeln, zu denen sie einst gehörten. Der Kampf, die Koexistenz oder die Kombination dieser beiden Traditionen in einem so kleinen Staat, mit einer gemeinsamen Religion und gemeinsamen Staatsbürgerschaft, könnte interessante Aspekte sichtbar werden lassen. Für Israel dürfte dieses Problem eine existenzielle Bedeutung haben. Das Überleben eines Staates, der von Nachbarn umgeben ist, die ihm sein Existenzrecht absprechen, ihn bedrohen und ihm zahlenmäßig überlegen sind, dürfte vor allem von seinem im Westen erworbenen qualitativen Vorsprung abhängen.

Oft hört man das Argument, der Grund für das veränderte Verhältnis zwischen Ost und West sei kein Niedergang des Nahen Ostens, sondern ein Aufschwung des Westens – hervorgerufen durch die großen Erfindungen, die Entwicklung der Wissenschaften, die technologischen, industriellen und politischen Revolutionen, die den Westen verändert hätten, indem sie ihn zu Wohlstand und Macht führten. Aber mit solchen Vergleichen lassen sich die entscheidenden Fragen nicht beantworten; sie formulieren sie bloß neu: Warum begann die Entdeckung Amerikas von Spanien aus und nicht von irgendeinem islamischen Hafen an der Atlantikküste, wo solche Reisen schließlich schon früher unternommen worden waren?[115] Warum gelang den Wissenschaften der große Durchbruch in Europa und nicht, wie man es vernünftigerweise auch hätte erwarten können, in dem reicheren, fortschrittlicheren und in den meisten Aspekten aufgeklärteren Reich des Islam?

Bei einer etwas anspruchsvolleren Form der Suche nach dem Schuldigen glaubt man, ihn eher im Inneren als außerhalb der Gesellschaft finden zu können. Eines der Ziele dieses Spiels ist die Religion, für einige besonders der Islam. Aber dem Islam die Schuld zuzuweisen, ist mehr oder weniger willkürlich und wird auch nur selten versucht. Es ist auch nicht sehr plausibel. Den größten Teil des Mittelalters befanden sich die wichtigsten Zentren der Kultur und des Fortschritts weder in den älteren Kulturen des Orients noch in den jüngeren Kulturen des Westens, sondern in der Mitte dazwischen – den Ländern des Islam. Dort sind die alten Wissenschaften wiederentdeckt und weiterentwickelt worden, dort sind neue Wissenschaften entstanden. Dort sind neue Industrien und Manufakturen aufgebaut worden, dort hat sich der Handel in einer nie da gewesenen Weise entfaltet. Und dort haben Regierungen und Gesellschaften einen so hohen Grad an Freiheit des Denkens und Ausdrucks geboten, dass verfolgte Juden und selbst christliche Dissidenten Schutz im Islam suchen konnten. Wenn man den mittelalterlichen Islam an den modernen Idealen und Praktiken der fortschrittlichen Demokratien misst, hat er den Menschen zwar nur eingeschränkte Freiheiten eingeräumt, aber er gewährte weitaus mehr Freiheiten als alle seine Vorläufer, seine Zeitgenossen und die meisten seiner Nachfolger.

Wenn nun aber der Islam die Freiheit, die Wissenschaft und die wirtschaftliche Entwicklung behindert, wie ist es dann möglich, dass die islamische Gesellschaft in der Vergangenheit ein Pionier auf allen drei Gebieten sein konnte, obwohl die Muslime damals den Quellen und der Inspiration ihres Glaubens bedeutend näher waren als heute? Dieses Argument hat man oft gehört. Manche haben die Frage in einer anderen Form gestellt – anstatt zu fragen:»Was hat der Islam den Muslimen angetan?«, haben sie gefragt:»Was haben die Muslime mit dem Islam gemacht?«, und sie haben diese Frage beantwortet, indem sie bestimmten Lehrern, Lehren und Gruppierungen die Schuld zuwiesen.

Für diejenigen, die wir heutzutage als Islamisten oder Fundamentalisten bezeichnen, wurden die islamischen Länder von diesen Fehlern und Misserfolgen heimgesucht, weil sie fremde Vorstellungen und Praktiken übernommen haben. Sie sind vom wahren Glauben abgefallen und haben dadurch ihre ehemalige Größe eingebüßt. Diejenigen, die man als Modernisierer oder Reformer kennt, vertreten den entgegengesetzten Standpunkt. Sie sehen den Grund für diesen Verlust nicht in der Aufgabe, sondern im Festhalten an den alten Traditionen und speziell in der mangelnden Flexibilität und der Allgegenwart des islamischen Klerus. Der, sagen sie, ist verantwortlich für das Fortbestehen von Überzeugungen und Praktiken, die vor tausend Jahren noch schöpferisch und fortschrittlich gewesen sein mögen, heute aber nicht mehr angemessen sind. Gewöhnlich lehnen sie nicht die Religion als solche ab, noch weniger den Islam, sondern richten sich gegen den Fanatismus. Dem Fanatismus und vor allem den fanatischen religiösen Autoritäten wird zugeschrieben, dass die einst so große islamische Wissenschaftsbewegung und mit ihr die Freiheit des Denkens und des Ausdrucks buchstäblich abgewürgt wurden.[116]

Häufiger behandelt man das Thema, indem man nicht über die Religion im Allgemeinen diskutiert, sondern über ein spezifisches Problem: über den Stellenwert der Religion und ihrer berufsmäßigen Vertreter in der politischen Ordnung. Für jene Menschen ist der Hauptgrund des westlichen Fortschritts, dass man die Trennung zwischen Kirche und Staat vollzogen und eine zivile Gesellschaft geschaffen hat, in der weltliche Gesetze gelten. Für andere ist der Hauptschuldige der islamische Sexismus und die Verbannung der Frauen in eine untergeordnete

Rolle innerhalb der Gesellschaft. Auf diese Weise habe man die islamische Welt um die Talente und Energien der Hälfte ihrer Bevölkerung gebracht und habe so die wichtigen frühen Jahre in der Erziehung der anderen Hälfte den analphabetisierten und unterdrückten Müttern überlassen. Die Produkte einer solchen Erziehung, so sagte man, sind entweder arrogante oder unterwürfige Individuen, die in einer freien, offenen Gesellschaft nicht zurechtkommen können. Wie immer man diese Argumente bewertet, der Erfolg oder Misserfolg der Säkularisten und Feministen wird ein entscheidender Faktor bei der zukünftigen Entwicklung des Nahen Ostens sein.

Manche haben eine Vielzahl von Faktoren für diese schmerzliche Asymmetrie verantwortlich gemacht – das Versiegen der Edelmetallvorräte, das mit der Entdeckung und Ausbeutung der Ressourcen der Neuen Welt einherging; die Inzucht infolge der vor allem auf dem Lande üblichen Ehen zwischen Vettern und Kusinen; die Verwüstungen durch Ziegen, die, indem sie die Rinden von den Bäumen abgeschabt und das Gras mitsamt der Wurzel gefressen haben, fruchtbares Land zur Wüste machten. Andere weisen darauf hin, dass man im vormodernen Nahen Osten keine Fahrzeuge mit Rädern benutzt hat, und erklären dies wahlweise zum Grund oder zum Symptom für das, was schief gelaufen ist.[117] Diese Fahrzeuge waren in der Antike bekannt, wurden aber im Mittelalter immer seltener, und das änderte sich erst, als sie unter europäischem Einfluss oder europäischer Herrschaft wieder eingeführt wurden. Reisenden aus dem Westen fiel auf, dass es im Nahen Osten keine Fahrzeuge gab; Reisenden aus dem Nahen Osten fiel im Westen auf, dass es sie gab.

In einem gewissen Sinne war das ein Symptom für ein umfassenderes Problem. Ein Karren ist groß und für einen

Bauern relativ teuer. Er ist schwer zu verbergen und leicht in Beschlag zu nehmen. Zu einer Zeit, in der weder Gesetz noch Sitte die Macht lokaler Behörden einschränkten, waren sichtbare und bewegliche Dinge eine schlechte Investition.[118] Die gleiche Angst vor dem räuberischen Zugriff der Behörden – oder auch der Nachbarn – lässt sich an der Bauweise der traditionellen Häuser und Viertel erkennen: hohe, fensterlose Mauern, fast unsichtbare Eingänge in engen Gassen, das sorgfältige Vermeiden eines jeden Zeichens von Wohlstand. Doch so viel ist klar – auch die gepflasterten Straßen und Fahrzeuge mit Rädern, die in neuerer Zeit auftauchten, änderten nichts an den entscheidenden Problemen.

Einige der Lösungsmöglichkeiten, die man zunächst vehement unterstützte, wurden wieder aufgegeben. Die beiden wichtigsten Bewegungen des 20. Jahrhunderts waren der Sozialismus und der Nationalismus. Beide haben ihre Glaubwürdigkeit verloren, der Sozialismus durch sein Versagen, der Nationalismus dadurch, dass er sich nach anfänglichem Erfolg als ineffektiv erwiesen hat. Freiheit im Sinne von Unabhängigkeit wurde als der große Talisman betrachtet, der alle anderen Vorteile mit sich bringen würde. Die überwiegende Mehrheit der Muslime lebt inzwischen in unabhängigen Staaten, die jedoch keine Lösung ihrer Probleme bringen konnten. Der Bastard aus beiden Ideologien, der Nationalsozialismus, lebt in einigen Staaten immer noch fort. Dort hat man diktatorische Formen der Regierung und Indoktrination im Stil des Nazi–Faschismus übernommen, die einen durch einen riesigen und allgegenwärtigen säkularen Regierungsapparat, die anderen durch eine einzige, allmächtige Partei. Aber auch diese Regime haben in jeder Hinsicht versagt – außer dass sie überlebt haben – und konnten keines ihrer Versprechen einlösen. Ihre Infrastruktur ist sogar noch antiquierter als die der anderen, und ihre Armeen dienen vor allem dem Terror und der Unterdrückung.

Heute gibt es zwei Antworten auf diese Frage, die in der Region eine breite Unterstützung erfahren, beide mit einer eigenen Diagnose, was schief läuft, und entsprechenden Vorschlägen zur Therapie. Diejenigen, die alles Übel auf die Abkehr vom göttlichen Erbe des Islam zurückführen, befürworten die Rückkehr in eine wirkliche oder vorgestellte Vergangenheit. Das ist der Weg der Revolution im Iran und der so genannten fundamentalistischen Bewegungen und Regime in anderen islamischen Staaten. Die andere Lösung ist eine säkulare Demokratie, am meisten verkörpert in der Türkischen Republik, wie sie von Kemal Atatürk gegründet wurde.

In der Zwischenzeit geht die Suche nach den Schuldigen – die Türken, die Mongolen, die Imperialisten, die Juden, die Amerikaner – weiter, und ein Ende ist nicht abzusehen. Für die totalitären und ineffektiven Regierungen, die im größten Teil des Nahen Ostens an der Macht sind, ist dieses Spiel nicht nur nützlich, sondern geradezu lebensnotwendig – um die Armut zu erklären, die sie nicht lindern konnten, und die Tyrannei zu legitimieren, die sie immer mehr verstärkt haben. Auf diese Weise versuchen sie, den wachsenden Zorn ihrer unglücklichen Untertanen auf andere, außerhalb liegende Ziele zu lenken.

Aber bei immer mehr Menschen im Nahen Osten weicht diese Einstellung einer selbstkritischeren Sicht. Die Frage: »Wer hat uns das angetan?« hat nur neurotischen Fantasien und Verschwörungstheorien Vorschub geleistet. Die andere Frage: »Was haben wir falsch gemacht?« hat logischerweise zu einer zweiten Frage geführt: »Wie können wir das wieder gutmachen?« In dieser letzten Frage und in den verschiedenen Antworten, die man darauf finden wird, liegt die größte Hoffnung für die Zukunft.

Nachdem die Ansichten und Taten Osama bin Ladens und seiner Gastgeber, der Taliban, der Weltöffentlichkeit bekannt geworden sind, haben wir neue, lebendige Einsichten über den Niedergang der einst größten, fortschrittlichsten und offensten Kulturen in der menschlichen Geschichte gewonnen.

Für einen westlichen Beobachter, der in der Theorie und Praxis westlicher Freiheit geschult ist, sind viele der Schwierigkeiten der islamischen Welt auf gerade diesen Mangel an Freiheit zurückzuführen – Freiheit des Geistes von Zwang und Indoktrination, die Freiheit, zu fragen, zu forschen und zu sprechen, Freiheit der Wirtschaft von korrupter und alles durchdringender Misswirtschaft, Freiheit der Frauen von männlicher Unterdrückung, Freiheit der Bürger von staatlicher Tyrannei. Aber der Weg zur Demokratie – das zeigen die Erfahrungen des Westens nur zu deutlich – ist lang und beschwerlich, voller Fallstricke und Hindernisse.

Wenn die Völker des Nahen Ostens weiter auf ihrem Weg bleiben, wird der Selbstmordattentäter womöglich zur Metapher für die gesamte Region, und es wird keinen Ausweg aus der Spirale von Hass und Trotz, Wut und Selbstmitleid, Armut und Unterdrückung geben. All das wird früher oder später zu einer neuen Fremdherrschaft führen – vielleicht von einem neuen Europa, das zu alten Methoden zurückkehrt, vielleicht von einem wieder erstarkten Russland, vielleicht auch von einer neuen, expandierenden Supermacht in Fernost. Wenn sie aber ihren Kummer vergessen, die Opferrolle ablegen, ihre Streitigkeiten beilegen, ihre Talente, Energien und Ressourcen zu einer gemeinsamen kreativen Anstrengung bündeln, dann können sie aus dem Nahen Osten wieder das machen, was er im Altertum und im Mittelalter einmal war – eines der wichtigsten Zentren menschlicher Kultur. In der gegenwärtigen Lage liegt es an ihnen, sich zu entscheiden.

Wesentliche Teile dieses Buches bildeten ursprünglich eine Reihe von drei öffentlichen Vorlesungen, die im September 1999 am Institut für die Wissenschaften vom Menschen in Wien gehalten wurden. Sie sind im Jahre 2001 von diesem Institut in deutscher Übersetzung unter dem Titel »Kultur und Modernisierung im Nahen Osten« veröffentlicht worden. Die Wiener Vorlesungen, die ausführlich überarbeitet wurden, bilden die Grundlage der ersten drei Kapitel. Spätere Kapitel enthalten Passagen aus früheren Veröffentlichungen: aus einem Artikel, der 1995 in der »Revue de Métaphysique« erschienen ist, und aus drei weiteren Beiträgen – der erste für den Internationalen Kongress der Historischen Wissenschaften in Madrid (1992), der zweite und dritte für die Kolloquien in Straßburg (1980) und Castel Gandolfo (1998). Alle drei sind in den jeweiligen Dokumentationen veröffentlicht worden. Ich möchte den Organisatoren dieser verschiedenen Veranstaltungen dafür danken, dass sie mir Gelegenheit gegeben haben, meine Ansichten einem gut informierten Publikum vorzulegen. Auch meiner Lektorin Susan Ferber gilt mein Dank für ihre vielen konstruktiven Vorschläge. Außerdem danke ich Herrn Eli Alshech, Doktorand an der Princeton-Universität, für vielerlei Hilfe in verschiedenen Stadien der Forschung und Ausführung, und einmal mehr meiner Mitarbeiterin Annamarie Cerminaro für die Sorgfalt und Geschicklichkeit, mit der sie mein Manuskript vom ersten Entwurf bis zur letztlich veröffentlichten Version begleitet hat.

Bernard Lewis, 2001

1 Der Name Persien in seinen verschiedenen klassischen und modernen europäischen Formen stammt von *Pars*, dem Namen einer Provinz an der Golfküste im Südwesten des Irans. Die Araber, deren Alphabet keine Entsprechung für den Buchstaben *p* kennt, nannten die Provinz »Fars«. So wie die spanische Sprache aus dem Kastilischen und das Italienische aus dem Toskanischen entstanden sind, wurde aus dem Dialekt von Fars, bekannt als Farsi, die offizielle Landessprache. In der westlichen Welt wird dieser Name, der eigentlich nur eine bestimmte Region bezeichnet, seit der Antike für das ganze Land verwendet. Doch die Perser selbst haben das nie in dieser Weise übernommen. Sie benutzen bereits seit Jahrtausenden die Bezeichnung Iran – Land der Arier – und übernahmen sie im Jahre 1935 auch offiziell. Wenn ich mich auf die Vergangenheit beziehe, verwende ich den im Westen üblichen Namen.

2 Siehe Abdulhak Adnan: La Science chez les Turcs ottomans. Paris 1939. S. 87, 98–99.

3 The Turkish Letters of Ogier Ghiselin de Busbecq, Imperial Ambassador at Constantinople 1554–1562. Aus dem Lateinischen von Edward Seymour Forster. Oxford 1927. S. 112.

4 J. Craigie (Hg.): The Poems of James VI of Scotland. Bd. I. Edinburgh 1955. S. 197 ff.

5 Zitiert nach Michel Lesure: Lépante, la crise de l'empire ottoman. Paris 1972. S. 180.

6 Ibrahim Peçevi: Tarih [Geschichte]. Bd. 1. Istanbul 1281 (1864). S. 498–499. Siehe Andrew C. Hess: The Battle of Lepanto. In: Past and Present. Bd. 57, November 1972. S. 53–73.

7 Dieses Wort kommt im Ungarischen und in mehreren slawischen Sprachen vor. Es stammt offenbar von dem Wort »Karl« (dem Großen) ab, so wie »Zar« und »Kaiser« von »Cäsar« abgeleitet sind.

8 Zur Überlieferung, dass dieser Titel dem französischen König François I. vom osmanischen Sultan Süleiman dem Prächtigen verliehen wurde, siehe Bernard Lewis: The Political Language of Islam. Chicago 1988. S. 98, 153–154.

9 Lûtfi Pascha: Asafname. Mit einer deutschen Übersetzung herausgegeben von Rudolf Tschudi. Berlin 1910. S.32–33, Übersetzung S.26–27.

10 Die Beobachtungen des Ömer Talib, notiert auf den Rändern eines Manuskriptes mit dem Titel »Tarih al-Hind al-Garbi« (siehe Kap. 2 und Anmerkung 5) in Ankara (Maarif Bibliothek 10024). Veröffentlicht in A. Zeki Velidi Togan: Bugünkü Türkeli (Turkistan' ve Yakın Tarihi). Bd. I (1947), S.127. Übersetzt in B. Lewis: The Emergence of Modern Turkey. Neue Ausgabe. New York 2001. S.28, Anmerkung 11.

11 Zu dieser Episode siehe Saffet: Bir Osmanlı filosunun Sumatra seferi. In: Tarih-i Osmani Encümeni Mecmuası. Bd. 10. Istanbul 1329 A.H. [Anm.: A.H. = Anno Hegirae, d. h. nach islamischer Zeitrechnung]. S.604–614, 678–683; Halil Inalcik mit Donald Quatert (Hg.): An Economic and Social History of the Ottoman Empire 1306–1914. Cambridge 1994. S.327–331 und 345–347. Siehe außerdem Salih Özbaran: The Ottoman Turks and the Portuguese. In: Journal of Asian History. Bd. VI/VII (1972), S.48–87.

12 Für eine Untersuchung aus jüngster Zeit siehe Şevket Pamuk: A Monetary History of the Ottoman Empire. Cambridge 1999. Vgl. vor allem Kapitel 7ff.

13 Sılıhdar Fındıklı Mehmed: Tarih. Istanbul 1928. Bd. II, S.87.

14 Zitiert nach Ahmed Refik: Hayatı, Seçme Şiir ve Yazıları. Hg. Reşad Ekrem Koçu. Istanbul 1938. S.101. »Waschen« bezieht sich natürlich auf die rituelle Waschung vor dem Gebet.

15 Faik Reşit Unat: Ahmet III devrine ait bir islahat takriri: Muhayyel bir mülâkatın zabıtları. In: Tarih Vesikaları. Bd. I (1941), S.107–121.

16 Zitiert nach V. J. Parry: La Manière de Combattre. In: War, Technology and Society in the Middle East. Hg. V. J. Parry und M. E. Yapp. London 1975. S.252, Anmerkung 2.

17 In Artikel XIII verspricht die Hohe Pforte, »in allen Dokumenten und öffentlichen Briefen den geheiligten Titel Kaiserin aller Russen zu benutzen und dies auch in allen Fällen in türkischer Sprache zu tun«. Der Text des Vertrages erwähnt dann die türkische Anrede, wobei »Kaiserin« mit »Padischah« übersetzt wird – ein Titel, der bereits dem Kaiser des Heiligen Römischen Reichs zugestanden worden war. Das Abkommen war in italienischer Sprache abgefasst, der Diplomatensprache jener Zeit, zumindest im Mittelmeerraum. Im italienischen Text heißt der Herrscher des Osmanischen Reichs, der eigentlich auch Padisha genannt wird, »Padischag«. Nur ein Russe – mit Sicherheit kein Italiener oder Türke – würde ein »h«

durch ein »g« ersetzen. Der italienische Text des Abkommens von Küçük Kaynarca findet sich in G. G. de Martens: Recueil de Traités. Bd. IV (1761–1790 Anhang). Göttingen 1798. Nr. 71, S. 606–638; 2. Auflage, Bd. IV (1771–1779). Göttingen 1817. S. 287–322.

18 Siehe Bernard Lewis: From Babel to Dragomans. In: Proceedings of the British Academy. Bd. 101 (1999), S. 37–54.

19 Lûtfi Pasha: Asafname. Mit einer deutschen Übersetzung herausgegeben von Rudolf Tschudi. Berlin 1910.

20 Risale-i Koçu Bey. Istanbul 1277 (1860). Mehrere weitere Ausgaben. Deutsche Übersetzung von W. F. A. Behrnauer in: Zeitschrift der Deutschen Morgenländischen Gesellschaft. Bd. XI (1861), S. 272–332. Über diese und andere ähnliche Werke siehe Virginia H. Aksan: Ottoman Political Writing. 1768–1808. In: International Journal of Middle Eastern Studies. Bd. 25 (1993), S. 53–69; und Bernard Lewis: Ottoman Observers of Ottoman Decline. Islamic Studies (Karachi). Bd. I (1962), S. 71–87. Erneut abgedruckt in B. Lewis: Islam in History: Ideas, People and Events in the Middle East. Überarbeitete Ausgabe. Chicago 1993. S. 209–222.

21 Lûtfi Pasha: Asafname. S. 32–33, Übersetzung S. 26–27.

22 Zu zwei Untersuchungen über dieses Thema, die eine aus islamischer, die andere aus europäischer Sicht, siehe Bartholomé Bennassar und Lucile Bennassar: Les chrétiens d'Allah: L'histoire extraordinaire de renégats, XVIe–XVIIe siècles. Paris 1989; Lucetta Scaraffia: Rinnegati: per una storia dell'identità occidentale. Rom/Bari 1993.

23 Über diese und andere muslimischen Gesandten in Europa siehe Bernard Lewis: The Muslim Discovery of Europe. New York 1982, überarbeitete Ausgabe 1994. Carter Vaughn Findley: État et droit dans la pensée politique ottomane: droits de l'homme ou Rechtsstaat? À propos de deux relations d'ambassade. In: Études Turques et Ottomanes. Bd. IV. Paris, Dezember 1995. S. 39–50. Virginia H. Aksan: An Ottoman Statesman in War and Peace: Ahmed Resmi Efendi. 1700–1783. Leiden 1995.

24 Zu Ratib Efendi siehe Carter Vaughn Findley: Ebu Bekir Ratib's Vienna Embassy Narrative: Discovering Austria or Propagandizing for Reform in Istanbul? In: Wiener Zeitschrift für die Kunde des Morgenlandes. Bd. 85. Wien 1995. S. 41–80. J. M. Stein: An Eighteenth-Century Ottoman Ambassador Observes the West: Ebu Bekir Ratip Efendi Reports on the Habsburg System of Roads and Posts. In: Archivum Ottomanicum. Bd. X. Wiesbaden 1985 [1987]), S. 219–312.

25 Über Einführung und Geschichte des Druckens im Nahen Osten siehe Kap. 7.

26 Usūl al-hikam fi nizam al umam. Istanbul 1145 (1732). Eine französische Übersetzung von Baron Reviczki findet sich unter dem Titel: Traité de la tactique. Wien 1769.

27 Siehe: Mémoires du Baron de Tott sur les Turcs et les Tartares. 4 Bände. Maastricht 1785.

28 Paolo Preto: Venezia e i Turchi. Florenz 1975. S.132

29 Abu'l 'Abbās Ahmad ibn Yahyā al–Wansharīsī: Asnā al–matājir fi bayān ahkām man ghalaba 'ala watanihi al–Nasārā wa–lam yuhājir. Hg. Husayn Mu'nis. In: Revista del Instituto Egipcio de Estudios Islamicos en Madrid. Bd. V (1957), S.129–191. Siehe auch B. Lewis: Legal and Historical Reflections on the Position of Muslim Populations under non–Muslim Rule. In: Journal: Institute of Muslim Minority Affairs. Bd. 13.1 (Januar 1992), S.1–16. Nachdruck in B. Lewis: Islam and the West. New York/Oxford 1993. S.43–57.

30 Zu dieser Karte siehe Svat Soucek in: The History of Cartography. II, 1: Cartography in the Traditional Islamic and South Asian Societies. Hg. J. B. Harley und David Woodward. Chicago 1992. S.269–272. Siehe auch Andrew C. Hess: Piri Reis and the Ottoman Response to Voyages of Discovery. In: Terrae Incognitae. Bd. 6 (1974), S.19–37.

31 Eine Ausgabe in 500 Exemplaren war eines der ersten Bücher, das von der Müteferrika–Druckerei gedruckt wurde. Über dieses Buch siehe auch Thomas D. Goodrich: The Ottoman Turks and the New World: a Study of ›Tarih-i Hind-i garbi‹ and Sixteenth Century Ottoman Americana. Wiesbaden 1990.

32 Haskell Isaacs: European influences in Islamic Medicine. In: Mashriq: Proceedings of the Eastern Mediterranean Seminar. University of Manchester 1977–1978. Manchester 1980.

33 Abdülhak Adnan [Adıvar]: La Science chez les Turcs Ottomans. Paris 1939. S.112–113.

34 Siehe Fatma Müge Göcek: Rise of the Bourgeoisie, Demise of Empire: Ottoman Westernization and Social Change. New York/Oxford 1996. S.106.

35 Zur traditionellen und modernen Diplomatie im Nahen Osten siehe: Encyclopaedia of Islam, 2. Auflage, Stichworte »Elçi« und »Safir«. Dort weitere Verweise.

36 J. Th. Zenker: Bibliotheca Orientalis: Manual de Bibliographie orientale. Leipzig 1846. Dort sind 1859 Bücher aufgeführt, darunter 201 Bände über Dichter und Dichtungen (65 arabische, 102 persische, 34 türkische). Die meisten Titel sind Textausgaben und Übersetzungen.

37 Adnan: La Science chez les Turcs Ottoman. S.57.

38 Zu Hoca Ishak Efendi siehe Ekemeleddin Ihsanoğlu: Başhoca Ishak Efendi: Türkiyede modern bilimin öncüsü. Ankara 1989.

39 Siehe zum Beispiel V. J. Parry: La Manière de Combattre. S.250.

40 Enver Ziya Karal: Halet Efendinin Paris Büyük Elçiliği 1802–6. Istanbul 1940. S.32–33.

41 Vermutlich weil die Dokumentation leichter zugänglich war, haben die wirtschaftlichen Aspekte des westlichen Einflusses erheblich mehr Aufmerksamkeit erfahren als die sozialen, kulturellen und, in geringerem Maße, politischen Aspekte. Vgl. dazu Donald Quataert: Social Disintegration and Popular Resistance in the Ottoman Empire, 1881–1908: Reactions to European Economic Penetration. New York 1983; Şevket Pamuk: The Ottoman Empire and European Capitalism, 1820–1913. Trade, Investment and Production. Cambridge 1987.

42 Takvim-i Vekayi (Moniteur Ottoman). Bd. 1, Jumada I 1247 (14. Mai 1832).

43 Tarih-i Naima. Istanbul o. J. Bd. III, S.69–70, und Bd. IV, S.94.

44 Siehe dazu B. Lewis: Serbestiyet. In: Journal of the Faculty of Economics of the University of Istanbul. Bd. 41 (1983), S.47–52. Auch in: Islam in History. S.323–336.

45 Zitiert nach Ahmed Jevdet Pasha: Tarih. Bd. VI. Istanbul 1309 A.H. S.394–401. Englische Übersetzung in B. Lewis: The Impact of the French Revolution on Turkey. Journal of World History. Bd. I (1953), S.121–122. Überarbeitete Version in G. S. Métraux und F. Crouzet (Hg.): The New Asia: Readings in the History of Mankind. New York 1965. S.47–50.

46 Şanizade: Tarih. Bd. VI. Istanbul 1291 (1874). S.2–3.

47 Sadık Rıfat Pasha: Muntehabat-i Asar. Istanbul o. J. S.4. Eine andere Version in Abdurrahman Şeref: Tarih Musabebeleri. Istanbul 1340 (1922). S.125.

48 Evliya Çelebi: Seyahatname. Istanbul 1928. Bd. VII, S.318–319. Deutsche Übersetzung von R. F. Kreutel: Im Reiche des goldenen Apfels. Graz 1957. S.194–195.

49 Mustafa Hatti Efendi: Viyana Sefaretnamesi. Hg. Ali Ibrahim Savaş. Ankara 1999. S.37–38. Hattis Bericht wurde zum ersten Mal veröffentlicht in der Chronik von Izzi: Tarih-i Izzi. Istanbul 1199 (1784). S.190 ff.

50 Zitiert nach Tarih-i Cevdet. Istanbul 1309 (1892). Bd. IV, S.355.

51 Ahmad ibn al-Mahdī: Natijat al-Ijtihād fī 'l-Muhādana wa'l-jihād. Hg. Alfredo Bustani. Larache (Marokko) 1941. S.12.

52 Siehe zum Beispiel Koran, 5,119, wo Jesus selbst diesen Gedanken zurückweist, indem er auf die Frage Gottes: »Hast du den

Leuten gesagt: ›Betet mich und meine Mutter als Götter neben Gott an‹?« mit einem klaren Nein antwortet.

53 Zitiert nach M. Şükrü Hanioğlu: Transformation of the Ottoman Intelligentsia and the Idea of Science. In: Anuarul Institutului de Istorie si Arheologie A.D. Xenopol. Bd. XXIV/2. Jassy 1987. S. 29–34.

54 Englische Übersetzung in B. Lewis: A Middle East Mosaic: Fragments of Life, Letters and History. New York 2000. S. 192.

55 Siehe Encyclopaedia of Islam, Artikel: Kāsim Amīn. Sein erstes Buch »Tahrīr al-mar'a« (Befreiung der Frau) wurde 1891 in Kairo veröffentlicht, sein zweites »Al-Mar'a al-Jadīda« (Die neue Frau) 1901. Eine englische Übersetzung von Samiha Sidhom Peterson wurde 2000 in Kairo veröffentlicht.

56 Einige Beispiele finden sich in: Islam and Revolution: Writings and Declarations of Imam Khomeini. Übersetzt und kommentiert von Hamid Algar. Berkeley 1981.

57 Die Stellung der Frauen im Islam, die lange vernachlässigt wurde, ist in den letzten Jahren zum Thema einer breiten Literatur geworden – zum Teil wissenschaftlich, zum Teil polemisch, vieles von muslimischen Frauen geschrieben. Hier eine kleine Auswahl, in der keine Bücher aufgeführt sind, die sich nur auf ein Land beziehen: Lois Beck und Nikki Keddie (Hg.): Women in the Muslim World. Cambridge, Mass. 1978. Juliette Minces: La femme dans le monde arabe. Paris 1980. Fatma Mernissi: Beyond the Veil: Male-Female Dynamics in Modern Muslim Society. Überarbeitete Ausgabe. Bloomington 1988. Hisham Sharabi: Neopatriarchy: A Theory of Distorted Change in Arab Society. New York/Oxford 1988. Margot Badran und Miriam Cook (Hg.): Opening the Gates: A Century of Arab Feminist Writing. Bloomington 1990. Nikki Keddie und Beth Baron (Hg.): Women in Middle Eastern History: Shifting Boundaries in Sex and Gender. New Haven 1991. Bouthaina Shaaban: Both Right and Left Handed: Arab Women Talk about their Lives. Bloomington 1991. Wiebke Walther: Women in Islam. Princeton 1993. Fatma Müge Göçek und Shiva Balaghi (Hg.): Reconstructing Gender in the Middle East: Tradition, Identity and Power. New York 1994. Madeline C. Zilfi (Hg.): Women in the Ottoman Empire: Middle Eastern Women in the Early Modern Era. Leiden 1997.

58 Mustafa Sami: Avrupa Risalesi. Istanbul 1256 A.H. S. 26, 35–36. Übersetzung bei Hanioğlu, S. 30.

59 Âsâr-i Rıfat Paşa. Istanbul 1275 A.H. S. 10–11. Übersetzung bei Hanioğlu, S. 31.

60 Zu Ibn al-Nafis siehe Max Meyerhof: Ibn al-Nafis und seine Theorie des Lungenkreislaufs. In: Quellen und Studien zur Geschichte der Naturwissenschaften. Bd. IV. Berlin 1933. Gaston Wiet: Ibn al–Nafis et la circulation pulmonaire. In: Journal Asiatique (1956), S. 95–100. J. Schacht: Ibn al–Nafis, Servetus and Colombo. In: al–Andalus. Bd. XXII (1937), S. 317–336. Vgl. Encyclopaedia of Islam.

61 Siehe Aydın Sayılı: The Observatory in Islam and its Place in the General History of the Observatory. Ankara 1960. S. 289 ff.

62 Siehe dazu in Kap. 6 und 7.

63 G. Young: Corps de droit ottoman. Bd. II. Oxford 1905. S. 171–172.

64 Young, Bd. II, S. 172–174 und 180–181.

65 Young, Bd. II, S. 175 ff.

66 M. Bompard: Législation de Tunisie. Paris 1888. S. 398.

67 Ahmad ibn Khālid al–Nāsirī: Kitāb al–Istiqsā'. Bd. V. Casablanca 1955. S. 131 ff. Zu einer früheren Abhandlung eines afrikanischen Juristen über die illegale Versklavung schwarzer Muslime siehe Mi 'rāj al–Su'ūd: Ahamd Baba's replies on slavery. Übersetzt und kommentiert von John Hunwick und Fatima Karrak. Rabat 2000. Mahmoud A. Zouber: Ahmad Baba de Timboktou (1556–1627), sa vie et son œuvre. Paris 1977. S. 129–146.

68 Über Sklaverei siehe den Artikel »Abd« von R. Brunschvieg in: Encyclopaedia of Islam. 2. Auflage. Hans Müller: Sklaven. In: Handbuch der Orientalistik. Hg. B. Spuler, Teil I: Der Nahe und der Mittlere Osten. Bd. VI: Geschichte der Islamischen Länder. Abschnitt 551: Wirtschaftsgeschichte des Vorderen Orients in Islamischer Zeit. Teil I. Leiden/Köln 1977. S. 54–83, mit einer ausführlichen Bibliographie. Siehe auch B. Lewis: Race and Slavery in the Middle East. New York 1990. Ehud R. Toledano: The Ottoman Slave Trade and its Supression. Princeton, New Jersey 1982. Eine interessante Debatte über Sklaverei und Sklavenhandel in Afrika und Arabien in der Mitte des 20. Jahrhunderts findet sich in: The Parliamentary Debates. (Hansard) Fifth Series – Volume CCXXV House of Lords Official Report: Seventh Volume ... from Monday, 11th July, 1960 to Thursday, 27th October 1960. Sp. 333–356.

69 Louis Frank: Mémoire sur le commerce des nègres au Kaire. Paris 1802. S. 32–35. Englische Übersetzung von Michel le Gall in: Princeton Papers, Bd. VII. Slavery in the Islamic Middle East. Hg. Shaun E. Marmon. 1999. S. 69 ff.

70 Harold Motzki: Dimma und Egalité. Die nichtmuslimischen Minderheiten Ägyptens in der zweiten Hälfte des 18. Jahrhunderts und die Expedition Bonapartes (1798–1801). Studien zum Minderheitenproblem im Islam 5. Bonn 1979. S. 263 ff. und 324 ff.

71 R. H. Davison: Turkish Attitudes Concerning Christian-Muslim Equality in the Nineteenth Century. In: American Historical Review. Bd. LIX (1953–1954), S. 844–864.

72 Der Text dieser und anderer osmanischer Reformerlasse findet sich bei G. Aristarchi: Legislation ottomane. Istanbul 1873–1888. G. Young: Corps de droit Ottoman. Oxford 1905–1906.

73 Ein detaillierter Bericht über diese Ereignisse einschließlich einiger Dokumente findet sich bei Cevdet Paşa: Tezakir 1–12. Hg. Cavid Baysun. Ankara 1953. S. 101–152. Zusätzliche Informationen finden sich in den zeitgenössischen Berichten des amtierenden britischen Vizekonsuls in Dschidda, Stephen Page. F.O. 195/375. Eine Besprechung findet sich in William Ochsenwald: Muslim European Conflict in the Hijaz: the Slave Trade Controversy, 1840–1859. In: Middle Eastern Studies, Bd. 16 (1980), S. 115–126; und ders.: Religion, Society and the State in Arabia: the Hijaz under Ottoman control. 1840–1908. Columbus, Ohio 1984. S. 117–127 und 138–141.

74 Cevdet: Tezakir. S. 111.

75 Cevdet: Tezakir. S. 133.

76 Cevdet: Tezakir. S. 67–68.

77 Siehe Cevdet: Tezakir. S. 64–65 und 66–76.

78 Siehe Encyclopaedia of Islam, Artikel: Kurrat al-'Ayn. Siehe auch Farah Azari (Hg.): Women of Iran: The Conflict with Fundamentalist Islam. London 1983, 5. Kapitel. Sima Bahar; Lois Beck und Nikki Keddie (Hg.): Women in the Muslim World. Cambridge, Mass. 1978, vor allem das 15. Kapitel von Mangol Bayat-Philipp: Women and the Revolution in Iran, 1905–1911.

79 W. Morgan Shuster: The Strangling of Persia. New York 1912. Nachdruck: Washington, D.C. 1987. S. 191–192.

80 Der Ausdruck »Säkularismus« wurde im Englischen offenbar zum ersten Mal in der Mitte des 19. Jahrhunderts benutzt und hatte vor allem eine ideologische Bedeutung. Zuerst wurde er zur Beschreibung der Lehre verwendet, dass Moralität auf rationalen Überlegungen gründen sollte, die stets das Wohl des Menschen in dieser Welt im Auge haben. Gedanken, die sich auf Gott und das Leben nach dem Tod beziehen, sollten dabei außer Acht gelassen werden. Später wurde der Ausdruck dann allgemein für die Auffassung verwendet, dass öffentliche Institutionen, vor allem die der allgemeinen Bildung, weltlich und nicht religiös sein sollten. Im 20. Jahrhundert hat sich die Bedeutung erweitert und wurde von dem älteren und umfassenderen Ausdruck »säkular« abgeleitet. Ähnlich wie »Separation« wird das Wort als ungefähres Äquivalent des französischen »laicisme« (Laizismus) benutzt, der außer im Englischen auch in anderen Sprachen bekannt ist.

81 Josephus: Contra Apionem. II, 165.

82 Vgl. dazu auch A. K. Wensinck: The Refused Dignity. In: A Volume of Oriental Studies Presented to Edward G. Browne, on his Sixtieth Birthday. Hg. T. W. Arnold und R. A. Nicholson. Cambridge 1922. S. 491–499.

83 Zu diesem Punkt siehe auch B. Lewis: The Significance of Heresy in Islam. In: Studia Islamica (1952), S. 43–63. Nachgedruckt in: B. Lewis: Islam in History. S. 275–294.

84 Ibn Qutayba: ʿUyūn al-Akhbār. Bd. 1. Kairo 1963. S. 2. Englische Übersetzung von Josef Horovitz in: Islamic Culture. April 1930. S. 185.

85 Mit einer erstaunlichen Zweideutigkeit verbindet das arabische Wort »Khalīfa«, von dem das Wort Kalif abgeleitet ist, die beiden Bedeutungen.

86 Siehe B. Lewis: The Impact of the French Revolution on Turkey: Some Notes on the Transmission of Ideas. In: Cahiers d'histoire mondiale. Bd. 1 (Juli 1953), S. 105–125. Zu Diskussionen über Säkularismus in der modernen islamischen Welt vgl. Niyazi Berkes: The Development of Secularism in Turkey. Montreal 1964. Bassam Tibi: Islam and Secularization. Proceedings of the First International Islamic Philosophy Conference 19–22 November 1979: Cairo (Egypt). Kairo 1982. S. 65–79. Fouad Zakariya: Laïcité ou Islamisme: Les Arabes à l'heure du choix. Paris/Kairo 1991.

87 Eine Besprechung dieser Literatur findet sich bei Johannes J. G. Jansen: The Dual Nature of Islamic Fundamentalism. London 1997.

88 Al-Jihād: al-Farīda al-Ghāʾiba. o. O. o. J. [ca. 1982?]). Über dieses Werk und seinen Autor siehe Johannes J. G. Jansen: The Neglected Duty: The Creed of Sadat's Assassins and Islamic Resurgence in the Middle East. New York/London 1986. Vgl. dort vor allem das 1. Kapitel.

89 Von Zeit zu Zeit wurden von religiösen oder politischen Autoritäten Versuche unternommen, unkorrekte Glaubensrichtungen und Praktiken aufzuspüren und auszumerzen. Aber solche Versuche waren selten und atypisch, und es kam nie zu einer organisierten und etablierten Institution wie dem Inquisitionsgericht. Beispiele finden sich in: Encyclopaedia of Islam, Artikel »Mihna«. Die vermutlich größte Annäherung an diese Institution in seiner Geschichte erreichte der Islam im Osmanischen Reich des 16. Jahrhunderts. Siehe Halil Inalcık: The Ottoman Empire: The Classical Age 1300–1600. London 1973. 18. Kapitel: The Triumph of Fanatism. S. 179 ff.

90 Masīr-i Tālibī yā Sefarnāma-i Mīrzā Abū Tālib Khān. Hg. H. Khadīv-Jam. Tehran 1974. S.250–251; englische Übersetzung von C. Stewart: Travels of Mirza Abu Talib Khan ... London 1814. Bd. 2, S.81.

91 The Turkish Letters of Ogier Ghiselin de Busbecq. Übersetzt von E. S. Forster. Oxford 1927. S.19–21.

92 Ebd. S.135.

93 John Evelyn: The Diary. Bd. IV, Hg. E. S. de Beer. London 1955. S.358; zitiert nach Otto Kurz: European Clocks and Watches in the Near East. London/Leiden 1975. S.63.

94 Edward William Lane: An Account of the Manners and Customs of the Modern Egyptians. 5. Auflage. Bd. II. London 1871. S.325.

95 Die Beschriftungen in: Répertoire Chronologique d'Epigraphie arabe. Bd. I. Kairo 1931. S.13–16. Interessanterweise trägt Jerusalem (Yerushalayim/Al–Quds) auf diesen Meilensteinen immer noch seinen römischen Namen »Aelia«.

96 Jean Chesneau: Le voyage de Monsieur d'Aramon. Hg. Ch. Schefer. Paris 1877. S.17, 202; zitiert nach Kurz, S.24, Anmerkung 2.

97 Fatma Müge Göçek: Rise of the Bourgeoisie, Demise of Empire: Ottoman Westernization and Social Change. S.106. Über den Export von Uhren aus Europa siehe David E. Landes: Revolution in Time: Clocks and the Making of the Modern World. Cambridge, Mass. 1983. Dort insbesondere S.99 ff.

98 Jāmī: Salāmān va–Absāl. Tehran 1306 [pers. Zeitrechnung]. S.36. Englische Übersetzung in A. J. Arberry: Fitzgerald's Salaman and Absal. Cambridge 1956. S.146.

99 Kurz, S.86.

100 Der türkische Text, nach einem Dokument in den Archiven von Istanbul, findet sich bei E.Z. Karal: Fransa–Mısır ve Osmanı Imparatorluğu (1797–1800). Istanbul 1940. S.108. Der arabische Text, wie er von Sir Sidney Smith nach Akka gebracht wurde, findet sich in einer arabischen Biografie des Jazzar Pascha (British Museum manuscript Oriental 3033, folio 48a); vgl. Ta'rīkh Ahmad Bāshā. Beirut 1055. S.125. Zwischen beiden gibt es gewisse Abweichungen.

101 Georges Duhamel: Consultation au Pays d'Islam. Paris 1947. S.27–28.

102 Adolphus Slade: Record of Travels in Turkey, Greece &ct. and of a Cruise in the Black Sea, with the Captain Pasha, in the Years 1829, 1830, and 1831. Bd. I. London 1833. S.135–136.

103 Siehe E. de Leone: L'Impero Ottomano nel primo periodo delle riforme (Tanzimat) secondo fonti italiano. Mailand 1967.

S.58–59. Dort wird zitiert: Cesare Vimercati: Constantinopoli e l'Egitto. Parato 1849. S.65.

104 Qazvīni: Kitāb Āthār al-Bilād. Hg. F. Wüstenfeld. Göttingen 1848. H. 404.

105 Eine ausführliche Besprechung findet sich bei B. Lewis: The Muslim Discovery of Europe. New York 1982. S.262–274.

106 Prinzessin Musbah Haidar: Arabesque. Überarbeitete Ausgabe. London 1968. S.61.

107 Ebd., S. 178–179.

108 Siehe: La première histoire de France en turc ottoman. Chronique des padichahs de France, 1572. Herausgegeben und übersetzt von Jean–Louis Bacqué–Grammont. Paris/Istanbul 1997. König Faramond oder Faramunt (ca. 370–427) ist ein nicht sicher bezeugter König der salischen Franken.

109 Manuskript in der Ägyptischen Nationalbibliothek. Geschichte, Nr. 435.

110 Siehe: Encyclopaedia of Islam, 2. Auflage, Stichwort »Matba'a«. Dort finden sich weitere Hinweise. Zu einigen speziellen Aspekten vgl. The Introduction of the Printing Press in the Middle East. Culture and History. Bd. 16. Oslo 1997.

111 Mustafa Kemal Atatürk: Milli Eğitim Söylevleri. Ankara I, S.29–30. Englische Übersetzung in B. Lewis: The Emergence of Modern Turkey. S.274.

112 Ein interessantes Beispiel findet sich bei Samir al–Khalil: The Monument: Art, Vulgarity and Responsibility in Iraq. Berkeley/Los Angeles 1991.

113 Zum Thema Verwestlichung in der Kunst und Architektur siehe Günsel Renda: Europe and the Ottomans. In: Europa und die Kunst des Islams. 15. bis 18. Jahrhundert. XXV. Internationaler Kongress für Kunstgeschichte. Wien 1983. S.9–32.

114 Diese Ansicht wurde von Ibn Chaldūn (1332–1406), der allgemein als der größte arabische Historiker gilt, nicht geteilt. Für ihn war das Erscheinen der Türken ein Zeichen von Gottes wohlwollender Sorge für die Muslime, und es brachte ihnen Stärke und Erneuerung in einer Zeit der Schwäche und Dekadenz. Ibn Khaldūn: Kitab al-'Ibar. Bd. V. Bulaq 1284 (1867). S.371. Übersetzung in B. Lewis (Hg.): Islam from the Prophet Muhammad to the Capture of Constantinople. Bd. 1. New York 1974. S.96–99.

115 Ahmed Zéki Pacha: Une seconde tentative des Musulmans pour découvrir l'Amerique. In: Bulletin de l'Institute d'Egypte. Bd. 2. Kairo 1920. S.57–59.

116 Weitere Informationen über eine Gruppe von ideologischen

Modernisierern in der Türkei finden sich in M. Şükrü Hanioğlu: Garbcılar: Their Attitudes towards Religion and their Impact on the Official Ideology of the Turkish Republic. In: Studia Islamica. 1997/2. 133–158.

117 Siehe: Encyclopaedia of Islam, 2. Auflage, Artikel »Adjala« und »Araba« (über Karren) und »Bārūd« (über Handfeuerwaffen und Artillerie). Ausführlichere Diskussionen finden sich in Rhoads Murphey: Ottoman Warfare: 1500–1700. London 1999; Richard W. Bulliet: The Camel and the Wheel. Cambridge, Mass. 1975. Ein Beispiel dafür, wie sich die Räder in der Moderne ausgewirkt haben, findet sich bei Donald Quataert: Social Disintegration and Popular Resistance in the Ottoman Empire, 1881–1908: Reactions to European Economic Penetration. New York 1983. 4. Kapitel: Working on the Anatolian Railway.

118 Zu Beobachtungen eines der scharfsinnigsten westlichen Reisenden siehe Volney: Voyage en Égypte et en Syrie. Hg. Jean Gaulmier. Paris/Den Haag 1959. Dort insbesondere S. 382.

ZU DEN ABBILDUNGEN

Abb. 1   Darstellung von Thomas Allom.

Abb. 4   Stich von Thomas Allom. Aus: R. Walsh: Constantinople
          and the Scenery of the Seven Churches of Asia Minor.
          London 1839.

Abb. 5   Aus: Charles MacFarlane: Constantinople in 1828. Bd. II.
          London 1829. Frontispiz.

Abb. 6   Beyazid–Bibliothek, Istanbul. Mit freundlicher Genehmi–
          gung des Kultusministeriums der Türkischen Republik.

Abb. 7   Gemälde von Thomas Lawrence, 1810. Mit freundlicher
          Genehmigung des Fogg Art Museum, Harvard University
          Art Museums. Vermächtnis von William M. Chadbourne.

Abb. 8   Aus: Syria, The Holy Land, Asia Minor, etc. Illustriert von
          W. H. Bartlett, William Purse und anderen. London 1836.

Abb. 9   Aus: Die heutige Türkei. Leipzig/Berlin 1882.

Abb. 10   Aus: Samuel S. Cox: Diversions of a Diplomat in Turkey.
          New York 1887.

Abb. 11   Mit freundlicher Genehmigung des Israel–Museums,
          Jerusalem (Yerushalayim/Al–Quds), 79–621.

Abb. 12   Aus: E. W. Lang: Modern Egyptians. Bd. I., S.56.

Abb. 13   Aus: E. W. Lang: Modern Egyptians. Bd. I., S.52.

Abb. 15   Library of Congress, Washington, D.C.

'Abbās I. (pers. Schah) 20, 180
'Abd al–Malik 174
Abfall vom Glauben 56
Afghanistan 88, 106, 153
Ägypten 10, 15 f., 23, 30, 49, 63,
    70, 75, 80, 103, 105, 116, 128,
    159, 171, 182, 189
Akademien s. Bildungssystem;
    Militär
Ali Aziz 210
al–Jabartī 128
al–Nāsiri, Khālid 126 f.
Alpago, Andrea 115
al–Wansharīsī 56
Amerika s. Vereinigte Staaten
    von Amerika
Antisemitismus 222 f.
Architektur 185 f., 214, 229
– Innenarchitektur 185
– westliche 198
'Ārif Efendi 133
Aristarchi, Stavraki 67
Aristokratie 118, 120
Armee s. Militär
Asien 11 f., 13, 16, 23 ff., 30
Asow 28
Astrologie s. Wissenschaften
Astronomie s. Wissenschaften
Atatürk, Kemal 105, 154, 216, 207,
    230
Atif Efendi 82
Aufklärung 130
Autokratie 79 f., 187, 219
Autoritäten 138 f., 164
– christliche 142
– militärische 159
– politische 139, 142
– religiöse 139, 144, 157, 159, 227
Avicenna (Ibn Sina) 58, 115

Ayatollah s. Rechtssystem
Azmi Efendi 43, 81

Bāb, Babismus 156
Babylon 113, 175, 178
Balkan 11, 15, 36, 38, 50, 52, 180
Beamte 22, 35, 38, 43, 59, 107, 109,
    160 f., 184
Befreiungskriege s. Kriege
Bellini, Gentile 197
Beyazit (osman. Sultan) 197
Bildhauerei 214
Bildungssystem 72, 78 f., 220, 223
– Akademien 67, 78, 104, 161
– Lehrer 64 f., 79 f., 143, 227
– Schulen, allgemeine 65, 78,
    101, 110, 113, 151, 154, 161, 177,
    189, 212, 219
– Schule für Ingenieurwesen
    und Artillerie 206
– Schule für Sprachen und
    Geografie 70
– Universitäten, europäische 42,
    46, 63 f., 212
– Universitäten, osmanische 78,
    104, 113, 154
bin Laden, Osama 231
Bombardier Ahmed s. Bonneval
Bonneval, Claude Alexandre 45
Botschaften 54, 61
– s. a. Diplomatie; Diplomaten
Brahe, Tycho 116
Brennstoffe, fossile s. Technik
Briefmarken 198
Brillen s. Technik
Bücher 42, 45, 61, 56 ff., 75, 83, 111,
    171, 200–207, 211 f.
– s. a. Drucktechnik; Literatur;
    Übersetzungen

Büchner, Friedrich Karl Christina Ludwig 111
Buchdruck s. Technik; Medien
Buddha 139
Bukarest s. Verträge
Bürgerrechte s. Rechtssystem
Busbecq, Ogier Ghiselin de 16f., 169ff., 174
Byzantinisches Reich 10, 30, 46, 118, 147, 173, 209
– s.a. Kirchen, Ostkirche

Cäsar als Gott 139, 148
Chardin, Jean 171
China 9f., 12f., 17, 113, 196, 216
Christentum
– als Staatsreligion 140
– Geschichte 141, 143
– Kalender 182
– Verfolgung 138ff.
Columbus, Christoph 58
Comte, Auguste 113
Croix, Pétis de la 210

d'Ohsson, Mouradgea 44
Demokratie 80, 84, 89, 165, 216, 226, 230f.
Deutschland 72, 91, 223
Diplomaten 40f., 55, 57, 61, 63f., 71, 83, 94f., 109, 195
Diplomatie 31, 42f., 46, 54, 82, 211
Diskriminierung 122, 131
Dolmetscher s. Übersetzungen
Donizetti, Giuseppe 193
Dragoman s. Dolmetscher
Draper, John William 111
Dreißigjähriger Krieg s. Kriege
Drucktechnik s. Technik
Duckworth, John Thomas 49

Egalitarismus s. Rechtssystem
Einkommen s. Wirtschaft
Eisenbahn s. Technik
Elisabeth I. (engl. Königin) 20f., 36
Elle s. Maße
Emanzipation 99ff., 105f., 110, 124, 132, 135f., 165
– s.a. Frauen

Energie s. Technik, Brennstoffe
England s. Großbritannien
Erbrecht s. Rechtssystem
Esskultur 213
Evliya Çelebi 94, 97
Experten 22, 4, 45, 47, 65, 184

Fahrzeuge mit Rädern s. Technik
Fanatismus 227
Faraj, Mohammed 'Abd al-Salām 155
fatwā s. Rechtssystem
Feminismus s. Frauen
Flüchtlinge 45, 51, 66, 72, 83, 87, 204, 211
Fotografie s. Technik
Frankreich 44f., 47, 50, 81, 150, 162f.
– s.a. Kriege
Französische Revolution 44, 52, 66, 69, 82, 149f., 162f., 189
Frauen 96–106, 137, 227, 231
– Berufstätigkeit 104
– Emanzipation 100f., 105f., 110, 135ff.
– Kleidung 109
– Rechte 100, 102, 105, 119, 135
– soziale Stellung 103f., 119–122, 136
– Studium 104
– s.a. Rechtssystem
Freiheit des Denkens 226
Freiheit, politische 81ff., 88, 220
Fundamentalismus, Fundamentalisten 106, 153f., 227, 230

Gama, Vasco da 23
Gebet 176f.
Gemeinschaft 71, 96, 101, 154, 161, 164, 218
Geografie s. Grenzziehung; Wissenschaften
Gesandte s. Diplomaten
Geschichtsschreibung s. Wissenschaften
Gesellschaftsvertrag 166
Gesetzgebung, osmanische s. Rechtssystem
Gesprächskultur 213

Gewichte s. Maße
Gewürzhandel s. Wirtschaft
Glaubenslehren 26, 56, 138, 161, 164
– Gründungsmythen 145
Gleichheit 21, 72, 82, 118–137
– religiöse 122
– s.a. Rechtssystem
Gotteslästerung s. Rechtssystem
Grenzziehung, Methoden 184
Griechenland 9f., 13, 19, 113
– s.a. Kriege
Großbritannien 20, 44, 49, 124f., 163f.
Gulistan s. Verträge

Halet Efendi 69f.
Handel s. Wirtschaft
Handwerker s. Wirtschaft
Harem, System des 96f.
Harvey, William 114f.
Hatti Efendi, Mustafa 94, 110
Hedschra 182
Heilige Liga 28f.
Heiliger Krieg s. jihād
heiliges Gesetz s. Rechtssystem
Heiliges Römisches Reich 20, 31, 216
Hidjas 131ff., 135
Hohe Pforte 129, 205
Hussein, Saddam 155
Hüte s. Kleidung, Kopfbedeckung

Ibn al-Nafis 115
Ibn Tufail 210
Ibrāhīm ibn Ya'qūb 195
Ibrahim Müteferrika 45, 205
Identität, kulturelle 71f., 138, 147, 156, 199, 214
'ilm (religiöses Wissen, Wissenschaft) 146, 152
Imperialismus 154, 221, 230
Indien 9f., 12f., 16, 38, 113, 118, 139, 166, 196, 216, 222
Indischer Ozean 23, 25, 38
Industrie s. Technik; Wirtschaft; Wissenschaften
Industrielle Revolution s. Technik

Infrastrukur 78, 229
Ingenieurwesen s. Technik
Inquisition 149, 157, 165
Intellektuelle 79, 90, 101, 111, 114
Intervention, russische 34
Irak 63, 105, 185
Iran 11, 16, 34, 52, 63, 103, 106, 109, 148, 153, 162f., 167, 182, 184f., 206f., 220
– Feudalismus 118
– religiöse Hierarchie 157
– Revolution 182, 230
– Verfassung 156
Ishak Efendi, Hodscha 67
Ismail von Ägypten 98
Israel 156, 168, 215, 223ff.
Istanbul (Byzanz, Konstantinopel) 10f., 15, 21, 23, 29f., 32, 36, 44, 49, 55f., 68, 75, 82, 111, 116, 149, 179f., 193, 210
– s.a. Byzantinisches Reich
Italien 11, 46, 72, 91, 163

James I. (engl. König) 19
Jāmi 184
Japan 88, 196, 219
Jemen 24, 105, 127
Jerusalem 174
Jesus 145
jihād, Heiliger Krieg 132, 155f.
– s.a. Selbstmordattentäter; Fundamentalismus
jizya (Kopfsteuer) s. Wirtschaft
Journalisten s. Medien
Juden, Judentum 46, 55f., 63, 67, 72, 113, 122, 129, 135, 139f., 152, 154, 162f., 165, 167f., 174f., 181, 183, 204f., 207, 222–226, 230
Jungosmanen 85, 101
Jungtürken 86, 113
– Revolution 182
Juristen s. Rechtssystem

Kaffee s. Wirtschaft
Kairo (Misr el-Kahira) 15, 23, 115f., 180
Kalender s. Wissenschaften
Kalifen 10, 146f., 158f., 174, 221
Kapitalinvestitionen s. Wirtschaft

Kara Mustafa Pascha 27
Karlowitz s. Verträge
Kartografie s. Wissenschaften
Kaspisches Meer 15, 25
kassam (»Testamentsvollstrecker«)
s. Rechtssystem
Khomeini, Ayatollah 101, 104,
165, 215
Kirche, Kirchen 138, 140, 142 f., 149
– Ostkirche 146 f., 182
– s. a. Staat und Kirche
Kleidung 107 ff., 192, 199 f.
– Kopfbedeckung 107, 199 f.
– Krawatte 109
– Modernisierung 107 ff.
– Schleier 102, 109, 132 f., 135 f.
– Schuhe 199
– s. a. Militär, Uniformen
Klerus 143, 156, 167 f., 227
Koçu Bei 38
Kolonialismus
– Kolonialmächte, europäische
48, 74, 89 f., 12, 130, 135, 220
– Kolonien 84 f., 89
– s. a. Westmächte; Wirtschaft
Kommunikation, moderne 76,
188, 207
– s. a. Medien; Sprache
Kommunismus 152 f.
Konkubinat 96, 99, 102, 128
Konstantin 140, 148
Konstantinopel s. Istanbul
Konsultation 81 f.
Konversion 148, 166
Köprülü, Ahmed (alban. Pascha)
27
Köprülü, Mehmed (alban. Pascha)
27
Koran 102, 124, 145, 164, 175, 190,
201, 205
Korruption s. Wirtschaft
Kosaken s. Russland
Krawatte s. Kleidung
Kreuzzüge s. Kriege
Kriege 9–54, 211
– Befreiungskriege 48
– Dreißigjähriger Krieg 27, 77
– französisch-osmanischer
Krieg 48

– Kreuzzüge 11, 21, 30, 32
– Krim-Krieg 76 f.
– russisch-japanischer 88
– russisch-türkischer 49
– Unabhängigkeitskrieg,
griechischer 67
– Zweiter Weltkrieg 91
– s. a. Islam; jihād; Militär;
Reconquista; Religion;
Schlachten
Kriegsberichterstatter 77
Kriegsführung, westliche 21 f., 33,
66, 93, 106
Kriegsgefangene 22, 40, 42, 57
Krim 34 f.
Krim-Krieg s. Kriege
Küçuk Kaynarca s. Verträge 34, 37
Kunst 212 f.

Landwirtschaft s. Wirtschaft
Lane, Edward William 171
Lehrer s. Bildungssystem
Leibeigenschaft s. Wirtschaft
Lepanto s. Schlachten
Libanon 156
Liberalisierung s. Rechtssystem
Liberalismus s. Wirtschaft
Libyen 199
Literatur 186 f., 209 f., 212, 214
– Roman 187, 210 ff., 215
– s. a. Bücher; Technik; Schrift;
Übersetzungen
Locke, John 164
Loyalität 71
Ludwig XVI. (franz. König) 47
Lûtfi Pascha 37 f., 40

Ma'mūn (Kalif) 143
Mahmud II. (osman. Sultan)
192 f., 215
Malerei 185 f., 214
– Wandel 197
maliye (Steuerjahr) s. Wirtschaft
Malta 24, 28, 210
Maße 171
– Gewichte 171
– Längenmaße 172 ff.
– Raummaße 169, 171 f., 183 f., 187
– Zeitmessung 173–176, 181, 187

Materialismus 111, 190
Mathematik s. Wissenschaften
Mavrokordatos, Alexander 29, 47
Mazzini, Giuseppe 86
Medien 161, 188, 207, 223
– Journalisten s. Medien 77 f.
– Zeitungen 75 f., 78, 207, 212
Medina 124, 141
Medizin s. Wissenschaften
Mehmed II. (osman. Sultan) 178,
   197
Mehmed IV. (osman. Sultan) 14
Meile s. Maße
Meilensteine 174
Mekka (Al-Makka) 41, 124, 132,
   176
– Ka'ba 185
Menschenrechte s. Rechtssystem
Militär 116, 218
– Akademien 47, 67
– Kriegsflotte 22, 38, 55
– Militärkapelle 192, 194
– Modernisisierung 192 f., 201
– Streitkräfte 22, 27, 32 ff., 44, 47,
   55, 67, 65, 70, 109, 184, 189, 218,
   230
– und Nichtmuslime 129
– Uniformen 197, 192 ff., 199, 212
– s. a. Kriege
Mischehen s. Rechtssystem
Missionen, christliche 75
Modernisierung 34, 61, 65, 75,
   79 f., 92, 106, 109, 116, 118, 150,
   160, 187 f., 192–220, 233
– s. a. Kleidung; Militär; Rechts-
   system; Verwestlichung;
   Wirtschaft; Wissenschaften
Mohammed 'Ali, Pascha 180
Mohammed, Prophet 118, 121,
   141 f., 145 f., 158
Monarchie 81, 90, 120, 159, 163 f.
Mongolen 220 ff., 230
Moschee 28, 169, 179, 197
– Nuruosmaniye–Moschee 196
Moses 145
Mufti s. Rechtssystem
muhtadi (Bekehrte) 40
Münzen s. Wirtschaft
Murad III. (osm. Sultan) 116

Musik 185, 212 ff., 215
– Polyphonie 187
– Wandel 197
– westliche 117, 186, 198, 215
Mustafa Reşid Pascha 83
Mustafa Sami 110
Mustafa, Ingiliz 47

Naima 77
Namık Kemal 101 f., 104
Napoleon Bonaparte 48 f., 75, 82,
   128, 189
Nāsir ed-Dīn, Schah 136
Nation 148, 153
Nationalismus 71 f., 90, 154, 221,
   229
Nationalsozialismus 223, 229
Nationalstaaten 147, 153
Naupaktos s. Schlachten
Nelson, Horatio 49

Orientalisten 42, 115, 210
Österreich 21, 28, 32 f., 34, 43, 50,
   72

Palästina 10, 15, 30, 222 f.
– Britisches Mandatsgebiet 222
Parlament 81, 83, 86 f., 177, 187,
   219
Passarowitz s. Verträge
Passionstheater, schiitisches 204
Patriotismus 71, 102, 154
Persien 13, 15 f., 17 f., 20 f., 66, 113,
   127, 129 f., 136, 139, 180, 204,
   206
– Revolution 88, 136
Peter der Große, russ. Zar 28
Philosophie 69, 111, 116, 129, 150,
   190, 200 f., 210
Pilger 38, 41
Polen 27 f.
Polygamie s. Rechtssystem
Polytheisten 97, 166
Portugal 11, 30
Positivismus 111
Privilegien s. Rechtssystem
Propaganda 33, 75, 106
Protestbewegungen 119
Pruth s. Verträge

Qā'it Bei 197
Qāsim Amīn 102
Qurrat al-'Ayn 136

Rad s. Technik
Radzin s. Verträge
Ratib Efendi, Ebu Bekir 43 f.
Raum s. Maße
Realismus 185, 198
Rechtssystem
– Ayatollah 157, 165
– Bürgerrechte 81 ff., 88, 119, 162,
  166, 168, 220, 226
– Erbrecht, osmanisches 59 ff., 153
– Egalitarismus 119 f.
– fatwā 132
– Gesetzgebung, osmanische 78
– Gotteslästerung 97, 115, 167
– heiliges Gesetz 121, 123 f., 128,
  132, 143, 145 f.
– Juristen 5 f., 65, 78, 80, 116, 126,
  141, 143, 146, 148, 160 f., 164 f.
– kassam (»Testaments-
  vollstrecker«) 59
– Liberalisierung 105
– Menschenrechte 119, 168, 220
– Mischehen 132, 135
– Mufti 116, 133, 157
– Polygamie 96, 102 f., 136
– Rechtsstaat 83
– Scharia 78, 123, 135, 143, 152 f.,
  154, 156
– Ulema 35, 57, 65, 78, 120, 131 f.,
  146
– Säkularismus 130–168, 227 f.
– Theokratie 139, 164 f.
– Verfassung 85, 88, 156, 162
– Wahlen 216
– s.a. Bildungssystem; Christen-
  tum; Frauen; Gleichheit; Islam;
  Juden; Reformen; Sklaven;
  Ungläubige; Verwaltung; Wirt-
  schaft
Reconquista 11, 14 f., 63
– s.a. Kriege
Reformation 149, 209
Reformedikt, osmanisches 83
Reformen 38, 45, 47 f., 65 f., 72,
  78–80, 83 f., 100, 107, 110, 122,

130 ff., 135 f., 149 f., 152 ff., 158,
  160, 166, 192 f., 199, 202, 209,
  218, 227
Reichtum s. Wirtschaft
Reisen 40 f., 54, 57, 64 f., 72, 177
Religion, Religionen 68, 78, 11, 118,
  124, 130 f., 139, 162, 168, 224 ff.
– u. Sprache 145, 150 f.
– Religionsfreiheit 51
– Religionskriege 149
Reşid Pascha, Mustafa 83
Revolution
– amerikanische 162, 168
– islamische 104
Rom 9 ff., 63, 139 f., 149
Rosenhauserlass (Gülhane-Erlass)
  130
Rotes Meer 23, 25, 73
Russland 14, 27 f., 30, 34, 50, 52,
  72, 88, 231
– s.a. Sowjetunion

Sadık Rıfat Pascha 84, 111
Safavī, Ismā'īl (Schah) 16 f.
Säkularismus s. Rechtssystem
Şanizade 82
Saudi-Arabien 156
Scharia s. Rechtssystem
Schiffbau, Schifffahrt s. Technik
Schiismus 16, 144
Schisma 149, 209
Schlachten
– Lepanto (Naupaktos),
  Seeschlacht 19 f.
– Mohács 18
– s.a. Kriege
Schleier s. Kleidung
Schrift 61 f.
Schuhe s. Kleidung
Schuld 37, 220 ff., 225 ff., 230
Schulen s. Bildungssystem
Schwarzes Meer 15, 25, 27 f., 35
Selbstmordattentäter 231
Selim I., der Strenge
  (osman. Sultan) 16 f.
Selim II. (osman. Sultan) 20, 116
Selim III. (osman. Sultan) 44, 47,
  61, 64
Servet, Michel 114 f.

Sexismus 227
Sherley, Anthony und Robert 20
Sılıhdar 28
sıngın (Niederlage) 19
Sklaven, Sklaverei 98 ff., 119–133,
  136, 166
– Freilassung 125 f.
– Handel 41, 100, 122–124, 132 f.
– Rechtsstatus 122 f.
– weiße 124 f., 131
Slade, Adolphus 192
Sokullo Mehmed Pascha 20
Souveränität, nationale 72, 89,
  152
Sowjetrepubliken, ehemalige
  153, 156
Sowjetunion 17, 91
  s. a. Russland
Sozialismus 91, 161, 229
Spanien 11, 14, 30 f., 36, 55 f., 95 f.,
  204, 225
Spiele 212
Sport 212
Sprache, Sprachen 42, 72, 185 f.,
  200
– journalistische 78
– Lehnwörter 208
– Wandel 212
– westliche 57 f., 61–64, 66 f., 89
Staat und Kirche s. Säkularismus
Staatsbürgerschaft, gleich-
  berechtigte 129
Steuern s. Wirtschaft
Sudan 153
Süleiman I. der Prächtige (osman.
  Sultan) 18, 37, 179
Süleiman II. (osman. Sultan) 24
Sunniten 16, 144
Synagoge s. Juden
Syphilis 58 f.
Syrien 10, 15, 30, 63, 115 f.
– Verfassung 156

Taj es-Saltana 136
Taliban 231
Taqī al-Dīn 116, 179
Tataren 11, 15
Technik, Technologien 106, 181,
  187, 225

– Brillen 59, 61, 180, 184
– Brennstoffe, fossile 218
– Buchdruck 202–207
– Drucken 203 f., 206
– Druckerpresse 45, 68, 75, 205 f.
– Eisenbahn 188
– Fahrzeuge mit Rädern 228 f.
– Fotografie 199
– Industrielle Revolution 70
– Ingenieurwesen 47
– Schiffbau 38
– Teleskop 59, 180, 184
– Uhr 171 f., 174, 176, 178 ff., 190
– s. a. Kommunikation; Maße;
  Mathematik; Medien; Medizin;
  Waffen, Wissenschaften; Zeit
Teleskop s. Technik
Theater 187, 203 f.
Theokratie s. Rechtssystem
Toleranz, religiöse 164–167
Tott, Baron de 47
Türkei 21, 34, 41, 47, 50, 52, 55, 63,
  70, 102 f., 109, 129, 148, 159, 162,
  179 f., 185, 195, 204 ff.
– Revolution 88
– Republik 153, 156
Turkmantschaj s. Verträge

Übersetzungen 75, 111, 113, 151,
  162, 201, 209 f.
– Dolmetscher 46, 63 f., 67, 211
– literarische 210 ff.
Uhr s. Technik
Ukraine 27
Ulema s. Rechtssystem
Unabhängigkeit 34, 67, 88, 90,
  129, 158, 162, 214, 229
Ungarn 19 f., 24, 28, 81
Ungläubige 35 f., 38, 41, 55, 64 f.,
  68, 72, 99, 107, 116, 119 ff., 130,
  132, 135, 163, 165, 200 f.
Universitäten s. Bildungssystem
USA s. Vereinigte Staaten von
  Amerika

Vahid Efendi 97
Vasif Efendi 43, 95
Venedig, Republik 20, 23, 27 f.,
  33, 54 f.

Vereinigte Staaten von Amerika
  14, 162, 222, 225, 230
Verfassung s. Rechtssystem
Verträge
– v. Bukarest 50
– v. Gulistan 52
– v. Karlowitz 29 ff., 37, 40, 47
– v. Küçük Kaynarca 34, 37
– v. Passarowitz 33
– am Pruth 33
– v. Radzin 27
– v. Turkmantschaj 52
– v. Zsitvatorok 21
Verwaltung 67, 93
Verwestlichung 194 f., 198, 215,
  220 f.
– s. a. Modernisierung
Volksvertretung s. Parlament
Voltaire 179
Vormachtstellung 40, 110

Waffen 21 f., 24, 33, 45, 59, 193,
  219
– und Nichtmuslime 131
– westliche 199
– s. a. Militär
Wahlen s. Rechtssystem
Wandel, kultureller
  s. Modernisierung
waqf (Stiftung) s. Wirtschaft
Wertesysteme 80 f., 224
Wesir 20, 22, 27, 29, 37, 159
Westmächte 158
Westmächte 200, 223
– s. a. Kolonialmächte
Widerstandsbewegungen 90
Wien 11, 15, 19, 29, 31, 43, 44, 56,
  83 f., 94, 166
Wirtschaft 51, 69, 72, 91 ff., 121,
  161, 218
– Einkommen 70, 161
– Gewürzhandel 23
– Handel 22, 25 f., 40, 42, 54 f., 78,
  172, 214, 226
– Handwerker 179
– Industrie 69 f., 84, 214, 218 f.,
  226

– jizya (Kopfsteuer) 131
– Kaffee 73
– Kapitalinvestitionen 70, 160
– Korruption 92, 218, 231
– Landwirtschaft 173
– Leibeigenschaft 100, 103, 127
– Liberalismus 66, 102
– maliye (Steuerjahr)
  s. Wirtschaft 182
– Münzen 198
– Privilegien 119, 134, 137
– Reichtum 20, 118, 120, 211,
  218 f.
– Schmarzmarktwirtschaft 161
– Steuern 145, 184
– waqf (Stiftung) 160 f.
– Zucker 72
– s. a. Bildungssystem; Infra-
  struktur; Kolonialismus; Maße;
  Militär; Reformen; Sklaven;
  Technik; Wissenschaften
Wissenschaften 110–116, 150, 152,
  181, 188, 214, 220, 225 f.
– Astrologie 116, 177
– Astronomie 111, 116, 172, 177,
  200
– Geografie 58, 70, 172, 176,
  201 f., 235
– Geschichtsschreibung 76 f.,
  147, 205
– Kalender 182 f., 190
– Kartografie 172
– Mathematik 45, 47, 178, 200,
  203
– Medizin, allg. 58 f., 114 f., 200
– s. a. Bildungssystem; Bücher;
  'ilm; Maße, Medien; Technik;
  Übersetzungen; Waffen; Zeit

Zeit 169 f., 171 ff., 190
– s. a. Maße, Zeitmessung;
  Technik, Uhren
Zeitungen s. Medien
Zivilgesellschaft 138–168, 227
Zsitvatorok s. Verträge
Zucker s. Wirtschaft
Zweiter Weltkrieg s. Kriege